全国高等院校旅游服务与管理专
国 家 示 范 院 校 专 业 建 设

模拟导游

MONI DAOYOU

主编 钟晓鹏 汪海 ◎

导游是我国旅游从业人员队伍中的重要组成部分，是我国旅游业发展的实践者和推动者。随着旅游业的发展，导游队伍的规模也快速壮大。

中国商业出版社

图书在版编目(CIP)数据

模拟导游/钟晓鹏,汪海主编. —北京. 中国商业出版社
2012.3 (2020.9 重印)

ISBN 978-7-5044-7825-2

Ⅰ. ①模… Ⅱ. ①钟… ②汪… Ⅲ. 导游-高等职业教育-教材 Ⅳ. ①F590.63

中国版本图书馆 CIP 数据核字(2012)第 172562 号

责任编辑:刘毕林

中国商业出版社出版发行
010-63180647 www.c-chook.com
(100053 北京广安门内报国寺 1 号)
新华书店经销
北京京丰印刷厂印刷

* * * * *

787 毫米×1092 毫米 16 开 13.25 印张 230 千字
2012 年 3 月第 1 版 2020 年 9 月第 2 次印刷

定价:36.80 元

* * * *

(如有印装质量问题可更换)

总 序

随着中国经济的高速发展，人们的生活方式和生活观念也在悄然发生变化。在工作之余，越来越多的人们也把休闲旅游度假作为一种时尚生活方式。同时，人们也认识到，通过休闲旅游不仅可以让人身心放松，还可以增加见识，增长知识。正可谓"行万里路，读万卷书"。因此，未来我国更加需要大量旅游服务管理专业人才来为人们进行专业引导和服务，旅游市场大有可为。

放眼世界，各国旅游业经历了持续快速的发展，旅游业已成为世界上最大规模的产业，越来越多的旅游目的地对旅游者开放，使旅游业成为世界经济发展的重要推动力。在国际金融危机爆发的大背景下，旅游业虽然受到一定重创，但其产值仍然占全球 GDP 的 9.4%，为世界提供了 2.35 亿个工作岗位。世界每 11.8 个工作岗位中，就有 1 个是旅游业提供的。就全世界范围而言，旅游业已成为世界上最重要的绿色产业之一。从长远看，旅游业在推动世界经济发展中将继续保持领先的地位。同时在保障就业和消除贫困方面，也必定有更大贡献。

我国的旅游业，虽然起步较晚，但发展迅猛。2009 年底，国家出台《国务院关于加快发展旅游业的意见》(国发〔2009〕41 号)，将旅游业定为全国战略支柱产业。2010 年上海世博会开园以来，每天接待游客达 40 多万人次，足以证明旅游业成就卓著。再者，旅游业直接或间接带动的产业和部门多达 100 多个，其产业关联效应明显。目前全国已有 20 多个省区市把旅游业定为支柱产业优先重点发展。我们相信，政府的重视将使旅游业在国民经济增长和社会和谐发展方面扮演更加重要的角色。因此，我们特邀请全国部分旅游院校的领导和专家，齐聚北京，针对当前旅游业的发展和人才培养问题，进行了研讨，并组织编写了本套教材。

本套教材在主要突出以下几个特点：

1. 针对性

本套教材为旅游院校教材，针对当前的旅游从业人员的特点，安排教材内容和体系。采取课堂教学和实际操作、校外指导相结合的教学方式，使授者易教，学者易学。

2. 实用性

本套教材以“必需”“实用”为宗旨，既参考以前出版的教材内容，进行“取舍”，又参考教育部教学大纲以及国家旅游局导游资格考试的新标准编写各科内容。使学生通过系统学习之后，能在掌握基础知识同时又能在工作中发挥实际作用。

3. 创新性

本套教材的内容编排，在总结专家学者经验的基础上，吸收和借鉴了如德国的双元制教学模式、澳大利亚的 TAEF 模式、加拿大的 CBE 教学模式、瑞士旅游酒店管理教学模式等国外先进的教学模式。编写时，摒弃了传统教材从概念到概念的写法，同时本套教材还配备 PPT 课件，以方便课堂教学。

虽然本套教材是示范院校教育教材改革与创新的阶段性成果，但仍难免有所不足。恳请广大专家、读者提出宝贵意见，以便日后修订时，使之不断完善。

旅游服务管理专业教材编委会

2020 年 8 月

前　言

进入21世纪以来,我国旅游业全面发展,已成为世界旅游大国。导游是我国旅游从业人员队伍中的重要组成部分,是我国旅游业发展的实践者和推动者。随着旅游业的发展,导游队伍的规模也快速壮大。因此,如何培养导游技能型人才,加快和完善导游队伍的建设,培养和建立一支高素质的导游队伍,成为旅游业发展过程中的一项极其重要的任务。

应出版社邀请,我们组织一线教师和有多年导游经验的同志共同编写了这本《模拟导游》。本书根据教育部关于职业院校学生的培养要求,基于导游工作过程分析,争取有所突破和创新,并形成了以下特色:

一是课程体系以导游活动为主线,与行业要求紧密联系。通过与旅行社及一线导游人员的沟通交流,基于导游工作过程的分析,设计构思了整个课程体系,目的是希望学生通过学习本书,成为一名基本掌握导游带团业务和技能、符合旅游行业要求的合格导游人员。

二是内容完整,层次分明。本书的内容包括了导游人员必须掌握的业务知识,分基础、实务和技能三个部分依次展开,对导游工作的内在规律、规范流程和专业技能进行了全面系统的阐述。

三是结构新颖,突出实践性。本书的编写在结构上进行了创新,将导游工作程序分解成技能,使学生在掌握技能的同时掌握了工作程序,从而由技能回归程序。在实务、技能部分的章节中设有实训项目,更好地加强了对学生实际动手能力的培养,促进了实践教学的发展。

本书由安徽财贸职业学院钟晓鹏、汪海老师任主编,江西上饶职业技术学院董学友、江西省婺源茶叶学校赖志华老师任副主编,参编老师还有江西上饶职业技术学院张宇星、安徽工商职业学院王彦龙。其中第一、二章由汪海编写,第三、六章由董学友编写,第四、七章由钟晓鹏编写,第五、九章由张宇星编写,第十章由王彦龙编写,第八、十一章由赖志华编写。全书最后由钟晓鹏总纂。

在本书的编写过程中，我们拜读了国内外许多专家和学者的相关著作，并借鉴了其中部分内容，同时广泛听取了老导游人员的意见和建议，在此对各位专家学者及老导游人员表示衷心的感谢！由于时间和水平所限，书中不乏疏漏与不当之处，敬请专家学者和广大读者批评指正。

编者

2020 年 8 月

目 录

第一章　导游工作

◆ 本章学习重点

◇ 了解导游服务的产生、发展及概念的形成。

◇ 熟悉导游服务工作在旅游服务中的地位与作用。

◇ 掌握导游服务工作的性质与特点，灵活运用导游服务工作的基本原则。

◇ 通过学习导游员的概念、条件及行为规范等，明确自己应如何做好导游工作。

【案例导读 1－1】

导游小李说："导游是一个非常高尚而值得敬佩的职业，宣传和介绍地方美好的景色和文化，带给客人愉悦的旅行感受，是一个创造美好生活，创造难忘体验的职业。每当我的客人回来跟我讲我们的导游如何服务周到，他们玩得如何高兴，本次旅行如何难忘的时候，我心里都免不了非常激动，或许因为导游的努力，让他们拥有了一段终身难忘的回忆，让他们的人生多一次升华。客人不是怕花钱，出来旅行的人本身是准备着花钱的，导游的职责就是怎么让他们的钱开心地花出去，把各地好的东西推荐给尊贵的客人，让他们满载而归，把地方的人文美景毫无保留地推荐给他们，让他们愉快地欣赏，让他们的旅行充满人情和感动。"

亲爱的同学，看了上述材料，想成为一名优秀的导游，你准备好了吗?

【评析】

选择导游作为一生热爱而致力奋斗的行业是值得敬佩的,但要做一个传播美，传播文化，给游客带来难忘体验的导游;做一个能吃苦耐劳,不卑不亢的导游;做一个知识丰富，能言善辩,同时带来自我价值实现的导游是需要长期的积累和历练的。

【案例导读 1－2】

张先生，某咨询公司商业分析员。他说:"我心目中的好导游，应该熟悉业务知识，待人亲切真诚，应变灵活。所谓待人亲切真诚，不要只是很职业化的'亲切'，而是要很真诚地为客人着想。我在桂林旅游的时候，就碰到一个导游，她头脑很灵活，讲解生动，服务细致，并且能够随机应变，每次带我们去景点都会错开人流高峰，选择在吃饭前或者刚吃好饭比较空的时候去——别人吃饭，我们游览;别人游览，我们吃饭。"

通过以上材料，你认为"导游"这一概念包含几层含义?

【评析】

"导游"这一概念包含两层含义:一是指导游服务工作，它既包含了导游讲解服务，也包含了旅行生活服务;二是指导游人员，即是指依法取得导游证，接受旅行社委派，为旅游者提供向导、讲解及相关旅游服务的人员。或者说，导游人员是指持有中华人民共和国导游资格证书，受旅行社委派，按照接待计划，从事陪同旅游团(者)参观、游览等工作的人员。

【案例导读 1－3】

某高校外语系学生小李曾先后两次报名参加导游资格考试，均未合格。他急于从事导游工作，遂与某国际旅行社多次联系，希望能给予带团导游实习机会。次年 7 月，正值旅游旺季，该国际旅行社导游不足，遂聘用小李充当导游人员，被旅游行政管理部门查获，以其未经导游资格考试合格，擅自进行导游活动给予了罚款处罚。小李对处罚不服，认为自己并非擅自进行导游活动，而是受旅行社聘用从事导游工作的。

看了上述材料，你认为小李到底有没有错？

【评析】

首先，小李想当导游的愿望是好的，但无证上岗是错误的。旅行社雇佣无证导游带团为非法经营，即小李和该国际旅行社均有行为不当之处。

其次，旅游行政管理部门查获，以其未经导游资格考试合格，擅自进行导游活动为由，依照有关法规对小李给予处罚，是对的。小李认为自己是受旅行社聘用从事导游工作的说法也是对的，故旅游行政管理部门也应依法对旅行社进行查处。

第一节　导游工作的性质

导游员要圆满地完成导游服务任务，在学习具体的实际操作之前，需要了解导游服务的相关知识，这是做好导游工作的前提和基础，对实际工作具有很强的指导作用。

一、导游服务的概念

（一）“导游”的含义

“导”从字面意义上看，首先是“引导”的意思。《史记·孙子吴起列传》中有“善战者因其势而利导之”一语，即善于用兵作战的人要顺着时势的发展趋势从有利的方面去引导它。“导”还引申为开导、教导、启发的意思；其次是“导”也有“疏通”“畅通”的意思。《国语·周语上》中的“为川者决之使导”，即治理洪水的人使洪水畅通。此外，“导”还是“向导”一词的简称。根据以上释义，“导”就是要求导游员为旅行者指点引导，答疑解惑，使整个游览行程疏通顺畅。

关于“游”，《辞海》的词条举例《庄子·秋水》中“庄子与惠子游于濠梁之上”的典故，说的是庄子与惠子在濠梁上看到水中怡然自得的鱼，引起他们之间关于鱼之乐与不乐的有趣辩论，这里道出了“游玩”“游乐”的含义。“游”还包含了行走、求知、增加阅历见闻的意思。《史记·太史公自序》中就有“南游江淮”和“北涉汶泗”的叙述。这次长途游访，是司马迁行万里路求知访学的重要活动，为他后来写《史记》积累了大量翔实的资料。此外，“游”还有交际、交往、求学、求功名的意思。

“导游”一词是“导”和“游”的结合，既是一种职业名称，同时也是服务过程，是名词更是动词，词义和词性的丰富内涵定义了导游工作的丰富性、复杂性。

（二）导游服务的概念

导游服务是指导游人员代表委派的旅行社，接待或陪同旅游者旅行、游览，按照组团合同或约定的内容和标准向其提供的旅游接待服务。

这里有三个重点要素需要理解：

（1）导游人员是由旅行社委派的，可以是专职的，也可以是兼职的。未受旅行社委派的导游人员，即使持有合法的导游证，也不得私自接待游客，为游客提供导游服务。

（2）导游人员提供的主要业务是接待旅游者，即在陪同旅游者旅行、游览过程中向其提供导游讲解服务和旅行生活服务。也有些导游人员是在旅行社设在不同地点的柜台前接待客人，向客人提供旅游咨询，帮助客人联系和安排各项旅游事宜，他们同样提供的是接待服务。不同的是，前者是在出游中提供接待服务，后者是在出游前提供接待服务。

(3)导游人员提供接待服务，必须按照旅行社与旅游者约定的标准及国家或行业规定的标准实施。对旅游团队必须严格执行组团合同的规定和导游服务质量标准，对散客必须按事前约定的内容和标准提供服务。导游人员不得擅自增加自费项目或减少甚至取消约定的旅游项目，也不得降低导游服务质量。导游人员在接待过程中既要维护旅行社的声誉和形象，更要维护旅游者的合法权益。

二、导游服务的产生及发展

(一)古代的向导服务

"旅游"这个词是1811年从英国《牛津词典》的"tourism"翻译过来的。

在中国有文字记载的巡游活动，可追溯到商周时期。夏禹被称作我国最早的探险家和旅游家。《穆天子传》(或《周穆王游记》)是我国出土最早的游记，记载的是周穆王经常外出巡游，乐不思归。我国古代旅行，既有国内旅游，又有国际旅游。主要形式有：以皇帝、帝王为代表的帝王巡游，特点是封禅和祭祀活动，据史书记载，我国历史上有72位帝王曾登上泰山举行封禅、祭祀典礼；以文人、学士怀着不同的目的进行的士人漫游，以治学和旅游相结合的学术考察旅行，此外还有外交公务旅行、宗教旅行、商务旅行。古代的旅行远非现代意义的旅游，它只是少数人的行为，古代的向导也不是一种职业，没有专门的要求，从根本上来说不具有商业性质。但是它证明了导游服务是人们在旅行、旅游活动中的一种需要，它对旅行、旅游的发展发挥了特有的作用。

(二)近代导游服务

1841年7月5日，英国人托马斯·库克(Thomas Cook)包租了一列火车，运送了570人从莱斯特前往拉夫巴勒参加禁酒大会，往返行程22英里，团体收费每人一先令，免费提供带火腿肉的午餐及小吃，还有一个唱赞美歌的乐队跟随，成为公认的近代旅游活动的开端。在这次旅游活动中，库克自始至终随团陪同照顾，可以说是近代旅行社全程陪同的最早体现。

此后，托马斯·库克的业务经营范围和影响不断扩大。在1845年，为组织到利物浦的观光旅游，库克整理出版了《利物浦之行指南》，并为此设立了专门的旅游向导；1855年，库克以包价的形式组织了赴法国的旅行；1865年，库克与儿子约翰·梅森·库克(John Mason Cook)联合在原有公司的基础上创办了托马斯·库克父子公司，他们以后又相继在非洲、美洲和亚洲设立分公司，并于1872年成功地组织了9人环球旅游，从而使托马斯·库克父子公司成为世界上声名显赫的旅行社。托马斯·库克也成为旅游的代名词而在欧美地区尽人皆知。托马斯·库克对于旅游业发展的贡献，不仅在于他开创了近代旅游业，而且还表现在他面向大众、薄利多销，推动了旅游的社会化，促进了旅游业的迅速发展。同时，也培养了最早意义上的导游员。

(三)现代的导游服务

现代旅游日益成为大众化旅游，是现代旅游的一大特征。有组织的团体包价旅游的兴盛，使旅游者在旅行社的组织安排下，依靠各类旅游企业提供的产品和服务，依照预约的时间、线路、活动内容，实现自己的旅游活动计划。这种旅游形式便捷、省时省力，参与旅游的人越来越多。相应地，对导游服务的依赖性也就越来越大，职业导游人员的队伍也随之壮大。

(四)我国导游服务的发展历程

同欧美国家相比，中国近代旅游业起步较晚。20世纪初期，一些外国旅行社，开始在上海等地设立旅游代办机构，组织旅游活动，雇佣一些中国人作为向导。1923年8月，上海商业储备银行总经理陈光甫先生在其同人的支持下，在银行下创设了旅游部。1927年7月，旅游部从该银行独立出来更名为“中国旅行社”(现为香港中国旅行社股份有限公司)，其分社遍布华东、东北、华南等地区的15个城市。从此，中国人的旅游活动开始由自己来组织。1923年至1927年之间，旅行社雇用的是中国最早的商业性导游员。

1949年10月1日，新中国成立，同年11月19日，厦门有关部门接管了旧“华侨服务社”，创立了新中国第一家华侨服务社。1954年4月15日成立了中国国际旅行社总社。1957年各地华侨服务社在北京召开专业会议，决定统一全国华侨服务社名称，增加“旅行”二字，于1957年4月22日成立华侨旅行服务社总社。1974年经国务院批准，成立中国旅行社，并与华侨旅行社合署办公，统称中国旅行社。1979年11月16日成立了全国青联旅游部，1980年6月27日，国务院正式批准中国青年旅行社成立。自此，国旅、中旅、青旅三大全国性旅行社承担了绝大部分海外来华游客的招揽和接待工作以及国内游客的旅游业务，导游员的队伍也随之壮大。国家旅游局2008年第2季度发布的上年度全国旅行社业务年检通报显示：全国旅行社企业已经发展到19720家，其中国际旅行社1838家、国内旅行社17882家，无论是旅行社总量还是国际社或国内社的增速都保持在7%～9%。到2010年底，全国旅行社的总数已达到22784家，比2009年增长了5.24%。

三、导游服务工作的性质

导游服务的政治属性在世界各国或各地区都是存在的，区别是在不同的社会制度下，政治性质不同而已。此外，世界各国的导游服务还具有以下共同属性：

(一)职业的社交性

旅游活动是一种社会现象，在促进社会物质文明和精神文明建设中起着十分重要的作用。在旅游活动中，导游人员处于旅游接待工作的中心位置，接待着四海宾朋、八方游客，推动世界上这一规模最大的社会活动。所以，导游人员所从事的工作本身就具有社会性和交往性。同时，导游工作又是一种社会职业，对大多数导游人员来说，它首先是一种谋生的手段，其次是实现自我价值的途径。

(二)工作的文化性

作为导游服务的实际承担者，导游工作者是主体。俗话说：“看景不如听景。”锦绣山川、艺术宝库、文化古迹，只有加上导游人员的解说、指点，再穿插动人的故事，才能活起来，才能引起游客更大的兴趣，使人增长知识、领略到异乡风情，享受到审美的乐趣。限于语言和生存环境等方面的不同，游客同旅游目的地之间往往存在很大的文化差异，导致交流和欣赏的障碍。为了加强旅游的美感和愉悦程度，游客们迫切地需要导游的引导和服务，需要导游跨越不同的文化范畴，弥合文化差异。导游服务的文化性主要体现在以下两个方面：

1.导游服务是传播文化的重要渠道

导游人员的导游讲解翻译、与游客的日常交谈，以至一言一行都在影响着游客，都在扩大着一个国家(或地区)及其民族的传统文化和现代文明的影响。导游人员为来自世界各国、各民族的游客服务，通过引导和生动、精彩的讲解，给游客以知识、乐趣和美的享受。同时也对各国、各民族的传统文化和现代文明进行兼收并蓄，有意无意间传播着异国文化。

2. 导游服务是审美和求知的媒介

游客要通过旅游去认识过去不曾接触或不曾了解过的事物，以期得到求知欲望的满足。山水风光或文物古迹的欣赏价值，并不是孤立地存在，它总是与一定的自然、地理、历史、艺术等条件和特点相联系，是一种完美地融合在一起的客观实体。导游讲解服务能循循善诱地指导游客以最佳的方式，或从最合适的角度去欣赏某一名胜古迹、历史故事、神话传说，能妙趣横生地向游客介绍当地的风俗习惯、掌故趣谈、风味特产等，使游客得到自然美和艺术美的享受，并且在潜移默化中增长知识。

（三）服务的艺术性

导游服务，顾名思义是一种服务工作。与一般服务工作不同的是，导游服务不是一般的简单服务，它围绕游客展开，通过翻译、讲解、安排生活、组织活动等形式给游客提供全方位、全过程的服务，工作内容涉及旅途中的交通、住宿、饮食、娱乐、购物和其他各方面的生活需求等。导游人员除具有丰富的专业知识外，还应具备一定的社会活动能力、应变能力以及独立处理问题的工作能力。导游人员有时像幼儿园的阿姨，有时像学生，有时又是指挥员、服务员、保安员、联络员等。因此，导游服务是一种复杂的、高智能的服务，是高级的服务。导游服务的艺术性主要体现在以下几个方面：

1. 导游讲解的艺术性

导游讲解的艺术性就是语言形式上的恰如其分，既能合乎讲解内容，讲解场景，又能反映导游的讲解风格，做到“看人说话”。对不同的人，说不同的话。

首先，导游语言要有整体的和谐感，导游作为一种特殊的演讲者其和谐感体现在语言严谨而不显得痴呆，活泼而不轻率，幽默而不油滑，亲切而不低俗，明白而不粗浅。

其次，导游语言要有合体的适应性，即对不同的景点，运用不同的修饰词汇，采用不同的语调。如自然山水导游语言的轻快，园林建筑的斯文，文物古迹的古韵，革命史迹的庄重，主题公园的高亢等。要因时、因景、因文而异。

最后，导游语言要有个体的独特性，这主要是指导游个体的讲解风格，即语言风格与导游人员个体气质、修养相吻合，或平和舒展，或朴实简单，或严谨翔实，或情真意切，或激情扬扬。

2. 旅行生活服务的艺术性

旅行生活服务的艺术性就是针对不同年龄、性别、社会角色等各色各样的游客，提供使其身心愉悦的服务，做到“看人做事”，对不同的人，提供不同的服务。为游客提供恰到好处的“吃、住、行、游、购、娱”的服务，需要注意以下几点：

首先，处理好“强与弱的关系”。一个旅游团队，它的人员组成是比较复杂的，有身体好的，精力充沛的，希望速度快一些，活动量大一些，而年老体弱的则希望从容轻松，不愿意太紧张、太劳累。这时我们就要根据实际情况分别予以对待，按照旅游者的体质、年龄划分成相应的小团体，对年老体弱的要重点照顾。

其次，处理好“多数与少数的关系”。在游览过程中经常会出现对日程安排意见不一致的现象，这是由于旅游者审美观点、兴趣爱好不尽相同所造成的，是一种正常现象。一般情况下本着求同存异的原则，寻找大家都喜欢、乐意的共同点，形成统一的选择，这是最理想的解决方法。

最后，处理好“劳与逸的关系”。在旅游过程中处理好劳逸关系也是十分重要的，疲于奔命，像行军拉练一样的旅游会使游客产生不愉快的情绪，必定会影响旅游者的游兴。所以要合理安排日程，兼顾游览、娱乐、购物、休息，力争让游客在各方面都得到满足，从而提高游客对旅游服务工作的满意度。

■小知识

(1)如何对待强手

导游的强手主要来于两种人:一是同行人员。二是游客中的佼佼者。

如果导游看不到自己的长处，甚至将长处也看成短处，那么，也就无法开展任何一项工作了。优秀的导游人员，他们为了维护自己的尊严与自信心，常将同行人员看成学生和听众，做到“台上目中无人，台下虚怀若谷”。既然已经“粉墨登场”，那就得有“全无敌”的气概。这不是盲目狂妄，而是建立在“台下”练就的良好素质基础之上的自信。

(2)如何对待游客干扰

每个游客的成长经历不一样，学识、志趣、职业也千差万别。导游在讲解时，时常会有游客对导游人员发出各种干扰信息。其中有非常消极的干扰，例如:插话、私下讲话;也有消极的干扰，即故意刁难，做出各种不和谐、不礼貌的言行。这就需要导游给予恰当的回应，对于这些不够友善的干扰，或者给予循循善诱，或者不给予理会，一般不应该采取批评和训斥，以免游客产生逆反心理和对立情绪，使导游人员的工作难以正常进行。

(3)如何对待讲解的失误

导游讲解应该实事求是，一字不差。但是“智者千虑，必有一失”。导游讲解中难免会发生口误等自身的失误。字字珠玑、滴水不漏的人毕竟是少数。口误即出，可以按照正确的讲解方法再讲一遍，确保讲解的可信性，置之不理是不行的。

导游讲解都是脱稿讲解，随时都有中途忘记解说词的可能。中途忘记解说词会影响讲解的质量。要避免中途忘记解说词的尴尬场面，最重要的是记住讲解的内容，尤其是那些格言警句等精彩的部分，都必须花时间去记住其中内容，对于那些记不得的可以不讲，或者干脆设置悬念，放到下次再讲;也可以“求助”于游客，让他们来为你解决问题，走出困境。

(4)如何处理讲解时间不够

现场讲解应该遵循预先安排好的时间表，在设定的时间内完成某个景点的讲解，一旦某个景点的讲解超出规定的时间，就会影响下一个游程的正常安排。因此，若是遇上时间不够用，讲解内容将超出时间的许可范围，导游就必须对所有的内容进行技术上的处理，及时调整讲解的策略。在基本上保持完整的讲解体系下，删除部分内容，尤其是无关紧要的传闻、故事，或者将详述改为概述。需要注意的是“虎头蛇尾”“拦腰一刀”等不合适。

(5)如何防止超限逆反

超限逆反，指讲解的时间长，超出游客的心理承受力;或者导游人员因为游客赞成自己的讲解，于是就滔滔不绝地讲个没完。这样，使游客从来时的兴奋的状态转为消极的状态，产生超限逆反的心理。

为了防止这个不好的习惯，导游讲解内容即使是游客感兴趣，我们也得适可而止。要考虑不同层次的人的需求，讲解内容偏少单薄，不是优质服务;过多传递信息，讲个没完，也未必是为所有游客称道的优质服务。两种方法，出发点不一样，结果也不同。一个大家都感兴趣的话题是不会引发游客的逆反心理的。美国伯克利加州大学格赖斯教授认为:人们谈话之所以能顺利进行,是因为谈话双方都能遵循"四个准则",即谈话内容涉及的信息充分却不显得多余;谈话内容真实可靠;话语与话题有关;表述清楚,简洁明了。导游在景观讲解中,能很好地把握上述"四个准则"就可以有效地制止超限逆反的发生。

(四)民间的交往性

导游人员提供的涉外导游服务的政治意义和所起的民间外交的作用,主要表现在以下两个方面:

1. 宣传社会主义中国

目前中国接待的海外来华游客中,绝大多数人都希望了解中国,了解中国的社会制度、建设情况和各族人民的生活。同样,导游人员陪同中国公民出境旅游时,目的地的人民也希望从中国导游人员那里了解中国的发展情况。所以,导游人员的导游讲解,甚至一举一动都是在宣传中国。

2. 发挥民间大使的作用

在游客心目中,导游人员是一个国家或地区的代表,是人民的友好使者,是"民间大使"。导游人员以其高尚的思想品德、渊博的知识、精湛的导游技艺、热情的服务态度,为来自五湖四海的游客提供了有声有色不同凡响的导游讲解服务和富有人情味的旅行生活服务,帮助游客认识和了解中国,增进中国与各国(地区)人民的相互了解,在为中国赢得友谊和朋友方面作出了重要贡献,履行着"民间大使"的重任。

(五)劳动的经济性

旅游业是国民经济的重要组成部分,是具有独立特色的经济部门,是无烟的朝阳产业。导游工作一般具有经济性,由各级各类旅行社提供的导游服务,是旅游部门工作的组成部分。导游服务的经济性主要表现在以下几个方面:

1. 优质服务、直接创收

旅行社是现代旅游业的龙头行业。旅行社组合的旅游产品在形式上是通过签订旅游合同销售出去的,但实际上,旅游产品不同于一般的有形商品,它的销售是多次性的,贯穿于旅游全过程,通过提供综合性服务来实现,而导游服务在其中起着举足轻重的作用。导游服务是旅行社产品的最终生产者和提供者,它直接为国家建设创收外汇、回笼货币、积累资金。

2. 扩大客源、间接创收

游客是旅游业生存和发展的先决条件。然而,与广告宣传相比,另一种更为有效的宣传方式则是游客的"口头宣传"(word of mouth),即游客在旅游目的地参观访问之后,回去向其亲朋好友讲述他在旅游地所受到的接待、旅游经历和体验。这种"口头宣传"不仅向游客周围的人传播了旅游目的地的旅游信息,提高了旅游目的地和旅行社的知名度,而且在一定程度上会对其他游客今后的旅游流向产生影响。因为,游客的亲身体验比任何广告宣传更可靠,更令人信服。

3. 因势利导、促销商品

商品和旅游纪念品的开发、生产和促销是发展旅游业的重要组成部分。各国、各地对此都非常重视,并将其视作争夺游客的魅力因素和增加旅游收入的重要手段。据统计,在国际旅游总消费中,用于购物的部分约占50%,在新加坡、中国香港等国家和地区的旅游总收入中,销售商品和纪念品的收入甚至已超过了上述比例,在促销商品过程中，导游人员的作用举足轻重。

四、合格导游人员的工作能力

旅行社服务的无形性、不可见性、差异性、不可贮存性等特点，对导游服务人员的主动性、积极性、创造性和适应性提出了更高的要求。导游服务人员应该一专多能，具备以下几方面的能力：

（一）交际能力

善于与他人交往是导游服务人员应具备的首要能力，导游服务人员必须懂得怎样与游客接触，建立和维持关系，学会倾听别人的意见，表达自己的想法，注重交往艺术，能够区别不同性格、不同场合、不同年龄、不同文化背景的人应采取的交往方式，有正确的服务意识和服务态度，才能为顾客提供优质的服务。

（二）合作能力

导游服务人员应有全局的观念，较强的协调、沟通意识，学会与工作伙伴协商，与同事合作，充分发挥不同角色的作用，利用现有的各种因素，为顾客提供满意的服务，真正发挥旅行社的纽带、中介作用。

（三）学习能力

导游服务人员为顾客提供服务的过程，也是一个学习的过程。服务人员必须根据顾客的具体需要确立服务方式。服务人员越了解顾客的期望，就越能为顾客提供优质服务。市场需求的不断变化，要求旅游服务人员应有不断学习新知识、新技能的能力，有较强的适应性。

（四）教育、说服能力

在旅游服务过程中，顾客往往必须参与服务过程，配合服务人员的工作，因此，顾客在消费过程中，需要学习必要的知识和技能。然而，不少顾客，特别是第一次接受旅游服务的顾客，却缺乏消费经验和足够知识，这就要求专业服务人员做好这类顾客的指导和培训工作。导游服务人员应具备通过语言去吸引人、打动人、说服人的能力，懂得清晰、简洁、明了地表达自己的思想，为顾客提供准确、易懂的信息，服务的过程也是一个信息沟通的过程，个人沟通能力直接影响到沟通的结果。

（五）企业环境、顾客知识

在服务过程中，对企业内部环境、对市场情况、对顾客的特点掌握得越全面，就越能为顾客提供满意的服务。例如，服务人员善于观察顾客的消费行为，设身处地为顾客着想，根据企业本身的特点，调整自己的服务方式，可以使服务工作更顺利地完成。

（六）文化修养

旅游不仅是一项物质享受，更是一项高尚的精神文化享受，导游服务人员无疑应具备一定的文化修养，才能够与顾客更融洽、更有效地沟通。旅行社专业人员若能“上知天文，下晓地理”，具备广博的知识和良好的精神面貌，将有利于与顾客之间的感情交流。

（七）技术性能力

技术性能力是完成某一具体服务活动所需要的本领。旅行社往往可以通过培训，使导游服务人员掌握一定的操作程序，适应岗位的需要。对于某些新招聘的人员来说，具备某方面的技术性能力往往是进入某一行业的最起码的要求。随着高新科技飞速发展，旅行社不断地推出新的服务项目，服务技术越来越复杂，如果导游服务人员缺乏技术知识和技能，就无法为顾客提供优质的服务，技术性能力是旅游服务人员为顾客提供服务的基础。

（八）管理能力

导游服务人员在服务过程中，需要与别人建立联系，管理自己、激励别人、处理冲突、控制情绪等等，这一切都与管理才能有关。对于大部分旅行社来说，许多人认为这一能力的要求往往是针对决策层、管理层而言，但是在市场导向的管理体制中，企业组织从“金字塔形”组织结构转变为“倒金字塔形”组织结构，服务工作决策权从管理部门和职能部门转移到服务工作第一线，每位导游人员都成为服务工作“管理”人员。

第二节　导游工作的职责

一、导游人员的概念

导游人员是指依照《导游人员管理条例》的规定取得导游证，接受旅行社委派，为游客提供向导、讲解及相关旅游服务的人员。

导游活动是指导游人员陪同游客旅行、游览，为游客提供向导、讲解和其他旅途服务。导游人员从事导游活动，必须经旅行社委派；未经旅行社委派，不得从事导游活动。

导游人员进行导游活动时，应当佩戴导游证；无导游证从事导游活动的，依据国务院发布的《导游人员管理条例》的有关规定给予处罚。

二、导游人员的分类

世界各国对导游人员分类方法各不相同，因而很难用一个世界公认的统一标准对导游人员进行分类。在此，我们先简单介绍国外导游人员的分类情况，再具体介绍目前我国导游人员的分类方法。

（一）外国导游人员的分类

在国外，特别是旅游业高度发达的国家，导游人员的管理体制已进入制度化或法律化。他们按工作性质把导游员分为国际入境旅游导游与国际出境旅游导游两大类。

1. 国际入境旅游导游

按职业性质区分，国际入境旅游导游又可分为以下四种：

（1）专业导游员：是指以导游工作为职业，受雇于旅行社或其他旅游企业，领取固定工资，专门从事导游接待服务的人员。有的国家组建有翻译导游协会之类的半官方性质的组织，接受政府授权，享有招考、培训导游人员，颁发导游执照的权限。经协会培训、考核合格并领取执照者，即为会员。一些无固定专业导游人员或导游人员不足的旅行社，需要时可向这类协会雇用。

（2）业余导游员：亦称兼职导游员。他们不以导游工作为主要职业，利用业余时间兼职导游工作。他们也需经培训、考核，向管理部门领取导游执照，与使用单位签订合同，按接待旅游者的人数和活动时间计酬。在西方旅游业发达的国家中，大学师生、政府公务员与其他自由职业者，从事业余导游工作的人相当多。

（3）旅游景点导游员：是指被博物馆或景点管理部门雇用，专职从事本景点导游讲解工作的人员。他们在所有导游人员中，是水平、级别最高的。对重要的博物馆或景点（如英国的大英博物馆、西敏寺等），导游人员的考试极为严格，只有水平很高的导游人员，才能获取在这些景点从事导游讲解的资格。这是为了保证导游质量，不至于因为导游讲解质量差而有损珍贵文物的价值。

(4) 义务导游员：这些人大多是业余旅游活动的爱好者，他们参与导游工作完全出于个人爱好和自愿，不计较报酬。当然，他们也必须经过有关部门考核，取得从事这项工作的资格。

2. 国际出境旅游导游

国际出境旅游导游，我们习惯上称其为领队。他们由所在国旅行社雇用，带领旅游团出国旅游，既对组团旅行社负责，又代表该旅行社与接待国进行业务联系，随团活动，伴随始终。

领队也分为职业、业余、义务三种。职业领队受雇于旅行社，领取固定工资，以此作为谋生的职业；业余领队则是旅行社临时雇用的人员，他们多半因为熟悉接待国的情况或语言而被临时雇用；义务领队是从旅游团成员中选择出来的，他们既是游客，又义务为大家服务，从而可享受某些优惠待遇。他们多出现在单位或民间团体组织的旅游团中，原本就是单位、团体的领导人或者有威信的工作人员。

（二）我国导游人员的分类

导游人员由于业务范围、业务内容的不同，服务对象和使用的语言各异，其业务性质和服务方式也不尽相同。即使是同一个导游人员，由于从事的业务性质不同，所扮演的社会角色也随之变换。

世界各国对导游人员类型的划分也不尽相同，因而，很难用一个世界公认的统一标准对导游人员进行分类。根据目前的实际情况，我国导游人员可以从不同的角度进行分类。如图 1－1 所示：

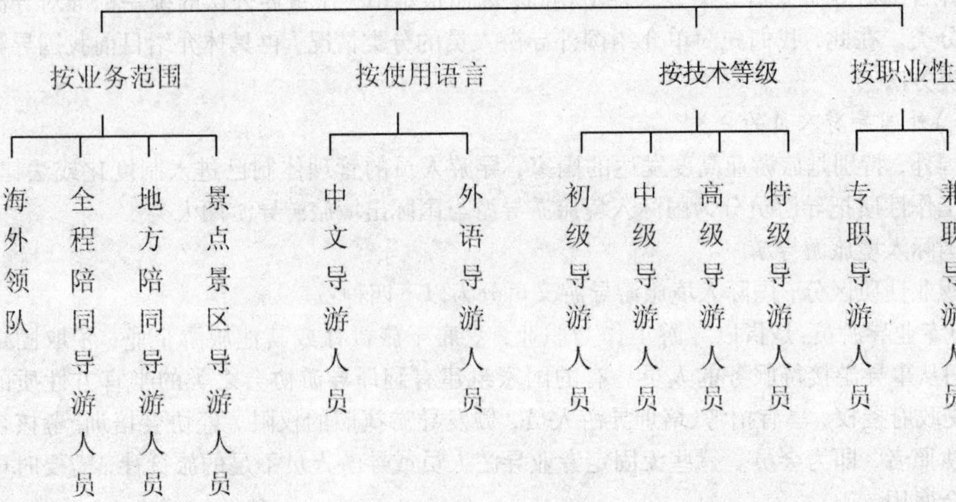

图 1－1　我国导游人员类型

1. 按业务范围划分

导游人员按业务范围可分为海外领队、全程陪同导游人员、地方陪同导游人员和景点景区导游人员。

(1) 海外领队是指受经国家旅游行政主管部门批准，可以经营出境旅游业务的旅行社的委派，全权代表该旅行社带领旅游团从事旅游活动的工作人员。

(2)全程陪同导游人员(以下简称全陪)，是指受组团旅行社委派，作为组团社的代表，在领队和地方陪同导游人员的配合下实施接待计划，为旅游团(者)提供全程陪同服务的工作人员。这里的组团社或组团旅行社，是指接受旅游团(者)或海外旅行社预订，制定和下达接待计划，并可提供全程陪同导游服务的旅行社。这里的领队是指受海外旅行社委派，全权代表该旅行社带领旅游团从事旅游活动的工作人员。

(3)地方陪同导游人员(以下简称地陪)，是指受接待旅行社委派，代表接待社实施接待计划，为旅游团(者)提供当地旅游活动安排、讲解、翻译等服务的工作人员。这里的接待社或接待旅行社是指接受组团社的委托，按照接待计划委派地方陪同导游人员负责组织安排旅游团(者)在当地参观游览等活动的旅行社。

(4)景点景区导游人员亦称讲解员，是指在旅游景点景区，如博物馆、自然保护区等，为游客进行导游讲解的工作人员。

2. 按使用的语言划分

导游人员按导游使用的语言可分为中文导游人员和外语导游人员。

(1)中文导游人员是指能够使用普通话、地方话或者少数民族语言从事导游服务的人员。目前，这类导游人员的主要服务对象是国内旅游中的中国公民和入境旅游中的港、澳、台同胞。

(2)外语导游人员是指能够运用外语从事导游服务的人员。目前，这类导游人员的主要服务对象是入境旅游的外国游客和出境旅游的中国公民。

3. 按技术等级划分

导游人员按技术等级可分为初级导游人员、中级导游人员、高级导游人员和特级导游人员。

(1)获导游人员资格证书后，按技能、业绩和资历对其进行考核，合格者自动成为初级导游人员。

(2)获初级导游人员资格两年以上，业绩明显，考核、考试合格者晋升为中级导游人员。中级导游人员是旅行社的业务骨干。

(3)取得中级导游人员资格4年以上，业绩突出，水平较高，在国内外同行和旅行商中有一定影响，考核、考试合格者晋升为高级导游人员。

(4)取得高级导游人员资格5年以上，业绩优异，有突出贡献，有高水平的科研成果，在国内外同行和旅行商中有较大影响，经考核合格者晋升为特级导游人员。

4. 按职业性质划分

导游人员按职业性质可分为专职导游人员和兼职导游人员。

(1)专职导游人员是指在一定时间内以导游工作为其主要职业的导游人员，目前，这类导游人员一般为旅行社的正式职员。他们是当前我国导游队伍的主体。

(2)兼职导游人员亦称业余导游人员，是指不以导游工作为其主要职业，而利用业余时间从事导游工作的人员。在西方国家还有一类导游人员，他们以导游为主要职业，但不是某家旅游公司的正式雇员，而是通过签订合同为多家旅游公司服务，他们是一批真正意义上的自由职业导游人员。他们构成了西方大部分国家导游队伍的主体。这类导游人员已经在中国出现，目前人数还不多，但很可能成为一种发展方向。

三、导游人员的职责

（一）导游人员基本职责

根据当前我国旅游业发展的实际和各类导游人员的服务对象，导游人员的基本职责可概括如下：

1. 根据旅行社与旅游者签订的合同或约定，按照接待计划安排和组织游客参观、游览；

2. 负责向旅游者导游、讲解，介绍中国（地方）文化和旅游资源，在介绍和讲解中巧妙而不失时机地做好宣传工作；

3. 配合和督促有关单位安排旅游者的交通、食宿等，保护游客的人身和财物安全；

4. 耐心解答旅游者的问询，处理或协助处理旅途中遇到的问题和事故；

5. 反映旅游者的意见、要求和建议，协助安排旅游者会见、座谈等活动。

（二）地方陪同导游人员的职责

地方陪同导游人员又称地陪，是地方接待旅行社的代表，是旅游计划的具体执行者。地陪的职责重点之一是组织旅游团在当地的旅游活动并负责安排落实旅游团全体成员的吃、行、住、游、购、娱等方面的事宜；重点之二是导游讲解，这是有区别于全陪的。全陪虽然也作导游讲解，但这并不是其职责的重点。就一地而言，地陪是典型的、完全意义上的导游人员，他的工作责任最大，处理的事务最多，工作最辛苦，所起的作用最关键。其主要职责是：

1. 安排组织旅游活动；

2. 负责导游讲解；

3. 维护游客安全；

4. 处理问题。

（三）全程陪同导游人员的职责

全程陪同导游人员又称全陪，从游客入境到出境，全陪一直陪伴着他们，在游客心目中，全陪是东道国的代表，是旅游团在华活动的主要决策人，在导游工作集体中处于中心地位，起着主导作用。其具体职责是：

1. 实施旅游接待计划；

2. 联络工作；

3. 组织协调工作；

4. 维护安全、处理问题；

5. 宣传、调研工作。

（四）海外领队的职责

海外领队是经国家旅游行政主管部门批准组织出境旅游的旅行社的代表，是出境旅游团的领导者和代言人。“高高兴兴出游去，平平安安回家来”是游客赋予领队的重要职责。因此，海外领队在团结旅游团全体成员、组织游客完成旅游计划方面起着全陪、地陪往往难以起到的作用。其具体职责是：

1. 介绍情况，全程陪同；

2. 落实旅游合同；

3. 做好组织和团结工作；

4. 联络工作。

（五）景点景区导游人员的职责

1. 导游讲解；

2. 安全提示；

3. 结合景物向游客宣讲环境、生态和文物保护知识。

随着旅行社业务的发展，地陪和全陪的界限不是绝对的。目前许多地方旅行社的地陪也在做全陪，中央一些旅行总社的全陪有的也在做地陪。因此全陪和地陪的划分只是相对的。但无论全陪或地陪，其主要职责都是为游客服务。在带团过程和活动期间，既是翻译，又是导游；既要组织安排游览、参观，又应照顾好游客的生活，一身多职。而每一项工作都带有服务性质，服务的内容也不限于旅游协议书上规定的条文。因此，全陪、地陪与领队只有齐心协力、精诚合作，才能圆满完成一个旅游团（游客）的接待任务。

第三节 导游服务的原则

导游人员向游客提供服务，应该遵守导游服务的基本原则。这些服务原则是在大量导游实践活动的基础上归纳总结而形成的，具有一定的普遍性和一定的指导意义。要做好导游服务工作，导游人员应遵循的基本原则有：宾客至上的原则，安全第一的原则，合理而可能原则，履行合同的原则，以及规范化服务与个性化服务相结合的原则，“AIDA”原则等。

一、宾客至上——导游服务的工作原则

无论是西方还是东方，服务行业的座右铭是“顾客是上帝”，这不仅是一句招徕顾客的宣传口号，更是服务行业的服务宗旨、服务人员的行动指南，也是服务工作中处理问题的出发点。

首先，“宾客至上”意味着“顾客第一”，即在顾客和服务行业的关系中，顾客是第一位的。没有顾客，服务行业便没有服务对象；产品的价值就不能实现；劳动就失去了存在的意义，企业也无法生存。

其次，“宾客至上”表现在服务人员与顾客关系上要尊重顾客，全心全意地为顾客服务。顾客是“上帝”，服务者要让“上帝”满意。导游服务也是如此。有所不同的是，导游人员提供的不是有形的商品，而是劳务。

最后，“宾客至上”表现在导游人员在处理某些问题时要以游客利益为重，不能过多地强调自己的困难，更不能以个人的情绪来对待或左右游客，而应尽可能地满足游客的合理要求。

二、安全第一——导游服务的组织原则

“安全第一，预防为主”的方针要牢牢地贯穿在旅游接待的每一个环节中。

1. 导游人员应充分考虑影响安全的各种因素，合理安排旅游路线，制订周密的行程计划。开展登山、汽车和摩托车拉力赛、狩猎、探险等特殊旅游项目时，要事先制定周密的安全保护预案和急救措施，重要团队须按规定报有关部门审批。

2. 带团或者为旅游者服务时，导游人员还应向旅游者介绍必要的安全常识和相关的防范措施。提醒旅游者不要擅自进入危险区域，提醒游客看管好所带财物，防止发生丢失、被盗现象。及时了解并向旅游者介绍所在饭店的安全通道，以备发生紧急情况时安

全疏散游客。注意防火、防盗、防意外事故发生。遇到有可能危及旅游者人身安全的紧急情况时，导游人员要灵活应变，在征求游客同意后，应及时调整行程，并立即报告旅行社。遇到险情或者事故发生时，导游人员要沉着冷静，不擅离岗位，并迅速采取应急救援措施，及时将事故发生情况通知旅行社和有关部门，旅行社应立即派人员赶赴现场，配合有关部门做好救援及善后处理工作。

3. 旅游服务人员对旅游者的行李要有完备的交接手续，明确责任，防止损坏或丢失。

三、合理而可能——导游服务的技术原则

“合理而可能”既是导游服务的原则，也是导游人员处理问题、满足旅游者要求的依据和准绳。旅游者可能会把旅游活动理想化，常常在生活和游览方面提出过高的要求，这个时候，导游员必须认真倾听，然后冷静仔细地分析他们的意见和要求是否合理，有无实现的可能。如果合理而且可能实现，导游员应想方设法满足他们的要求；如不能，则要耐心的解释，解释时要实事求是，合情合理，以使旅游者心悦诚服，得到他们的谅解。

四、履行合同——导游工作的商业原则

导游人员在从事对游客服务过程中，对于团队游客应严格执行组团合同，对于散客应按事先约定的内容提供服务。游客在出游前，一般均会签订合同，这也是导游工作所应遵循的法律文本。导游人员作为旅行社的代表，是旅游合同的具体履行者，在履行合同时应注意以下两点：

1. 全面履行。导游人员应当按照约定，全面履行旅游合同中自己所应承担的义务，根据旅游合同所规定的游览线路、食宿交通标准等向游客提供服务。

2. 诚实信用。导游人员应当遵循诚实信用原则，不折不扣执行旅游合同，对于旅游过程中出现的合同问题，应当及时联系旅行社，做好或调整或补救或解释的工作，坚持以诚相待，讲求信用。

五、规范服务化与个性化服务相结合——导游服务的对客原则

规范化服务又称标准化服务，是指服务质量应达到国家或行业主管部门所规定的统一标准。服务人员应该按标准进行服务。就导游服务而言，我国目前已经发布的标准有两个：一个是1995年12月发布、1996年6月1日正式实施的《导游服务质量》的国家标准；另一个是由国家旅游局1997年3月13日发布、1997年7月1日实施的《旅行社国内旅游服务质量要求》的行业标准。这些标准制定了导游服务的服务程序、质量要求和处理问题的原则，是导游人员为旅游者提供导游服务的工作指南。

导游人员为旅游者提供规范化服务时，服务程序按照国家和行业标准进行，还只是达到了导游服务的基本要求或者说起码的标准。只有在规范化服务的基础上，向旅游者提供个性化服务，二者结合起来，才能达到优质导游服务的要求。

个性化服务是在进行规范化导游服务时，针对旅游者的不同需求和特点而提供的相应服务。这种服务一般是针对旅游者的个别要求提供的，所以称为个性化服务。在现代旅游活动中，旅游者已越来越不满足于跟着导游人员匆匆忙忙走马观花似的被动的旅游方式，而是追求一种个性化、自主化、能充分体现自我的旅游方式。这已成为一种发展趋势。导游人员应该

充分认识到这一点，了解不同旅游者的不同需求和特点，以及同一旅游者因时空条件的不同在旅游不同阶段的需求差异，根据旅游者的实际情况，在旅游活动的内容、导游讲解和服务形式等方面作出富有针对性的灵活安排，尽可能地做到因时、因人而异，有的放矢。

第四节 导游员的素质与修养要求

一、导游人员的素质

由于导游员是旅行社服务的主体和支柱，在游客的心目中，他们是“民间大使”“游客之友”，因此，导游人员的必备素质可归纳为以下几个方面：

(一)良好的思想品德

在任何时代、任何国家，人的道德品质总是处于最重要的地位。中国导游人员的思想品德应主要表现在以下几个方面：

1. 热爱祖国、热爱社会主义

热爱祖国、热爱社会主义是作为一名合格的中国导游人员的首要条件。这是因为：

第一，导游人员所从事的工作是社会主义祖国整个事业的一部分，社会主义祖国培育了导游人员，为导游人员创造了良好的工作环境和发挥自己智慧与才能的条件。

第二，导游人员的一言一行都与社会主义祖国息息相关。在海外游客的心目中，导游人员是国家形象的代表，游客正是透过导游人员的思想品德和言行举止来观察、了解中国的。

第三，导游人员向游客介绍和讲解的内容都是祖国灿烂的文化、壮丽的河山、中国人民的伟大创造和社会主义事业的辉煌成就。由此可见，导游人员应把祖国的利益、社会主义事业摆在第一位，自觉地维护祖国的尊严，把热爱祖国与热爱社会主义统一起来，并把这种热爱化为工作的动力。

2. 优秀的道德品质

社会主义道德的本质是集体主义，是全心全意为人民服务的精神。从接待游客的角度来说，旅行社和各接待单位实际上组成了一个大的接待集体，导游人员则是这个集体中的一员。因此，导游人员在工作中应从这个大集体的利益出发，从旅游业的发展出发，依靠集体的力量和支持，关心集体的生存和发展。

3. 热爱本职工作、尽职敬业

导游工作是一项传播文化、促进友谊的服务性工作，因而也是一项很有意义的工作。导游人员在为八方来客提供客服务时，不但可以结交众多的朋友，而且能增长见识、开拓视野、丰富知识，导游人员应该为此感到骄傲和自豪。因此，导游人员应树立远大理想，将个人的抱负与事业的成功紧密结合起来，立足本职工作，热爱本职工作，刻苦钻研业务，不断进取，全身心地投入到工作之中，热忱地为游客提供优质的导游服务。

4. 高尚的情操

高尚的情操是导游人员的必备修养之一。导游人员要不断学习，提高思想觉悟，努力使个人的追求与国家利益结合起来；要提高判断是非、识别善恶、分清荣辱的能力；培养自我控制的能力，自觉抵制形形色色的精神污染，始终保持高尚的情操。

5. 遵纪守法

遵纪守法是每个公民的义务，作为旅行社代表的导游人员尤其应树立高度的法纪观念，自觉地遵守国家的法律、法令，遵守旅游行业的规章，严格执行导游服务质量标准，严守国家机密和商业秘密，维护国家和旅行社的利益。对于提供涉外导游服务的导游人员，还应牢记“内外有别”的原则，在工作中多请示汇报，切忌自作主张，更不能做违法乱纪的事。

(二)合理的知识结构

实践证明，丰富的知识是搞好导游服务工作的前提。导游人员的知识面越广、信息量越多，就越有可能把导游工作做得有声有色、不同凡响，就会在更大程度上满足游客的要求，从而使游客满意。

导游知识包罗万象，下面就是导游人员必须掌握的知识体系。

1. 语言知识

语言是导游人员最重要的基本功，是导游服务的工具。古人云:“工欲善其事，必先利其器。”导游人员若没有过硬的语言能力，就根本谈不上优质服务。这里所说的语言知识包括外语知识和汉语(或少数民族语言知识)。

2. 史地文化知识

史地文化知识包括历史、地理、宗教、民族、风俗民情、风物特产、文学艺术、古典建筑和园林等诸方面的知识。这些知识是导游讲解的素材，是导游服务的“原料”，是导游人员的看家本领。导游人员要努力学习，力争使自己上知天文、下晓地理，对本地及邻近省、地区、市的旅游景点,风土人情、历史掌故、民间传说等了如指掌，并对国内外的主要名胜景区、景点应有所了解，还要善于将本地的风景名胜与历史典故、文学名著、名人逸事等有机地联系在一起。总之，对史地文化知识的综合理解并将其融会贯通、灵活运用，对导游人员来说具有特别重要的意义，是一名合格导游人员的必备条件。

3. 政策法规知识

政策法规知识也是导游人员应必备的知识。这是因为:

第一，政策法规是导游人员工作的指针。

第二，旅游过程中出现的有关问题，导游人员须要根据国家的政策和有关的法律法规予以正确处理。

第三，导游人员自身的言行要符合国家政策法规的要求，要遵纪守法。

总之，导游人员应该牢记国家的现行方针政策，掌握有关的法律法规知识，了解外国游客在中国的法律地位以及他们的权利和义务。只有这样，才能正确地处理问题，做到有理、有利、有节，导游人员自己也可少犯错误或不犯错误。

4. 心理学

导游人员的工作对象主要是形形色色的游客，还要与各旅游服务部门的工作人员打交道，导游工作集体三成员(全陪、地陪和领队)之间的相处有时也很复杂。导游人员是做人的工作，而且往往是与之短暂相处，因而掌握必要的心理学知识具有特殊的重要性。导游人员要随时了解游客的心理活动，有的放矢地做好导游讲解和旅途生活服务工作，有针对性地提供心理服务，从而使游客在心理上得到满足，在精神上获得享受。事实证明，向游客多提供心理服务远比功能服务重要。

5. 美学知识

旅游活动是一项综合性的审美活动。导游人员的责任不仅要向游客传播知识，也要传递美的信息，让他们获得美的享受。一名合格的导游人员要懂得什么是美，知道美在何处，并善于用生动形象的语言向具有不同审美情趣的游客介绍美，而且还要用美学知识指导自己的仪容、仪态，因为导游人员代表着国家(地区)，其本身就是游客的审美对象。

6. 政治、经济、社会知识

由于游客来自不同国家的不同社会阶层，他们中一些人往往对目的地的某些政治、经济和社会问题比较关注，询问有关政治、经济和社会问题，有的人还常常把本国本地的社会问题同出访目的地的社会问题进行比较。另外，在旅游过程中，游客随时可能见到或听到目的地的某些社会现象，也引发他们对某些社会问题的思考，要求导游人员给予相应的解释。所以，导游人员掌握相关的社会学知识，熟悉国家的社会、政治、经济体制，了解当地的风土民情、婚丧嫁娶习俗、宗教信仰情况和禁忌习俗等就显得十分必要。

7. 旅行知识

导游人员率领游客在目的地旅游，在提供导游服务的同时，还应随时随地帮助游客解决旅行中的种种问题。因此，导游人员掌握必要的旅行知识，对旅游活动的顺利进行就显得十分重要。旅行知识有交通知识、通信知识、货币保险知识、卫生防病知识、旅游业知识等，必要的旅行知识往往能起到少出差错、事半功倍的作用。

8. 国际知识

涉外导游人员还应掌握必要的国际知识，要了解国际形势和各时期国际上的热点问题，以及中国的外交政策和对有关国际问题的态度；要熟悉客源国或旅游接待国的概况，知道其历史、地理、文化、民族、风土民情、宗教信仰、民俗禁忌等。了解和熟悉这些情况不仅有利于导游人员有的放矢地提供导游服务，而且还能加强与游客的沟通。

此外，导游人员若熟悉两国文化的差异，就能及早向游客说明，使游客意识到在异国他乡旅游，不可能什么都与自己的家乡相同，从而使其产生领略异国、异乡风情的游兴，对许多不解之处，甚至一些人不愉快之处也能理解、谅解并与导游人员配合。

(三)较强的独立工作能力和创新精神

导游工作是一项难度较大、复杂而艰巨的工作，导游的能力直接影响到对游客服务的效率和服务效果。导游独立工作能力和创新精神既是工作需要，也关系到个人的发展。导游人员接受任务后，要独立组织游客参观游览，要独立作出决定、独立处理问题。导游人员的工作对象形形色色，旅游活动丰富多彩，出现的问题和性质各不相同，不允许导游人员工作时墨守成规。相反，必须根据不同的时空条件采取相应的措施，予以合理处理。因此，较强的独立工作能力和创新精神，充分发挥主观能动性和创造性，对导游人员具有特殊的重要意义。

(四) 较高的导游技能

导游服务需要的主要是智力技能，即导游人员与同事协作共事，与游客成为伙伴，使旅游生活愉快的带团技能；根据旅游接待计划和实情，巧妙、合理地安排参观游览活动的技能；选择最佳的游览点、线，组织活动，当好导演的技能；触景生情、随机应变，进行生动精彩的导游讲解的技能；灵活回答游客的询问，帮助他们了解旅游目的地的宣讲技能；沉着、果断地处理意外事故的应急技能；合情、合理、合法地处理各种问题和旅游投诉的技能等。

（五）竞争意识和进取精神

导游服务是一种高智能的服务，它以导游人员的智力资源为主要依托。因此，导游人员只有不断充实、更新知识，不断进取，才能面向充满竞争的新世纪的挑战。

在中国加入世界贸易组织后，中国旅游业更加开放，现在不仅外国旅游企业纷纷进入中国旅游市场，外国导游人员也可能踏上中国的国土。另外，随着改革的深入，面对国际国内旅游市场的激烈竞争，目前的导游管理体制正在发生巨大变化。因此，导游人员应有居安思危、优胜劣汰的思想准备。只有树立强烈的竞争意识，将压力变为动力，不断开拓进取，才能在新世纪的导游事业中立于不败之地。

（六）身心健康

导游工作是一项脑力劳动和体力劳动高度结合的工作，工作纷繁，量大面广，流动性强，体力消耗大，而且工作对象复杂，诱惑力大。因此，导游人员必须是一个身心健康的人，否则很难胜任工作。身心健康包括身体健康、心理平衡、头脑冷静和思想健康四个方面。

（七）良好的仪容仪表

导游人员作为旅行社的代表，要保持与其行业特点及企业形象相一致的仪容、仪表和仪态。

在游客面前，导游人员的仪容要求，即容貌修饰上要得体，要与所在工作岗位、身份、年龄、性别相称，不能引起游客反感。仪表要求导游人员的服饰整洁端庄，要与周边的环境、场所协调，不能过分华丽，与从事的工作不相宜。仪态要求导游人员站有站姿，坐有坐相，举止端庄稳重，落落大方，不要给游客有轻浮傲慢之感。

仪容、仪表、仪态虽然是导游人员的外部表现，然而却是其内在素质的具体体现，它与导游人员的思想修养、道德品质和文明程度密切相关。

■小资料

现代导游员应具备的风采

（1）像文学家那样具有渊博的知识；

（2）像艺术家那样具有丰富的表情；

（3）像歌唱家那样唱出动人的歌声；

（4）像科学家那样具有认真、严肃、谨慎、仔细的工作作风；

（5）像运动员那样具有健康的体魄；

（6）像演说家那样口若悬河、妙语连珠；

（7）像幽默家那样风趣、诙谐、幽默；

（8）像政治家那样思维敏捷、反应灵活；

（9）像外交家那样风度翩翩、彬彬有礼；

（10）像军事家那样遇事沉着冷静、勇敢果断；

（11）像领导者那样有较强的组织能力；

（12）像小学生那样谦虚好学、不耻下问；

（13）像慈母那样有一颗温馨的心；

（14）像通晓母语那样掌握工作语言；

（15）像法官那样立场坚定、铁面无私。

用“五星”级的服务让五湖四海的游客乘兴而来、尽兴而归，做一名“五心——诚心、细心、爱心、热心、耐心”级的导游员！

二、导游人员的修养

修养是指人们在政治、思想、道德品质和知识技能等方面，经过长期锻炼和培养所达到的一定水平。一个好的导游要有高度的社会主义觉悟，树立远大理想；面对形形色色的精神污染，需要具有坚强的意志和自控防腐的自觉性；要有广博的知识并随时更新、不断充实，要具有严肃的治学态度和学无止境的精神；需要不断提高自身的文化素养，以在导游服务过程中传播文化和满足游客的精神享受。

导游人员应该从以下几个方面来加强自身的修养：

（一）情操修养

情操是以某一种或某类事物为中心的一种复杂的、有组织的情感倾向。导游人员的情操是以导游服务为中心而展开的对国家、集体、游客、个人的情感倾向。

要加强导游人员的情操修养，就必须从以下几个方面做起：

1. 热爱祖国和社会主义；
2. 全心全意为游客服务；
3. 热爱集体；
4. 热爱本职工作。

（二）道德修养

道德是一种社会意识形态，是在一定的社会中调整人们之间以及个人与社会之间关系的行为规范的总和。它以善和恶、正义和非正义、公正和偏私、诚实和虚伪等道德观念来评价人们之间的关系；通过各种形式的教育和社会舆论的力量使人们形成一定的信念、习惯、传统而发生作用。

职业道德是把一般的社会道德标准与具体的职业特点结合起来的职业行为规范或标准。不同的职业有其不同的职业道德，但各行业的职业道德准则和行为规范都必须与社会公德一致，而不应相悖。

导游人员的职业道德是社会主义道德的基本要求在旅游工作中的具体体现，它不但是每个导游人员在业务工作中必须遵循的行为准则，而且也是人们用以衡量导游人员的职业道德行为和导游服务质量的标准。

导游人员应该具有以下职业道德：

1. 爱国爱企、自尊自强；
2. 遵纪守法、敬业爱岗；
3. 公私分明、诚实善良；
4. 克勤克俭、游客至上；
5. 热情大度、整洁端庄；
6. 一视同仁、不卑不亢；
7. 耐心细致、文明礼貌；
8. 团结协作、顾全大局；
9. 优质服务、好学向上。

（三）学风修养

人的知识需要不断充实、丰富，需要随时更新、扩展，以适应不断发展着的时代。导游工作是一项知识密集型的服务工作。导游人员不能只将导游工作看作谋生的手段，更应将其看成一种事业。要活到老，学到老，努力提高自己的学识，争取为游客提供更好的导游服务，使他们在精神方面获得一种美的享受。

学海无边，永无止境，人们在学习时要讲究治学的态度和方法，才能尽快提高自己的学识，导游人员在学习业务知识时更应该坚持治学之道。

1. 要勤奋，贵在坚持

“书山有路勤为径，学海无涯苦作舟”，这是古人做学问的经验，它充分说明了治学必须勤奋、刻苦，而且必须长期坚持。只有坚持，才能积累更多的知识；只有坚持，才能使自己不断得到充实。如果在学习的道路上前怕狼、后怕虎，三天打鱼两天晒网，就将一事无成。

2. 要博览群书，不耻下问

导游人员要获得更多知识，就得向书本学习，向社会学习，在实践中学习。

古人云：“行万里路，破万卷书”、“读书破万卷，下笔如有神。”这充分说明了书籍是知识的源泉。一个人若想获得各方面的知识，就要博览群书，努力使自己的知识结构合理。一个知识渊博的人会使生活充实、情趣高雅，会使人生更加丰富多彩。

只要勇于实践，善于总结，就能积累起丰富的经验，就会熟能生巧，其导游技能、语言技能就会日臻完善。只有用渊博的知识做后盾，才能在导游服务中做得更好，才能成为一个优秀的导游人员。

3. 要严谨，循序渐进

学习时要严格要求自己，脚踏实地去学；要实事求是，做到“知之为知之，不知为不知”，绝不能不懂装懂。

“千里之行，始于足下”，学习是没有任何捷径的，只有勤学苦练，一步一步地学习，才能使自己在知识的海洋中任意翱翔。

4. 要精思明理，不图虚名

学习时要集中精力，要有强烈的求知欲，要沉浸在学习之中，切忌“身在曹营心在汉”；要刻苦钻研，要善于消化，辨明是非；要对所学知识加以选择，去伪存真，去粗存精；要对学到的知识进行再加工、再创造，融会贯通，为我所用。

导游工作需要的知识既广又杂，而且在不断丰富、不断更新，所以一名导游人员掌握的知识是永远不会够用的。因此导游人员要不断地更新知识，多了解世界的发展状况。

(四) 文化修养

一个有文化修养的人，当事业出现低潮或失败之际，不仅毫不气馁，而且能正视现实，敢于投入到更激烈竞争的事业中去一显身手；事业成功之时，也不居功自傲、故步自封，而是能居安思危。

文化修养的内涵丰富，知识、艺术鉴赏能力、兴趣爱好、审美情趣、礼节礼貌等都属文化修养的范畴。我国的导游员要重视自我修养，要培养高尚的情趣和美好的情操，努力使自己成为一名举止端庄、谈吐文雅、严于律己、真诚待人的优秀导游，成为一名受游客欢迎的导游。

■小知识

2009 年安徽省导游人员资格考试报名人数突破 9300 人，再创历史新高。考生来自各行各业，其中，来自全省高校的考生占到 70% 以上，中文类考生、女性考生居多。

近年来，安徽省旅游业发展迅速，飞速发展的安徽旅游业已连续三年保持了 20% 以上的增速，迅速扩大的产业规模，引起了社会各界的广泛关注，导游也已成为热门职业。安徽省旅游局高度重视2009年的导游人员资格考试组织工作，指示人教处务必把各项考务工作做细做实，尽全力为考生提供科学人本的优质服务。为确保报名组织工作圆满顺利，安徽省旅游局创新改革了考生报名方式，首次启用安徽省导游考试网络报名系统，使考生通过任意一台电脑，即可完成注册登录和信息填报等报名手续，实现了全省导游资格考试报名工作的信息化管理。安徽省导游人员考试网还专设了报考指南、成绩查询、信息公告和在线咨询栏目，为考生即时在线答疑解惑。同时，为最大可能地方便考生，省旅游局还在省(市)政务服务中心、各市旅游局、各大院校设立了报名审核点。

2009年全国(安徽)导游人员资格考试报名工作自8月初开始，至9月底结束。笔试时间为11月底，12月至2010年1月间进行面试，于2010年3月为成绩合格者颁发导游员资格证书。

■思考与练习

(一)知识思考题

1. 从导游服务工作的性质，分析导游服务工作的特点。

2. 导游服务的纽带作用主要表现在哪些方面？

3. 导游工作有哪些特点，怎样理解这些特点？

4. 什么是规范化服务？什么是个性化服务？

(二)能力训练题

1. 组织学生参观旅行社、饭店、购物商店、景点景区等，进而讨论总结导游服务工作的地位与作用。

2. 组织一次学生以游客的身份参加的游览活动，通过观摩导游(或景点讲解员)的实际工作，讨论合格导游员应具备的条件。

■参考文献

1. 陶汉军，黄松山. 导游业务[M]. 天津：南开大学出版社，2005.

2. 生延超，范保宁. 导游理论与实务[M]. 北京：中国旅游出版社，2007.

3. 安徽省旅游局. 导游业务[M]. 合肥：安徽人民出版社，2002.

4. 窦志萍，岳怀仁，杨敏. 模拟导游[M]. 北京：高等教育出版社，2008.

5. 窦志萍. 导游技巧与模拟导游[M]. 北京：清华大学出版社，2007.

6. 蒋炳辉. 导游带团艺术[M]. 北京：中国旅游出版社，2001.

第二章　接待准备

◆ 本章学习重点

◇ 熟悉领队、全陪、地陪接待计划。

◇ 掌握团队的特点。

◇ 了解接待特殊旅游者的注意事项。

◇ 能因人而异，选择不同的接待方式和技巧。

【案例导读 2－1】

张先生做导游已近十年了，人很爽快，谈起自己曾经的过失，张导讲了一个有趣的故事：“如果有人问你，21 世纪是不是新世纪？你回答是，这是正确的，因为 21 世纪不就是新世纪吗？可我偏偏在这个问题上出了差错。”

“那是 1997 年，我刚参加导游工作不久的事情。一次，我从首都机场接一个日本旅游团队，下榻的饭店正是二十一世纪饭店。由于我对饭店的情况不是很了解，好像没有听说北京有这么个饭店，但是我知道新世纪饭店，于是我想当然地认为新世纪饭店就是二十一世纪饭店。我对自己说二十一世纪饭店不就是新世纪吗？也没有再问司机师傅，就直奔了新世纪饭店。途中领队对我说，怎么这么久还没有到啊？二十一世纪饭店应该离机场很近的，并把他的日程表给我看，我一看，日程表上分明写着这个饭店的位置和电话，这才知道自己错了。”

“这件事旅游者虽然没有说什么，但我却从尴尬中汲取了教训。”

【评析】

本案例中导游未落实住房事宜显然是不妥当的，还想当然的把新世纪饭店认为就是二十一世纪饭店，而且也没有问司机，虽然最后在领队的提醒下没有出现重大的失误，但是这样显然会让客人评价不高。

导游工作要细心、细致，认真熟悉接待计划，并落实好接待计划，如果一个环节出了错，即使其他的服务做得很好，也可能导致整个旅游活动的失败，这足以说明准备工作的重要性了。

【案例导读 2－2】

2007 年“韩国中学生赴中国修学旅游团”在东北师范大学和中国的同学们一起交流心得，参观校园。在最后几天，主办方组织韩国学生参观市内著名景点，由于人数众多，接待任务委托给了中国青年旅行社。地接中心的孙经理派出了四名优秀韩语导游员负责该旅游团的接待工作，并要求他们做到行动统一、标准一致。在大家的共同努力下，旅游团顺利结束了在市区的参观。

【评析】

大型旅游团，是指旅游者人数上超过百人，接待车超过 3 辆以上的旅游团队。导游员在接待这种大型旅游团时应该做好以下几方面的工作：

1. 准备充分，落实稳当。

2. 统一指挥，分工明确，多方协作。

3. 加强地陪导游与领队和全陪的合作，多方征求意见。

4. 做好行李清点和运输工作。

【案例导读 2－3】

成都某旅行社导游小李作为全陪带领28人的中学生夏令营旅游团赴北京旅游。小李是第一次做全陪，而且是第一次带中学生团，虽做了较多准备仍感压力很大。团队到达北京的当晚，就有一学生在睡梦中从上床滚下摔破了下巴（地接社为降低成本，安排住大学生宿舍，睡上下床），结果送医院缝了三针；次日安排上午游览天坛，下午游故宫。但在天坛有七八位学生与团队走失，致使整队时多花了近两个小时才把人找齐。团队到达故宫时已是下午3点，地陪要求一个半小时内游完故宫并在北门集合。学生只好一路小跑，这才基本准时到达集合地点，但所有人都对游览时间太短怨声载道。晚餐时，学生又累又饿，餐厅上菜却很慢，往往一道菜上来立刻被抢光，然后众学生就敲着饭碗等菜，弄得餐厅里乌烟瘴气，乱七八糟。作为全陪的小李赶紧与餐厅交涉，希望上菜速度稍微快些，没想到却被服务员讥讽了一顿，心里很不舒服。

【评析】

中学生夏令营，是每年夏天最常见的特殊旅游团队，导游必须结合青少年特点安排行程。案例中让学生住上下床，安排游程太紧，未采取有效措施预防学生走失，未针对学生食量大、食速快及其安排的导游员对接待青少年团队经验不足，致使工作中失误频繁，严重影响了旅游效果。因此，对特殊旅游团队的接待，除按普通旅游团队服务程序操作外，还应根据每个团队不同的特点，采取更个性化的接待方式，才可能获得最佳的效果。

第一节　接待计划分析

由于导游的类型不同，工作范围存在差异（见表 2－1），接待准备的工作程序和内容有所差异。

表 2－1　接待准备工作程序比较

类型	领队	全陪	地陪	景点导游
服务准备	研究旅游活动计划 ↓ 研究旅游团 ↓ 核对各种票证 ↓ 知识和心理准备 ↓ 物质准备 ↓ 出国说明会	研究接待计划 ↓ 研究旅游团 ↓ 知识和心理准备 ↓ 物质准备 ↓ 与接待社联系	熟悉接待计划 ↓ 落实接待事宜 ↓ 知识和心理准备 ↓ 物质准备	熟悉所在景点情况及管理规定 ↓ 准备好导游讲解的器材

一、接待计划的研究分析

接待计划是组团旅行社委托各地方接待旅行社组织落实旅游团(者)活动的契约性文件，是导游人员了解该旅游团(者)基本情况和安排活动日程的主要依据。导游应认真阅读拿到的接待计划通知单(见表2－2)，并详细了解该旅游团的服务项目和要求，具体事项如下：

1. 旅游团(者)的基本情况。计划签发单位(即组团社)、传真号码及其基本状况；主要联络人姓名、电话号码或其他通信方式；旅行社标识或提供给团队成员的标志物等。团队的种类(如全包价、半包价等)，费用的结算方法；团队等级(如豪华等、标准等、经济等)；旅游团(者)的团名、代号、人数、住房、用车状况(数量、车型和是否使用行李车等)、用餐标准等。

2. 旅游团成员的基本情况。如客源国(地)及其习俗和热门话题；每个旅游者的基本情况，含姓名、性别、年龄、职业、宗教信仰、民族等；旅游者中具有共性的特征，包括职业、宗教信仰、文化背景及层次、社会地位、价值观念、兴趣爱好等。

3. 旅游路线和交通工具情况。包括入出境时间、地点，国际间交通方式。

4. 全程旅游线路的起止点(境外团队的入出境地点)。

5. 交通票据情况。该团去下一站的交通票据是否已按计划订妥，有无变更及更改情况；有无返程票；接海外团应了解该团机票有无国内段，弄清机票的票种是OK票还是OPEN票。

表2－2 **旅游团接待计划通知单**

团队名称		来自国家或地区		语种要求			
抵达时间	月　日 班次(车次)		离开时间	月　日 班次(车次)			
客　人	共　人，夫妇　对，单男　人，单女　人，小孩　人				陪同		
住宿饭店		客人间数	单人房　间 双人房　间	陪同	单人房　间 双人房　间		
团队等级			膳食标准及要求				
游览活动	月　日	上午		下午			
	月　日	上午		下午			
	月　日	上午		下午			
	月　日	上午		下午			
用餐安排	月　日	早餐		中餐		晚餐	
	月　日	早餐		中餐		晚餐	
	月　日	早餐		中餐		晚餐	
	月　日	早餐		中餐		晚餐	
文娱活动	月　日	地点		内容			
市内用车		车型		数量		司机姓名	
游江(湖)时间	月　日　点		地点		码头		
备注							

二、落实接待工作事宜

1. 落实接待车辆，记清司机师傅的姓名、车号、联系电话，确定与司机接头的时间、地点，并告知活动日程。

2. 落实住房及用餐，具体事宜如下：

（1）熟悉该团下榻的饭店名称、位置、服务设施和服务项目。

（2）向饭店销售部或总服务台核实该团旅游者所住房间的数目、级别、用房时间是否与旅游接待计划相符合，确认该团使用客房类型、数量、时间、价格及其构成（是否含早餐和免费饮料等）。

（3）向饭店提供该团的抵离时间、交通方式、饭店内的主要活动及具体安排。

（4）导游应提前与各有关餐厅联系，确认该团日程上安排的每一次用餐的情况，其中包括：日期、团号、用餐人数、餐饮标准、特殊要求等。

3. 落实行李托运。各旅行社是否配备行李车要根据旅游团的人数多少而定，应了解本社的具体规定。如该团是配有行李车的旅游团，地陪应了解落实为该团提供行李服务的车辆和人员，提前与之联络，告知旅游团到达的具体时间和地点，确认行李车的出发时间和地点，掌握与之联系的方式，还要确认行李员的人数、集合出发地点，提醒其行李运送过程中的注意事项和特殊要求等。

4. 了解不熟悉景点的情况。对不熟悉的景点，导游人员应事先了解其情况：开放时间、最佳旅游路线、厕所位置等。

5. 与全陪联系，提前约定接团的时间和地点。

三、其他准备工作

1. 物质准备

在带团的服务过程中，导游人员需要使用一些物品。这些物品是导游人员顺利完成导游接待任务、保证接待服务质量的必要物质基础。

（1）领取必要的票证和表格。导游人员应按照计划书的要求，在做准备工作时就是按照该旅游团中旅游者的人数和活动安排的实际需要，到本社有关人员处领取相应的门票结算单和餐饮结算单等结算凭证及该团有关表格（如旅游者意见反馈表等）。

（2）备齐上团必备的证件和物品。服务用品是指按照一定的要求，在带团过程中必需携带的物品。包括导游证、胸卡、导游旗、接站牌、接待计划、导游图等物品，以及有关接待社各个部门、行李员、车队、餐厅、饭店、剧场、商店机场、车站等单位的接待质量反馈表等。

2. 语言和知识准备

根据旅游团的具体情况，有针对性地进行准备。

（1）导游词的准备。导游词是在旅游活动中针对一个或若干个旅游吸引物以口头讲解的方式向旅游者提供文化要素、自然人文美学要素为主题的，全面、系统、具有针对性的讲述内容的总和。导游词的准备是指搜集讲解素材，整理背景资料，分析旅游者的特点和需求，选择、确定适合这些特点及需求的讲解内容和方法的过程。

（2）兴趣话题的准备。无论什么层次的旅游团，都会对涉及政治、经济、文化、军事、体育、名人等某一方面的热门话题深感兴趣。因此，对当前的热门话题、国内外重大新闻以及旅游者可能感兴趣的话题等都应做好相应的准备，通过与旅游者讨论这些话题，缩短与旅游者的心理距离，促进相互了解，活跃团队气氛。

3. 形象准备

在旅游者的审美过程中，导游人员一方面扮演着审美的传递者，另一方面又是旅游者的审美对象。除导游人员的内在美十分重要外，其外在形象也直接影响着旅游者对导游人员的印象与评价。可以说，导游人员形象的好与坏也是导游服务质量中的一个重要组成部分。总体要求是，服装整齐得体，符合导游人员的身份和工作需要；修饰要自然大方，避免过于世俗和前卫；要佩戴醒目的、能证明身份的标识物等。

4. 心理准备

(1)准备面临艰苦复杂的工作。导游人员要面对的工作量、工作难度、工作范围和工作对象的差异很大，其复杂和艰难的程度非同一般。导游人员要充分认识到这一点。一方面准备规范的程序为客人提供满意的服务；另一方面准备面对部分客人的特殊要求和意外情况或事故，要善于左右复杂的局面和解决棘手的问题。

(2)准备承受抱怨和投诉。导游人员在繁重复杂的工作中，难免会出现失误而令客人不满，或客人因种种原因对导游人员出现抱怨、刁难甚至投诉等行为。导游人员要有充分的准备面对此类问题。应本着“宾客至上”的服务原则，冷静、沉着并机智地继续做好导游接待工作。

四、相关单据、表格填写训练

相关单据、表格如表 2－3 至表 2－5 所示

表 2－3 借款单

________旅行社

借款单　　　　年　月　日

借款人：	部 门：	
借款事由：		
借款金额(大写)人民币：　仟　佰　拾　元　角　分　¥：________		

表 2－4 领款凭证

________旅行社

领款凭证　　　　年　月　日

兹向出纳领取　　　　　　(款项内容)
人民币　　　万　仟　佰　拾　元　角　分　¥：________
审批：　　经办：　　领款人：　　(盖章)

表 2－5　　　　　　　　　　**旅行团陪同人员记录**

<table>
<tr><td>城市</td><td></td><td>旅行团名称</td><td></td><td>总编号</td><td></td><td>来自国家</td><td></td></tr>
<tr><td rowspan="3">旅行团人数</td><td>其中</td><td>成人</td><td>不满 2 周岁</td><td>2 ~ 5 岁</td><td>6 ~ 9 岁</td><td>10 ~ 11 岁</td><td></td></tr>
<tr><td>华侨</td><td></td><td></td><td></td><td></td><td></td><td></td></tr>
<tr><td>外国人</td><td></td><td></td><td></td><td></td><td></td><td></td></tr>
<tr><td rowspan="2">旅行团住房</td><td>饭店</td><td rowspan="2"></td><td rowspan="2">其中</td><td>单人</td><td>双人</td><td>三人</td><td>其他</td></tr>
<tr><td>间数</td><td></td><td></td><td></td><td></td></tr>
<tr><td>全部情况</td><td>所属社</td><td></td><td>住房</td><td></td><td></td><td></td><td></td></tr>
<tr><td>旅行团抵达</td><td colspan="7">月　日　时　分用　餐。乘坐　次机、车、船抵达</td></tr>
<tr><td>旅行团离开</td><td colspan="7">月　日　时　分用　餐。乘坐　次机、车、船离开</td></tr>
<tr><td rowspan="6">主要活动项目</td><td colspan="7"></td></tr>
<tr><td colspan="7"></td></tr>
<tr><td colspan="7"></td></tr>
<tr><td colspan="7"></td></tr>
<tr><td colspan="7"></td></tr>
<tr><td colspan="7"></td></tr>
<tr><td rowspan="2">行程变动情况</td><td>原计划</td><td rowspan="2">人数</td><td></td><td rowspan="2">时间</td><td></td><td rowspan="2">饭 店</td><td></td></tr>
<tr><td>变动</td><td></td><td></td><td></td></tr>
<tr><td>备注</td><td colspan="7"></td></tr>
<tr><td colspan="8">说明：1. 本表作为组团社与接团社结算的依据，必须由该团全陪和地陪本人签字，全陪每离开一地之前，均要认真、准确、实事求是逐项填写，如有差误视情节轻重追究陪同人员的责任。
2. 接团社将此表与“旅行团费用结算通知单”一并寄组团社。</td></tr>
</table>

地陪：　　　　　　　　　　　　　　　　　　　　　　　　全陪：

年　月　日

第二节　旅游团队分析

一、从不同国籍了解旅游团队

不同国家、地区、民族的团队，由于长期受到本国、本地区、本民族文化、风俗习惯和生活方式的影响，到异国他乡旅游时，其行为方式不可能不带有本国、本地区、本民族的文化特色。对于某一相同的问题，东方人和西方人在性格和思维上有较明显的差异，他们不仅在询问或处置方式上不同，而且可能涉及禁忌。有些在东方人看起来习以为常的事情，在西方人眼里却是不可触及的隐私，会引起西方人的不快。

西方人较开放、感情外露，喜欢直截了当地表明意愿，其思维方式一般由小到大、由近及远、由具体到抽象；东方人较含蓄、内向，往往委婉地表达意愿，其思维方式一般从抽象到具体、从大到小、从远到近。譬如西方游客认为，只有各种具体的细节做得好，由各种细节组成的整体才会好，他们把导游人员提供的具体服务抽象为导游人员的工作能力与整体素质。

■小知识

中国一些主要客源国游客的性格和行为表现

1. 美国游客

一般比较开朗，举止大方，喜好新奇，注重实际，喜爱攀谈，行为随便。在旅游中，他们常常从个人喜好出发，不顾他人，想什么就说什么，提问、提要求较多，不顾影响。

2. 英国游客

一般比较矜持、冷静，少言寡语，有绅士派头，讲礼貌，尊重妇女。在旅游活动中，他们多看多听少语，不主动表示自己的意见，但比较守时、守纪律，遵从活动安排。

3. 法国游客

一般比较爽朗、热情，不拘小节。喜欢与人交谈，比较乐观，热爱生活，重视自由。在旅游活动中，他们比较活泼，行为无拘无束，喜好自由活动。

4. 德国游客

一般比较勤勉，有朝气，守纪律，好清洁，爱音乐。在旅游活动中，他们重合同，讲究产品和服务质量。

5. 俄罗斯游客

十分注重仪表，自尊，守时，对妇女非常尊重，爱喝烈性酒。在旅游活动中，他们遵守时间，喜好购物。交谈时，注意不要打听他们个人的私事，不要谈论其国内政治、经济，以及民族、宗教等问题。

6. 日本游客

勤奋好学，好胜心强，注重实际，讲求实效，崇尚礼仪。在旅游活动中，喜欢结伴出行，集体观念和时间观念较强；日程确定后，不得更改，即使时间很紧也要按照日程安排走马观花地看一遍；旅游中一般不表示自己的意见，即使表示，态度也比较暧昧；喜爱购物，易受同伴影响。但是，他们安全防范意识较差，导游人员需反复提醒其注意人身、财务安全。

7. 韩国游客

自尊心较强，注重礼仪，讲究礼节。在旅游活动中，与之交谈要注意尊重他们，避免损害其自尊心。

二、从不同地区分析旅游团队

俗话说："一方水土养育一方人。"由于中国地域差异、历史文化积淀、生活方式、饮食等原因，造成不同地区旅游团队有所差异。

1. 北京游客

北京人重礼数，善待人，颇有尊贤礼让之风，大气不失幽默感。在旅游活动中，表现出复杂的多面性，饮食上有很强的包容性。

2. 上海游客

上海人精明，有经济头脑，注重实惠、守法守纪，契约意识和法制观念强使上海人形成了追求合理化、追求平等与规范的观念。在旅游活动中，会表现出斤斤计较，爱盘算，懂得尊重女士。

■小知识

表 2－6　　　　我国南北文化差异要目选

要　目	要　点
南繁北齐	南方语言繁杂，北方语言比较规范
南细北爽	南方人说话比较婉转，北方人比较直率
南老北孔	南方是老庄学说的发源地，北方是孔孟学说的发源地
南顿北渐	南方禅学有顿悟说，北方禅学讲渐修说
南骚北风	南方文学以浪漫色彩的“离骚”为首篇，北方文学以现实主义的“诗经”为首篇
南柔北刚	杏花春雨江南，南曲如抽丝；古道西风冀北，北曲如抡枪
南拳北腿	南北武术的差异
南米北面	南方人爱米食，北方人爱面食
南甜北咸	南方人口味偏甜，北方人口味偏咸
南敞北封	南方园林多敞口，北方建筑多封闭严实
南经北政	南方经济文化发达，北方政治军事活跃

三、从游客年龄层分析旅游团队

年龄不同，体力和精力不同，阅历和经验也不同，从而在旅游行为表现上也存在着明显的差异。

(一)青年游客团队

青年游客团队精力旺盛，不怕艰苦，对设施和服务要求不高；他们富于幻想，对旅游有浓厚的兴趣，喜欢追新猎奇，喜好娱乐与运动；他们好表现，希望自己的行为能引起他人的注意和重视，不要将他们当作未成年人对待。但是，他们初涉社会，阅历少，处世简单，对旅游想象得极为美好；他们情绪不太稳定，易冲动，遇事不够冷静，经受不住挫折和打击。

(二)中年游客团队

中年游客团队阅历较广，一些人曾多次出游，旅游经验较丰富，待人处世比较谨慎，对旅游中出现的问题能泰然处之；他们在旅游中，比较讲究实际，对旅游产品和服务质量要求较高，对通过旅游要实现的目标甚为关注。但是，正因为他们老成持重，在旅游中注重看、听和问，一般较少表示自己的意见和看法；一旦表示出来，往往有一定的分量。

(三)老年游客团队

老年游客团队由于年龄和身体原因，在旅游中一般行动迟缓，节奏较慢，对旅游安全甚为关注；他们在旅游中，主要以观赏自然景观和文物古迹为主，然而对异性的老年人生活、家庭和社会福利事业也很有兴趣；他们思古怀旧心情较重，对访问故地、会见老朋友或其亲友情有独钟；他们虽然食量小，睡眠少，但要求饮食可口，住得舒适；他们一般顺从旅游安排，很少发表意见。

四、从职业角度分析旅游团队

世界各国对职业的划分存在着较大差异。我国对海外来华游客的职业分类是：专业技术人员、行政管理人员、办事员、商人、服务人员、农民、工人，其他职业人员和无职业人员。职业不同，意味着他们在社会中的地位、工作性质和生活阅历的不同，从而使人们在旅游中的行为表现也存在一定的差异。下面简要叙述几种主要职业的游客团队的行为表现。

（一）专业技术人员团队

专业技术人员一般学有所成，具有某方面的专业或技术知识。他们在旅游中除了一般的观赏旅游景观外，更加关注了解本专业或技术领域的情况，希望参观该领域的有关单位、设施，会见该领域的有关人员，并进行交流。因此，在涉及其领域的事情，他们提问较多。他们对旅游服务也比较注重，对导游人员要求较高。

（二）行政管理人员团队

行政管理人员由于来自权力机构，社会地位较高，在旅游中他们往往从管理、质量、效率等角度来看待问题，对旅游活动的组织安排、服务质量、服务效率等要求较高。他们对导游人员、接待单位的服务人员乃至管理人员的不足之处常存有看法，有时也溢于言表。此外，他们对服务设施和环境的舒适也比较讲究。

（三）工人团队

由于所从事工作的性质，工人在旅游中有较强的群体观念，他们一般顺从旅游安排，对参观游览和娱乐活动有兴趣；他们一般心直口快，对旅游中存在的缺陷容易发牢骚；在旅游中他们比较关心一些带有普遍性的社会问题，诸如物价、失业、犯罪和子女教育等；他们对旅游设施和服务要求不高。

五、从旅游过程分析旅游团队

旅游过程包括出游前的准备阶段、在旅游目的地的旅游阶段和旅游结束后返回阶段。

（一）到达目的地的初期阶段

旅游团队到达旅游目的地初期，面对的是一个完全陌生的环境，他所接触的人和事都是生平第一次的，有举目无亲之感，不仅人地生疏、风土人情不懂，而且可能有语言不通以及气候、饮食不适等问题。这种情况一方面旅游团队有好奇、惊讶、兴奋之感，另一方面又有一些莫可名状的不安。这时，团队游客的表现是复杂的，有的低声细语，有的指指点点。但是，有一点共同的，即他们会不约而同地把希望寄托在导游人员身上，希望导游人员能够理解他们的心情，帮助他们认识这个陌生的环境，使他们有一个愉快、顺利和安全的旅游生活。

（二）开始熟悉阶段

在这一阶段，随着团队开始与导游的熟悉，对目的地情况的了解和对环境逐步适应，他们的不安情绪开始放松，思想也逐渐活跃起来。其表现：一是游兴较浓，对参观和游览的那些秀丽、奇特、古老、壮丽的自然景观，人文古迹、现代建筑和民俗风情表现出较大的热情；二是发问开始增多，急于了解目的地有关情况以及所见所闻的人和事情。

（三）旅游中期阶段

随着时间的推移，团队对目的地情况有了基本了解，同导游人员比较熟悉，他们的心理包袱已基本消除，初到时的拘束、谨慎、陌生之感已不复存在，从而其个性表露也比较明显。所以，这一阶段是其个性表露阶段。主要表现：一是对其旅游目标的实现更为关注，尤其是那些希望通过旅游对某一方面有更深入了解的游客，他们提出的问题会更广泛深刻，会提出各种各样合理的甚至不合理的要求，希望能帮助他们圆满实现；如果无法实现就会表示不满。二是，在言行上比较放任。由于游客在这个阶段的心态比较放松，容易在精神上产生麻痹感，使他们的记忆力、思考力有意无意地分散或转移，游览中对导游人员的讲解不像以前那样全神贯注，有的自行其是，平时健忘的人更容易丢三落四，平时散漫的人更容易缺乏时间观念，平时活泼的人会变得更加随意自由。

（四）旅游结束阶段

在旅游目的地的旅游即将结束之际，团队的心理活动又开始复杂起来，会出现与到达目的地初期类似而又不同的紧迫感和不安感，因而在行为表现上也是多种多样。有的人思乡思家心切，盼望尽早同家人团聚；有的人急于上商店购物，以作纪念和馈赠亲友；有的人担心行李超重；有的人忙于给亲友打电话，报告旅游归期等。总之，在这个阶段，团队游客的思绪甚为分散，多忙于个人事情。

六、从出游动机分析旅游团队

人们出游都是在一定的旅游动机推动下进行的。旅游动机最终体现在旅游目标或旅游目的上，它是动机激发的行为追求的结果。根据世界旅游组织的分类，旅游目的分六大类，即观光、娱乐、度假类，商务、专业访问类，医疗健康类，探亲访友类，宗教/朝拜类和其他。不同的旅游团队动机以不同的行为方式表现出来。（见表 2－7）

表 2－7　　16 种旅游目的团队的行为表现

旅游目的		在旅游过程中的主要行为表现
观光、娱乐、度假类	观光旅游	观赏风景名胜、了解风俗民情、拍照、购买纪念品、在一地短暂停留
	娱乐旅游	参加娱乐活动、观赏自然景观、拍照、购买纪念品、与接触的人交往
	度假旅游	休息娱乐、拍照、参观风景名胜、购买纪念品、避免社交
商务、专业访问类	商务旅游	进行商务活动、关心社会地位、与同行交谈、过舒适生活、购买纪念品
	公务旅游	从事公务活动、关心社会地位、过舒适生活、参观风景名胜、购买纪念品
	会议旅游	参加会务活动、喜与同行交往、参观风景名胜、拍照、购买纪念品
	学习旅游	致力于专业学习、深入考察当地社会、参观风景名胜、拍照、购买纪念品
	奖励旅游	考察当地同行业务、过舒适生活、参观风景名胜、拍照、购买纪念品
	专项旅游	考察当地同行业务、与当地同行进行广泛交流、参观风景名胜、拍照、购买纪念品
医疗健康类	保健旅游	治疗或疗养疾病，与医生和病友进行交流、购买药品和保健器材、有时参观风景名胜、活动量小
	体育旅游	参加体育或健身活动、游览风景名胜、探究生活意义、拍照、购买纪念品
	生态旅游	参观、考察生态系统、沐浴大自然、保护生态环境、拍照、接触当地居民
探亲访友类		走访亲友、游览风景名胜、拍照、购买纪念品、对当地经济贡献小
宗教/朝拜类		传经布道或者到宗教圣地朝拜、探究生活意义、不过舒适生活、不关心社会地位、对沿途经济无贡献
其他	探险旅游	到一地探险考察、拍照、对该地环境感兴趣、接触当地社会和居民、过艰苦生活
	过境旅游	等待航班、休息、有时购买纪念品、偶尔购买餐饮、对当地经济贡献微小

七、从团队游客表现的不同个性特征分析团队

(一)活泼型游客

爱交际，喜讲话，好出点子，乐于助人，喜欢多变的游览项目。对这类游客，导游人员要扬长避短，既要乐于与他们交朋友，又要避免与他们过多交往，以免引起其他团员的不满;要多征求他们的意见和建议，但注意不让其左右旅游活动，打乱正常的活动日程;可适当地请他们帮助活跃气氛，协助照顾年老体弱者等。活泼型游客往往能影响旅游团的其他人，导游人员应与之搞好关系，在适当的场合表扬他们的工作并表示感谢。

(二)急躁型游客

性急，好动，争强好胜，易冲动，好遗忘，情绪不稳定，比较喜欢离群活动。对这类比较难对付的游客，导游人员要避其锋芒，不与他们争论，不激怒他们;在他们冲动时不要与之计较，待他们冷静后再与其好好商量，往往能取得良好的效果;对他们要多微笑，服务要热情周到，而且要多关心他们，随时注意他们的安全。

(三)稳重型游客

稳重，不轻易发表见解，一旦发表，希望得到他人的尊重;这类游客容易交往，但他们不主动与人交往，不愿麻烦他人;游览时他们喜欢细细欣赏，购物时爱挑选比较。导游人员要尊重这类游客，不要怠慢，更不能故意冷淡他们;要采取主动多接近他们，尽量满足他们的合理而可能的要求;与他们交谈要客气、诚恳，速度要慢，声调要低;讨论问题时要平心静气，认真对待他们的意见和建议。

(四)忧郁型游客

身体弱，易失眠，忧郁孤独，少言语但重感情。面对这类游客，导游人员要格外小心，别多问，尊重他们的稳私;要多亲近他们、多关心体贴他们，但不能过分表示亲热;多主动与他们交谈些愉快的话题，但不要与之高声说笑，更不要与他们开玩笑。

第三节　特殊团队的导游服务

所有旅游者都希望在旅游活动中得到舒适、温馨的服务，管理部门为了让导游满足旅游者的基本要求，处理旅游活动中的事件，制定了标准和规范。

旅游者虽然有共性，但是人都有各自的区别。旅游者来自不同的国家和地区，他们在年龄、职业、宗教信仰、社会地位等方面存在较大的差异，有些游客甚至非同一般、特点尤为突出，导游人员必须给予特别重视和关照，因此称为特殊游客或重点游客。虽然他们都是以普通游客的身份而来，但接待方法有别于一般的游客。

一、特殊团队的定义

是指旅游团队的组成人数、组成成分、年龄结构、旅游目的等方面具有非一般性特征的群体。其提出的要求也和一般团队接待要求不同，必须要有针对性的服务。

二、对不同特殊团队的接待

（一）对儿童的接待

儿童出游，一般有两种情况：其一是儿童自己出游，其二为家长带领出游。无论儿童是何种出游，他们都将会是整个团队的焦点人物。而儿童与成人在心理、生理上有很大的差别，他们的行为和思想不是普通的理论可以解释清楚的，导游需要怀着爱心，当好孩子的守护者。一般需要注意以下几个方面：

1. 注意儿童的安全

儿童游客，尤其是2～6岁的儿童，天生活泼好动，儿童的行为有不可预知性，儿童没有足够的安全意识、没有自我约束能力，加之儿童又具备极强的好奇心，使他们能“不畏危险”“铤而走险”。导游在带领儿童时需要有一定的预知能力，防患于未然，看到危险不仅是提醒，而且还需要随时注意儿童的行为，利用周边其他环境吸引儿童远离危险区。地陪可酌情讲些有趣的童话和小故事吸引他们，既活跃了气氛，又使他们不到处乱跑，保证了安全。在旅游过程中，经常会出现中国游客因喜爱外国儿童而要和他们合影留念的情况。面对好客的中国人，孩子和家长开始很兴奋、新鲜，很愿意合作。但时间一长，次数一多，他们就会产生厌烦情绪。遇到这种情况，导游员一方面要代他们婉言谢绝；另一方面也可做一些工作，尽量让双方都满意。

2. 掌握“四不宜”原则

对有儿童的旅游团，导游人员应掌握“四不宜”的原则：

（1）不宜为讨好儿童而给其买食物、玩具；

（2）不宜在旅游活动中突出儿童，而冷落其他游客；

（3）即使家长同意也不宜单独把儿童带出活动；

（4）儿童生病，应及时建议家长请医生诊治，而不宜建议其给孩子服药，更不能提供药品给儿童服用。

3. 对儿童多给予关照

导游人员对儿童的饮食起居要特别关心。地陪应先给餐厅打电话，请餐厅准备好儿童用椅和刀、叉、勺等一些儿童必备用具，以减少用餐时的不便。

4. 注意儿童的接待价格标准

由于现行交通、景区等管理部门的规定，不管年龄，按照身高划分收费标准，交通（铁路）为1.1米以下免费，1.1～1.5米半价；景区一般身高1.1米以下的为免费，以上为全价。另外各个地方景区对于孩子身高及票价的规定都不同，导游需要提前了解，告知家长，避免不必要的损失。

【案例】

导游员老宋是个老同志了，在旅行社工作了多年，接待过不少境内外旅游团队。最近，旅行社让他带领一个由市少年宫组织的少年儿童夏令营团队去内蒙古旅游一周。为此，老宋做了大量的准备工作。可是接待工作开始后，老宋感到由少年儿童组成团队很难带，他们不喜欢老宋的讲解方式，经常提出一些怪问题。而且有些小朋友非常好动，不听指挥，不遵守规定的作息时间，有的还与老宋正面顶撞。老宋以后再也不敢接待少年儿童团队了。

【评析】

面对小朋友旅游团导游人员应努力做到：

1. 在讲解中，语言要生动形象。语气要亲切委婉，用词准确而有激情。

2. 在生活管理方面，导游人员要主动配合学校的老师做好安全防范工作，加强其组织纪律性，注意个人卫生，以保证小朋友旅游团的旅游活动能顺利开展。

（二）对老年团的接待

由于近年来我国人口老龄化进程加快，退休年龄降低，离退休人数猛增，老年旅游团队已成为开发潜力巨大的客源市场。目前中国的老年团队消费水平虽然偏低，但出游人数多，全年客源稳定，没有“五一”“十一”“春节”那种明显的大起大落现象，只要旅行社开发的旅游线路符合老年人特点，老年旅游市场是大有开发潜力的。尊敬老人是我们中华民族的传统美德，因此，导游人员应通过谦恭尊敬的态度、体贴入微的关怀以及不辞辛苦的服务做好老年游客的接待工作。

1. 老年旅游团的特点

（1）老年人怀旧观念较重，喜欢历史文化气息浓重的旅游景点；

（2）倾向于选择安全系数较高的旅游线路；

（3）要求团队中有队医服务；

（4）旅游节奏不宜太快。

2. 接待老年人团队的导游人员

（1）应具备丰富的历史知识。

（2）善于尊重、体贴老年人，虚心向老人请教。

（3）掌握一定的医学知识和护理知识。善于察言观色，及早发现老年人可能出现的重大病情，防患于未然。

3. 老年团队接待注意事项

（1）安排适合老年人的交通工具

安排旅游车辆时尽量做到宽松、舒适；乘坐火车时，尽量安排中下铺位；乘坐飞机时，陪同人员需协助客人办理行李托运手续。老年团游客大多数腿脚不太灵活，有时甚至力不从心。地陪在带团游览时，一定要注意放慢行走速度，照顾走得慢或落在后面的老年游客，选台阶少，较平坦的地方走，以防摔倒碰伤；在向老年游客讲解时，导游人员也应适当放慢速度、加大音量，吐字要清楚，必要时还要多重复。

（2）根据老年人的特点安排行程

安排日程时注意节奏宜慢，可根据老年人身体情况。首先，日程安排不要太紧，活动量不宜过大、项目不宜过多，在不减少项目的情况下，尽量选择便捷路线和有代表性的景观，少而精，以细看、慢讲为宜；其次，应适当增加休息时间。参观游览时可在上、下午各安排一次中间休息，在晚餐和看节目之前，应安排回饭店休息一会儿，晚间活动不要回饭店太晚。此外，带老年游客团不能用激将法和诱导法，以免消耗体力大，发生危险。

（3）做好提醒工作

老年游客由于年龄大，记忆力减退，导游人员应每天重复讲解第二天的活动日程并提醒注意事项。如预报天气情况，提醒增减衣服，带好雨具，穿上旅游鞋等。进入游人多的景点时，要反复提醒他们提高警惕，带好自己的随身物品。另外，由于外国游客对人民币不熟悉，加上年纪大，视力差，使用起来较困难。为了使用方便或不被人蒙骗，地陪应提醒其准备适量的小面值人民币。还有，由于饮食习惯和生理上的原因，带老年游客团队，地陪还应适当增加去厕所的次数，并提前提醒他们准备好零钱（收费厕所）。

(4)住宿要求整洁安全、饮食以清淡软烂为主

老年人不求奢华，但求整洁，因此入住的酒店要确保环境幽雅，房间干净、安全。

安排用餐时要注意照顾老年人的习惯和生理特点，以清淡软烂为主，咸淡适中；部分老年人由于身体原因忌食油腻食品或甜食，导游可建议餐厅合理搭配荤素，保证一日三餐营养均衡；尽可能满足客人合理的用餐要求。

(5)耐心解答问题

老年游客在旅游过程中喜欢提问题，好刨根问底，再加上年纪大，记忆力不好，一个问题经常重复问几遍，遇到这种情况，导游人员不应表示反感，要耐心、不厌其烦地给予解答。

(6)预防游客走失

每到一个景点，地陪要不怕麻烦、反复多次地告诉老年游客旅游路线及旅游车停车的地点，尤其是上下车地点不同的景点，一定要提醒老年游客记住停车地点。另外，还要提前嘱咐老年游客，一旦发现找不到团队，千万不要着急，不要到处乱走，要在原地等待导游人员的到来。

(7)尊重西方传统

许多西方老年的游客，在旅游活动中不愿过多的受到导游人员的特别照顾，认为那是对他们的侮辱，以证明他们是无用之人。因此，对此类游客应尊重西方传统，注意照顾方式。

(三)对残疾游客的接待

在外国旅游团队中，有时会有聋哑、截瘫、视力障碍（盲人）等残疾游客，他们克服了许多常人难以想象的困难来到中国旅游，这既表明他们有着比常人更加强烈的对旅游的渴望，也说明他们对中国有着特殊的感情，对中国悠久的历史文化有着浓厚的兴趣，而且还告诉我们他们之所以在众多的旅游目的地中选择了中国，就是相信在中国不会受到歧视。因此，在任何时候、任何场合都不应讥笑和歧视他们，而应表示尊重和友好。残疾游客的自尊心和独立性特别强，虽然他们需要关照，但又不愿给别人增添麻烦。因此，在接待残疾游客时，导游人员要特别注意方式方法，既要热情周到，尽可能地为他们提供方便，又要不给他们带来压力或伤害他们的自尊心，真正做到让其乘兴而来、满意而归。

1. 接待残疾旅游团导游应具备的条件

(1)体质强健。

(2)富有爱心。残疾人团队的接待以旅行服务、生活服务为主，景区点讲解为辅；导游的奉献多于回报。因此，导游必须要有爱心。

(3)具有较丰富的医疗卫生知识。

(4)一定要有吃大苦、受大累的心理准备。

(5)善于提供个性化服务。善于针对游客的生理和心理特征，提供优秀的个性化服务。如接待智障人团队，导游就要有耐心，不惧怕脏、乱、差；接待聋哑人团队，导游应会哑语，善于揣摩聋哑人心理。

2. 接待残疾人旅游团队总的要求

(1)导游应安排符合残疾人身体状况的旅游线路

行程不能过于劳累，原则上只安排游览道路平坦、通达性较好的核心景区，事先设计好适合残疾人的游览线路、中途休息地点等。注意选择的线路不能有任何安全隐患。

(2)适时、恰当的关心照顾和周到的生活服务

导游必须为残疾人提供周到的生活服务，包括搬运行李、送水送餐甚至把客人抬上抬下汽车等。

接到残疾游客后，导游人员首先应适时地询问他们需要什么帮助，但不宜问候过多，如果过多当众关心照顾，反而会使他们反感；其次如果残疾游客不主动介绍，不要打听其残疾的原因，以免引起不快。此外，在工作中要时刻关注残疾游客，注意他们的行踪，并给予恰当的照顾。尤其是在安排活动时，要多考虑残疾游客的生理条件和特殊需要，譬如选择路线时尽量不走或少走台阶、提前告诉他们洗手间的位置、通知餐厅安排在一层餐厅就餐等。

(3)与其他部门联系，提供个性化服务

对于行动不便的残疾人团队，导游可事先与接待部门或旅游景区联系，请求给予个性化服务，如提供志愿者、特许团队旅游车开到核心景区、送餐到客房等，让团队体会到社会广泛的关爱。

对不同类型的残疾游客，导游服务应具有针对性。接待聋哑游客要安排他们在车上前排就座，因为他们需要通过导游人员讲解时的口形来了解讲解的内容。为了让他们获得更多的信息，导游人员还应有意面向他们放慢讲解的速度；对截瘫游客，导游人员应根据接待计划分析游客是否需要轮椅。如需要应提前做好准备。接团时，要与计调或有关部门联系，最好派有行李箱的车，以便放轮椅或其他物品；对有视力障碍的游客，导游人员应安排他们在前排就座，能用手触的地方或物品可以尽量让他们触摸。在导游讲解时可主动站在他们身边，讲解内容要力求细致生动，口语表达更加准确、清晰，讲解速度也应适当放慢。

(4)树立安全第一的观念

树立安全第一的观念及时提醒游客量力而行，引导客人追求旅游过程的新、奇、乐而不追求游览景点的数量，只要能较好地亲近自然、融入社会就算基本达到目的。

(5)要善于察言观色，及时发现残疾人细微的心理变化

导游要善于察言观色，发现残疾人细微的心理变化，鼓励他们大胆地讲出自己的要求，以便提供相应的服务；对于残疾人性格、脾气上的怪异表现，导游要大度、容忍，千万不可斤斤计较。

(四)对宗教界人士的接待

来中国旅游的外国游客中，常常会有一些宗教界人士，他们以游客的身份来华旅游，同时进行宗教交流活动，导游人员要掌握他们身份特殊、要求较多的特点，做好接待工作。

接待宗教型旅游团队要求导游员掌握较多的宗教知识，熟知宗教礼仪和我国的宗教政策，具有较强的应变能力。导游可按一般团队接待程序提供基本服务，同时又要针对宗教旅游团的特点，提供个性化服务。接待中主要注意下列事项：

1. 注意掌握宗教政策

导游人员平时应加强对宗教知识和我国宗教政策的学习，接待宗教旅游团时，既要注意把握政策界线，又要注意宗教游客的特点。譬如，在向游客宣传我国的宗教政策时，不要向他们宣传“无神论”，尽量避免有关宗教问题的争论，更不要把宗教、政治、国家之间的问题混为一谈，随意评论。

2. 提前做好准备工作

导游人员在接到接待宗教团的计划后，要认真分析接待计划，了解接待对象的宗教信仰及其职位，对接待对象的宗教教义、教规等情况要有所了解和准备，以免在接待中发生差错；如果该团在本地旅游期间包括有星期日，要征求领队或游客的意见，是否需要安排去教堂，如需要，要了解所去教堂的位置及开放时间。

3. 尊重游客信仰习惯

在接待过程中，要特别注意宗教游客的宗教习惯和戒律，尊重他们的宗教信仰和习惯。譬如，由天主教人士组成的旅游团，每天早晨开车前，他们会在车上讲经、作祈祷。这时，导游人员和司机应主动下车，等他们祈祷完毕后再上车。

对已出家的信徒应称“师父”或“大德”，未出家的信徒称“居士”；对德高望重的方丈可称“大师”。导游向客人致谢时，应将手掌竖立于胸前，口念“阿弥陀佛”；导游讲解姿势以坐式为宜。但导游员不要跟随信徒跪着与大师说话，更不要对大师五体投地表示虔诚。个别声望较高的僧人，当信众们都跪式伺候时，导游只需微微倾斜身体，压低身姿，表示礼貌即可。

导游应了解并熟悉宗教戒条，约束自己的言行，不茹荤腥、不沾辛辣之物等，导游讲解中也要不涉及男女之事或杀生行为。

4. 满足游客特殊要求

宗教界人士在生活上一般都有些特殊的要求和禁忌，导游人员应按旅游协议书中的规定，不折不扣地兑现，尽量予以满足。譬如，对宗教游客在饮食方面的禁忌和特殊要求，导游人员一定要提前通知餐厅做好准备；又如，有些伊斯兰教人士用餐时，一定要去有穆斯林标志牌的餐厅用餐，导游人员要认真落实，以免引起误会。

5. 不能随便举行大型宗教法事活动

团队如果想在景点举办对外的大型宗教性法事活动，导游应出面制止，并告诉主事师父，按照我国宗教政策，这类活动必须事先征得宗教局批准；如果客人要求会见寺庙高僧，导游可事先与寺庙取得联系，征得同意后再予以安排。

6. 导游服务应以团体中的大师父为中心

导游服务应以团体中的大师父为中心，对其他信徒的个别要求均不能贸然应允。如果团队表现出捐赠愿望，导游应了解其捐赠目的和受赠条件，积极与有关方面联系，促成客人捐赠意愿的实现。

（五）对有特殊身份和地位游客的接待

1. “有特殊身份和地位的游客”的含义

所谓“有特殊身份和地位的游客”是指外国在职或曾经任职的政府高级官员、皇室成员；对华友好的官方或民间组织团体的负责人；社会名流或在国际国内有一定影响的各界知名人士；国际或某国著名的政治家、社会活动家、大企业家等。这些游客是世界各国人民的使者，他们来到中国除了参观游览外，往往还有其他任务或使命，因此，做好他们的接待工作意义重大。

2. 接待有特殊身份和地位的游客导游人员的条件

(1) 导游人员要有自信心，不要因为这些游客地位较高或身份特殊而胆怯、畏惧。往往越是身份高的人，越懂得尊重别人。他们待人接物非常友好、客气，十分尊重他人的人格和劳动。如果导游人员因为心理压力过大，工作起来缩手缩脚，反倒会影响导游效果。

(2)导游人员要有较高的文化素质和渊博的知识。提前做好相关的知识准备，如专用术语，行业知识，等等，以便能选择交流的话题，并能流利地回答他们提出的问题。

(3)在接待这些游客时，由于有时中央领导人或有关负责人要接见、会谈，所以游览日程、时间变化较大，导游人员要注意灵活掌握，随时向有关领导请示、汇报，尽最大努力安排好他们的行程和相关活动。

3. 接待注意事项

有特殊身份和地位的旅游团队往往选择综合能力较强的旅行社和优秀导游人员为团队服务。能够接待这样的团队，对旅行社或导游人员来讲都是一种荣耀。当然，接待这类团队是不允许出现任何重大差错的。旅行社会在行前与对方密切联系，了解对方的要求，制定完整的接待预案，联系相关的对口部门出面接待，聘请一些专家辅助讲解或座谈等。作为接待旅游团队的导游人员，除应按普通团队接待程序做好接待准备和接待服务外，还应该在如下方面多加留意：

(1)重视礼貌礼节，认可团员的社会身份

在称谓上始终使用尊称："各位领导""各位贵宾"；旅游线路和节奏应照顾客人的兴趣和身体状况，根据客人意愿适时加以改变；讲解的内容应以介绍景点背景资料为主，突出具体数据(注意数据准确)和本地特色，但不要妄自尊大；对客人感兴趣的内容可以多讲，其他少讲或不讲。

(2)注意自己的身份

如果团队有地方官员陪同，安排行程时多与他们商量，或请他们代为征求客人的意见。当地方领导与贵宾交谈时，导游可以暂时中断自己的讲解以示尊敬；导游员也不要在车上与驾驶员闲谈，而且不论领导再怎么欣赏你，也不可贸然与领导同桌吃饭或主动上前敬酒。

(3)突出团队的主要领导

导游服务以主要领导为核心，多听取其意见，适当照顾其他团员；讲解也以主要领导为主，时刻伴随其左右并引领路线。当有记者摄影时，导游应主动后退半步，让团队成员突出出来；在没有得到领导明确邀请的情况下，导游人员一般不参加团队合影；即使受到邀请，也应陪居末位或站到后排。

(4)除非合同明确规定，导游不得安排政务型团队购物

除非合同明确规定，导游不得安排政务型团队购物。客人主动要求购物时，导游可介绍商品特色，帮助客人谈价，但定价应由客人自己拿主意。当发现商品质量不可靠或价格明显虚高时，应提醒客人谨慎购买。

(六)对教师团的接待

"师者，传道、授业、解惑也。"随着教师地位的提高，教师团出游率也逐渐升高。在旅游中，教师表现出好为人师，爱纠错，做事太认真和较劲的特点，被认为是旅游团中"三大难带团队"之一。接待这样的团队应该注意：

1. 带团导游一定要知识面广，不一定样样精通，但一定要全面。还要懂一些教师不精通的事，例如关于佛教知识与佛教故事(因为很多景区总是和寺院有缘)，当你滔滔不绝的大谈佛教时，老师们就会认为你知识很丰富(因为教师团内有各科老师，学科知识是全面的，但对佛教知识大多数老师是懂得很少的，老师一般尊重他认为知识比他多的人)，老师们就会对你很尊重，在行程中会很好地听从你的安排。

2. 导游一定要事先和团队沟通好确认进几个购物点，带团导游千万不要为了增加收入再安排另外的购物项目，要真诚不能有欺骗行为。

3. 学校老师出行是有严格组织的，要认清领队、尊重领队，遇事和领队商量。

4. 对教师要尊重。除了介绍景点外，导游一般可在车上对他们谈自己上学时的事，和教师拉近距离，搞活气氛后，对以后带团有很大帮助。

（七）对女性团的接待

女性也是一个特殊的群体。随着女性社会地位的提高，女性在出游旅游者中占有着很高的比例，而女性普遍较为细心，她们的要求更高，更为"苛刻"。对于导游要注意以下几个方面：

1. 尊重

女性在生理方面确实有一些特殊，在体力等方面均不如男性，但是她们不是弱者，不能轻视她们，特殊地照顾她们，会使她们觉得自己不如其他人。如果遇到好胜心强的女性，导游的特殊照顾也许会"好心没好报"。

2. 优先

现在很多国家以"女士优先"作为道德评定的标准，"女士优先"也成为全社会所有人的共识，导游在带团过程中要遵循这一原则，这也是尊重女性的一种表现。

3. 健康

女性很注重自己的健康问题，出门在外，更是特别注意身体健康状况。任何的天气状况都需要预先通知女性旅游者，让她们做好相应的准备；任何不利于她们健康的特殊情况，都需要预先告知，使其有思想准备。

4. 耐心

女性对很多事情比较细心，使得她们凡事都要追求完美，很在意导游或者其他服务人员的行为，如有事情发生，容易计较得失。在此情况下需要导游认真耐心地倾听她们的建议、投诉，并进行细致的解释，处理好矛盾。

【案例】

俗话说："三个女人一台戏。"妇女旅游团的最大特点是兴奋、热闹。那么导游员在接待过程中怎么做才会设法让她们高兴而来，满意而归呢？

【评析】

女性在旅游中喜欢谈论家庭琐事、购物以及化妆等，同时也喜欢自由活动或三五成群地聊天拍照，思想上容易开小差，人也经常走散、走失。女性普遍有求全心理，团队内时常会有一些小矛盾产生，所以导游要对妇女团队做好充分的准备。

【解决方式】

1. 讲解景点要清楚、要耐心，带团速度不宜过快，照顾面要周全，时常要多讲些有趣和传统的故事，让她们在轻轻松松的氛围中旅游。

2. 交代事情、提醒注意事项要清楚明确，说话不绕圈子。

3. 要经常关心她们的身体状况，带团时要多清点几次人数，防止有人走失。

4. 在旅程安排上要松紧适宜，多给她们一些购物和拍照时间。

■思考与练习

(一)知识思考题

1. 导游的准备工作包含哪些方面?

2. 接待计划单的内容有哪些?

3. 如何接待儿童、老年人和女性团队?

(二)能力训练题

1. 新加坡一行30人于5月15日由A市乘CA××××航班10:10飞抵B市天鹅湖大酒店。5月18日16:20乘CA××××航班飞离B市。

(1)根据导游接待的规范要求制订出该团在B市的接待计划。

(2)根据制订的接待计划, 落实以下事宜:

①模拟导游与旅游车司机的电话联络, 落实接待车辆事宜。

②模拟导游与饭店总服务台的对话, 落实用房事宜。

③模拟导游与餐厅的对话, 落实用餐事宜。

2. 某导游在上团后发现团队中有一女性基督教教徒, 她要求周日在游览地上海帮助她寻找一基督教堂做礼拜, 请问如果您是导游, 该如何处理?

3. 某团队中有一老年残疾人, 其腿脚不方便, 请问导游在带团过程中该如何对待他?

■参考文献

1. 窦志萍. 导游技巧与模拟导游[M]. 北京:清华大学出版社, 2006.

2. 安徽省旅游局. 导游业务[M]. 合肥:安徽人民出版社, 2002.

3. 刘国强, 张辉. 导游业务实训教程[M]. 北京:科学出版社, 2008.

4. 李红, 韩力军. 导游业务[M]. 武汉:华中科技大学出版社, 2008.

5. 窦志萍, 邱怀仁. 模拟导游[M]. 北京:高等教育出版社, 2005.

6. 胡晓勤. 导游业务实训教程[M]. 北京:科学出版社, 2008.

7. 生延超, 范保宁. 导游理论与实务[M]. 北京:中国旅游出版社, 2007.

8. 陶汉军, 黄松山. 导游业务[M]. 天津:南开大学出版社, 2005.

■相关链接

1. 中国同程网 http://www.17u.net

2. 中国导游吧 http://www.daoyou8.com

3. 中国旅游网 http://ww.cnta.gov.cn

第三章　迎接工作

◆ 本章学习重点

◇了解并掌握迎接服务的准备工作，接站工作，致欢迎词。

◇掌握交通客运知识中的铁路、航空知识。

◇教学以地陪服务程序为主。

◇应适当加入全陪服务程序及领队服务程序、景区景点导游服务程序的模拟培训。

◇教学方法可采用案例分析、角色扮演、情景剧模拟、实践教学、多媒体教学。

【案例导读 3-1】 灵感的应验

某年秋季的一天，北京的导游员余先生到机场去接一对外国夫妇。由于同时到达了好几个航班的飞机，机场大厅接机的人很多，显得非常拥挤。余先生举着接机牌挤到出口处，想尽快接到游客。好几对外国夫妇从出站的人群中走出，看了看余先生手中的接机牌，便摇着头走开了。等了近一个小时，下一个航班的飞机快到站了，余先生仍没有接到客人，但他看到本旅行社的一位同事接到了一个没有领队的旅游团，正向门外走去。客人佩戴的胸牌与他要接的客人由同一个外国旅行社所发。余先生灵机一动，忙请司机代他举着牌子等在大厅里，自己赶到大厅外面去看一看。在停车场一辆大轿车旁，他见到一对夫妇与那个团的导游正在交涉什么。他连忙赶上前询问，果然找到了自己要接的客人。原来这对夫妇和那个团的游客在飞机上结识后，了解到他们所住的饭店、提供服务的旅行社都与自己的相同，而胸前所佩戴的胸牌又由同一家国外旅行社所发，便以为和那些人在一起就能找到导游，所以出港时就跟着那些人，根本没注意接机人手中的牌子。来到停车场，那位导游员一数人数，发现多了两个，此时余先生刚好赶到。

【评析】

接站是导游接待工作的开端，做好这项工作并不简单。一般而言，做好接站的关键在于精心准备和处事灵活这两方面。准备的内容包括：了解所接团队的名称、人数、特点，写好接站牌，了解飞机和火车的航班或车次，掌握好接站时间等。由于在接站过程中可能会遇到飞机延误或火车晚点的情况，加之有时人多，场面混乱，因此做好接站工作不容易。在接站时，要尽量做到接人及时、准确，处事灵活。接人及时可给人留下良好的印象，松弛其紧张的心理，因为客人一到旅游地就看到有人接待，心里自然踏实。在接不到客人时，应分析原因，耐心寻找。若一时找不到客人，可能的原因是：客人等候行李还没有出来，或被饭店接站员及其他人接走了，或没找到导游而叫出租车自己走了，或坐其他航班及车次还没有到，等等。针对这些因素，导游应尽可能多地了解清楚其他接站人员的情况和接站场所内外的人流情况，注意与自己所接客人特点相近的游客，避免客人被其他人接走。本例中的余先生能够在没有接到客人的焦急等待中，通过客人胸卡相同的现象，推测出客人可能被其同事接走，就是灵活处事的一例。与他相比，那个导游就显得较为粗心，如果他一接到客人马上清点人数，就不会把多余的游客带到停车场去了，而余先生也能及时找到客人。

【案例导读3－2】 **地陪没有准时到达旅游团集合地**

小徐是从××外语学院德语专业毕业分配到旅行社从事导游工作的。这天，他做地陪接了一个德国团。早上7:30，他就骑上自行车去游客下榻的饭店，因为旅游团8:00在饭店大厅集合。小徐想："从家里到饭店骑车20分钟就到了，应该不会迟到。"然而，当经过铁路道口时，开来一列火车，把他挡住了。待列车开过去时，整个道口已挤得密密麻麻，因为大家都急着赶时间去上班，自行车、汽车全然没有了秩序。越是没有秩序，越是混乱，待交通警察赶来把道口疏通好，已过8:00。等小徐赶到饭店，离原定游客出发时间已晚了十多分钟，只见等候在大厅里的那些德国游客个个脸露不悦，领队更是怒气冲冲，走到小徐面前伸出左手，意思是说："现在几点了？"

【评析】

作为导游员，熟悉各个国家或地区的风俗习惯是很有必要的。知道了各个国家或地区的风俗习惯、人民的性格特点后，导游员就能较好地防止避免这样或那样的差错。德国游客，他们的时间观念也许是世界上最强的，讲好8:00出发，绝对会一个不漏、一秒不差迟地准时在大厅集合。这时，如果导游员自己迟到了，你在他们心目中的形象就会大打折扣，即使你前面的工作非常出色，也将事倍功半。本案例中，小徐若知道德国人的这种惜时如金的性格特点，他就会把赶往饭店的时间再提早些，这样，也就不会出现本案例中所述的最后一幕。当然，作为导游员，不仅是带德国游客，带任何一个旅游团，都要守时，绝不能迟到，这是导游从业人员起码的素养。如果因为不可预见的因素而迟到了，则可以：

1. 诚恳地向游客表示道歉，如实地说明前因后果，以求得游客的谅解。

2. 工作上要一如既往，不能因为迟到，游客有意见就降低自己的服务标准，而是要更加努力，将功补过。

【案例导读3－3】 **正确的推测**

某年10月的一天，桂林的导游员刘先生到机场去接一个从香港来桂林的英国客人。不料到机场后，机场调度室和香港航空公司驻桂林的代表通知，那个航班因故取消了，接机的可于翌日上午8：00来接人。这时，他从进港预告牌上看到，在那个班机之后，还有两个班机在1小时后从香港来桂林。他想：以前曾有过旅客因航班取消而改乘当天其他班机的事例，那位客人会不会乘下一个航班来呢？于是他决定留下等候，希望能接到自己的客人。1个多小时后，那位客人果然乘其他航班抵达了桂林。客人见有人接机喜出望外，因为他原以为由于航班取消，当天不会有人接机了，准备自己叫出租车去饭店。他没想到导游还在特意等着接他，因此心情非常好，对刘先生的热情服务表示了衷心的感谢。

【评析】

在接(机)的过程中，由于一些不可控因素的影响，导游员有时会接不到客人。责任心和应变能力强的导游会千方百计地克服不利因素的影响，尽可能地达到目的，但责任心和应变能力不强的导游员，则会在按计划接不到游客时马上离去，或把没接到客人的责任推诿掉。

本例中的刘先生根据当原航班因故取消时有些人可能改乘同一方向飞来的其他班机这一规律，推测客人可能于当天到达。他坚持等候，终于接到了客人，没有造成误机漏接的现象，体现出较强的责任心和应变能力。可见，在没有接到客人时采取询问原因、推测客人动向、积极联络有关部门和耐心寻求解决途径等方式，最终是完全有可能接到客人的。

第一节　迎接工作

根据国家技术监督局发布的《导游服务质量》(中华人民共和国国家标准 GB/T15971—1995，以下简称《标准》)中对导游服务质量提出的要求，本节详细介绍地陪在接待旅游团时的服务程序。

地陪导游服务程序是指从接受接待社下达的旅游团接待任务起，到旅游团离开本地并做完善后工作为止的工作程序。

《标准》中指出："地陪服务是确保旅游团在当地参观游览活动顺利进行，并充分了解和感受参观游览对象的重要因素之一"，"地陪应按时做好旅游团(者)在本站的迎接工作；严格按照接待计划，做好旅游团(者)参观游览过程中的导游讲解工作和计划内的食宿、购物、文娱等活动的安排；妥善处理各方面的关系和出现的问题。"

地陪应严格按照服务规范提供各项服务。

一、服务准备

在接到旅行社下达的接待旅游团(者)的任务后，地陪要充分做好准备工作，这是地陪提供良好服务的重要的前提。

(一)熟悉接待计划

接待计划是组团社委托各地方接待社组织、落实旅游团活动的契约性安排，是导游人员了解旅游团基本情况和安排活动日程的主要依据。《标准》要求："地陪在旅游团抵达之前认真阅读接待计划和有关资料，详细、准确地了解该旅游团的服务项目和要求，重要事宜做好记录。"地陪要从接待计划中了解、掌握旅游团的以下情况：

1. 旅游团的基本情况

(1)计划签发单位，联络人姓名、电话；旅游团的种类(如全包价、半包价等)，费用的结算方法；旅游团的等级(如豪华、标准、经济等等)。

(2)旅游团的团名、代号、电脑序号、人数(包括几名儿童)、住房、用车、餐饮标准等。

2. 旅游团成员的基本情况

客源国、领队姓名，旅游者姓名、性别、职业、年龄(是否有老年人和儿童)、民族、宗教信仰以及有无需要特殊照顾的旅游者。

3. 旅游路线和交通工具

该团的全陪路线、入出境地点、乘坐交通工具的情况；抵离本地时乘飞机(火车、轮船)的班次、时间和地点。

4. 交通票据

该团去下一站的交通票据是否已按计划订妥，有无变更的情况；有无返程票；有无国际、国内段机票，如果有，则要帮旅游团及时确认，出境机票的票种是 OK 票还是 OPEN 票。

5. 该团的特殊要求和禁忌

在住房、用车、游览、餐饮等方面有何特殊要求；是否有老弱病残等需要照顾的旅游者等；是否要求有关方面负责人出面迎送、会见、宴请；是否馈赠礼品，是何礼品；是否有穆斯林或是糖尿病患者等，以便早作安排。

6. 是否需要提前办理证件

该团的旅游路线中是否有办理通行证的地区或是城市，如有则需要提前办好相关的手续。

7. 与外联人员或计调人员认真核对各项包价、日程及团队的变更情况

除此之外，地陪还应了解当地一些基本情况，包括：附近医疗设施的位置及当地急救措施；可使用的银行；当天货币和汇率，或者包括至少知道该如何查询；电话和邮政服务；购票信息，包括机票、火车票、地铁以及当地和该地区的公共汽车票；剧院正在上映什么电影；乘坐出租车的情况，包括出租车车费及停靠地点；购物信息，包括到哪里买什么及各个商店的营业时间；地方小吃及风味特色以及其价位和品尝地点；安全提示，告知游客当地不安全的地方或尽量避免去的地方，包括夜晚的出行情况；当地风俗习惯和礼仪禁忌等。

（二）落实接待事宜

《标准》要求："地陪在旅游团抵达的前一天，应与有关部门或人员一起落实与检查旅游团的交通、食宿、行李运输。"

1. 核对或填写活动日程安排表

（1）有的地接社是由内勤根据组团社旅游接待计划，安排该团在本地的参观游览活动日程，编制的日程表中详细注明日期、出发时间、游览项目、就餐地点、风味品尝、购物、晚间活动、自由活动时间以及会见等其他的特殊项目。地陪应对以上各项与接待计划核实，如发现有出入应立即与本社有关人员联系，问清情况后再做必要的修订。

（2）有的地接社是由地陪本人填写"活动日程表"。地陪一定要根据组团社的计划及传真、电子邮件等新要求逐项认真填写"活动日程表"，经核对无误后，交有关领导审批、签字。领导审批后，一份交计调部保留，以便安排车辆、行李接送服务等。另一份由地陪保存，以便旅游团抵达后，以此作为商谈日程的基础。

（3）大型团、专业团或重点团的接待方案及活动日程要做得更加认真和仔细。可提前一周甚至更早通过电话、传真或电子邮件等，与组团社、全陪、领队等交换意见，把对方的所有要求全部包容在"活动日程"中，包括叫早、用餐、出发、抵达等时间和地点，以及诸如"××市欢迎你"或"××旅行社欢迎您"等标语，落款处写明"××市人民政府"或"××旅行社"，写明有关领导和司机姓名以及"希望你们在××市旅行愉快"等祝愿语。将这一精心设计的接待方案和活动日程报送给有关领导。待旅游团抵达后，将活动日程表发到每位旅游者手中。同时，导游人员需要准备麦克风及对讲设备。

导游人员制定活动日程应该本着"宾客至上"的原则，不能将个人的喜好强加给旅游团，也不得随意改变组团社接待计划的内容。如果由于客观原因必须做某些调整，导游人员首先要请示领导，由领导征得组团社同意后再作改变。

2. 落实旅行车辆

（1）导游人员要与旅游汽车公司或车队联系，确认该团在本地提供交通服务车辆的车型、车牌号和司机姓名及联系方法等。

（2）接大型团队时，车上应贴编号或醒目的标志；必要时准备接团所需要的横幅，编号最好在车前、车后各贴一张。

(3)导游人员要确定与司机接头的时间、地点,以及自己所带客人的乘车号、自己车上有无领队、自己车上的旅游者人数等等。

3. 落实住房及用餐

(1)熟悉旅游团所住饭店位置、概况、服务设施和服务项目;

(2)核实该团所住房间的数目、级别,是否含早餐,以及早餐的用餐方式,是自助餐还是团队一起用餐,同时导游人员要问清餐厅的营业时间,以便引导旅游者及时用好早餐;

(3)与各有关餐厅联系,确认该团日程表上安排的每一顿用餐情况,包括团号、人数、餐饮标准、日期、特殊要求等。

4. 了解落实运送行李的安排情况

各旅行社是根据旅游团人数多少来确定是否安排行李车,地陪应了解本社规定。如该团配有行李车,地陪应与行李车司机和行李员提前联系,使其了解该团抵达的时间、地点,住哪一家饭店。

5. 了解不熟悉景点的情况

对新的旅游景点或不熟悉的参观游览点,地陪应事先了解该景点的概况,开放时间、停车场位置、最佳游览路线、洗手间的位置以及有无休息场所等,以便游览活动顺利进行。

6. 在接待计划中,如果有参观工厂、农村、学校、医院等内容,地陪应提前与参观单位联系,落实参观时间、内容,主要接待人员的姓名、身份等;如果搞学术交流,弄清要交流的内容、范围及议题等。

7. 与全陪联系

二、物质准备

作为一名导游员,要认真填好"物质准备检查表"(见表 3 - 1)。

《标准》要求:"上团前,地陪应做好必要的物质准备,带好接待计划、导游证、胸卡、导游旗、接站牌、结算凭证等物品。"

(1)导游人员上团必须佩戴导游证胸卡,携带导游证,10 人以上团队要举好导游旗等。地陪在每次上团前,必须提前准备好上述证件和物品。

(2)地陪在做准备工作时,要按照该团人数和活动安排,到本社有关内勤处领取门票、餐饮结算单及有关表格。

(3)掌握联系电话。地陪应备齐随身携带有关旅行社各部门、餐厅、饭店、车队、剧场、购物商店、组团人员、行李员和其他的导游人员的电话和手机号码。

三、语言和知识准备

(1)根据接待计划上确定的参观游览项目,就翻译、导游的重点内容,做好外语和介绍资料的准备。

(2)接待有专业要求的团队,要做好相关专业知识、词汇的准备。

(3)做好当前的热门话题、国内外重大新闻、旅游者可能感兴趣的话题等方面的准备。

表 3－1　　　　导游员物质准备检查

部门	国内部	团员	沪	国籍	中国	人数	30
陪同	小华	联系方式	电话	1529780＊＊＊＊			
证件及标识类	1	身份证	√	资料类	12	陪同卷	√
	2	导游证	√		13	接待计划	√
	3	胸卡	√		14	陪同日记/记事本	√
	4	导游旗	√		15	导游图	√
	5	接站牌	√		16	客户自带设备清单	√
票据类	6	餐单	√	其他类	17	喇叭（十人以上）	√
	7	门票结算单	√		18	手机充电器	√
	8	支票	√		19	着装要求	√
	9	现金	√		20	仪表要求	√
	10	离站机、车、船票	√		21		
	11	行李卡、封卡	√		22		
备注					检查人： 20　年　月　日		

（检查项目：备齐或符合画“√”，未带或不符合画“×”；纠正后补“√”；不需要画“/”。）

四、形象准备

导游人员的着装要符合本地区、本民族的着装习惯和导游人员的身份，衣着大方、整齐、简洁，要方便导游服务工作，接团第一天要穿社服和工作服，从第二天开始，也可着装休闲服，但一定要干净、整洁、美观、大方。夏天，男导游员不得穿背心、短裤。女导游员不得穿背心、背带裙、超短裙或短裤上团；佩戴首饰要适度；不浓妆艳抹，不用太浓的香水；上团时应将导游证佩戴在正确位置，不能将导游证放在口袋或包里。

五、心理准备

1. 准备面临艰难复杂的工作

地陪在为接待旅游团做以上准备工作的同时，还要有充分的面临艰难工作的心理准备。不能只考虑到按正规的工作程序要求为旅游者提供热情服务的方面，还要有遇到问题或发生事故时应如何去面对、去处理，对需要特殊服务的旅游者应采取什么措施等各种思想准备。有了这些方面的心理准备，地陪就可做到遇事不慌，遇到问题也能妥善、迅速地处理。

2. 准备承受抱怨和投诉

导游工作手续繁杂，工作量很大。有时导游人员虽然已经尽其所能热情地为旅游者服务，但还会遇到一些旅游者的挑剔、抱怨和指责，甚至提出投诉。对于以上情况，地陪也要有足够的心理准备，要本着"有则改之，无则加勉"的原则，无怨无悔地为旅游者服务，不断改进自己的工作。

第二节　接站工作

接站服务在地陪的整个接待程序中至关重要，因为这是地陪和旅游者的第一次直接接触。旅游者每到一地总有一种新的期待，接待服务是地陪的首次亮相，要给旅游者留下热情友好、办事干练的第一印象。这一阶段的工作直接影响着以后接待工作的质量。因此，《标准》要求："地陪应使旅游团（者）在迎接地点得到及时、热情、友好的接待，了解在当地参观游览活动的概况。"

（一）旅游团抵达前的服务

接团当天，地陪应提前到达旅行社，全面检查准备工作的落实情况，如发现纰漏要立即与有关部门联系落实，做到万无一失。

1. 确认旅游团所乘交通工具抵达的准确时间

地陪从旅行社出发之前（2～3 小时），要与机场的问讯处或交通信息台联系，问清该旅游团所乘的飞机（火车）到达的准确时间，做到三核实：计划时间、时刻表时间、问询得到的时间。

2. 与旅游车司机联络

掌握了解该团所乘的交通工具到达的时间以后，地陪要立即与为该团在本地提供交通服务的司机联系，与其商定出发的时间，确保提前半个小时抵达机场（车站），确定接头地点。一般情况下，司机和地陪应在地接社办公室地点接头并出发；赴接站地点途中，地陪应告知司机该团活动日程和具体时间安排；到达接站地点后，地陪应与司机商定车辆停放的位置，告诉司机不要远离，若遇特殊情况，停车位置临时被迫改变时，一定要及时通知司机。

3. 再次核实旅游团抵达的准确时间

地陪提前抵达机场车站后，要再次核实时间，如推迟太久，地陪要及时通知司机、行李员、饭店、餐厅等。

4. 与行李员联络

地陪应在旅游团抵达车站前与该团提供行李服务的行李员取得联系，通知该行李员送往的地点。

5. 持接站标志迎候旅游团

该团所乘飞机（火车）抵达后，地陪应在旅游团出站前手持接站牌，站在出口处醒目的位置热情迎接旅游团。接站牌上应写清团名、团号、领队或全陪姓名；接小型旅游团或无领队、全陪的旅游团时要写上旅游者姓名。

(二)旅游团抵达后的服务

1.认找旅游团

旅游团出站后，地陪应尽快找到自己的旅游团。认找旅游团时，地陪应站在明显的位置上举起接站牌以便领队、全陪(或旅游者)前来联系。同时地陪也可以从出站旅游者的民族特征、衣着、组团社的徽记等来分析和判断或上前委婉询问，主动认找自己的旅游团。如该旅游团有领队或全陪时，导游人员应及时与领队、全陪接洽，问清该团的国别(或地区)、人数，客源地组团社的名称、领队及全陪姓名等。如该团无领队和全陪，应与该团成员逐一核对团名、国别(或地区)、人数及团员姓名等，无任何出入才能确定是自己应接的旅游团。

2.核实实到人数

地陪接到旅游团后，应立即向领队、全陪或是旅游团成员核对实到人数。如出现增加或减少与计划不符的情况，要尽快通知当地地接社的有关人员及时更改所订的机票、住房和其他有关事项。

3.集中清点行李及与行李员办理交接手续

接机时，在核实实到人数后，地陪应协助旅游者将行李集中放在比较僻静、安全的地方，提醒旅游者检查其行李是否完好无损，与领队、全陪、接待社行李员共同清点行李。若行李未到或破损，导游人员应协助当事人到机场登记处或其他有关部门办理丢失或赔偿申报手续。行李核对无误后，移交给接待社行李员，双方办好交接手续。接火车时，当人数清点无误，旅游者清点完手提物品后，地陪应向领队或全陪索取行李托运单，与行李员核对清点行李件数及所住酒店后，把行李托运单交给行李员，委托他提取和运送行李。如果机场距离旅游者下榻的饭店较远时，需提醒客人去卫生间后再上车。

4.集合登车

(1)地陪要提醒旅游者检查自己的随身物品是否带齐(如有遗忘在飞机、火车上的情况，要立即协助当事人设法寻找到)，然后引导旅游者前往乘车处。

(2)旅游者上车时，地陪或司机要恭候在车门两旁，协助或搀扶老弱旅游者上车。

(3)旅游者全部上车后应帮助他们将手提物品和随身物品放在行李架上，协助旅游者就座。

(4)待旅游者坐稳后，地陪再检查一下放在行李架上的物品是否放稳，礼貌地清点人数后请司机开车(切记，别用手指指着每位旅游者清点人数)。

(5)地陪一上旅游车就要开始工作，要将移动电话调至静音、振动功能，无紧要的事情，不要在旅游车上打电话。如果确系旅行社打来的，有关团队的重要事情，可先向旅游者致歉后再接听，接听后还要向客人致歉。

第三节　致欢迎词

致欢迎词时，如果旅游车的车型允许，地陪应该采取面对旅游者的站立姿势(两腿稍稍分开，上身自然挺直)；位置应选在车厢前部靠近司机使全体旅游者都能看到的地方。欢迎词的内容应视旅游团的性质及其成员的文化水平、职业、年龄及居住地区等情况有所不同，注意用词恰当，给旅游者以亲切、热情、可信之感。欢迎词一般应包括的内容：

(1)问候语;

(2)代表所在接待社、本人及司机欢迎旅游者光临本地;

(3)介绍自己的姓名及所属单位;

(4)介绍司机;

(5)表示提供服务的诚挚愿望;

(6)欢迎旅游者提出意见和要求;

(7)预祝旅游愉快顺利,身体健康。

下面是一位导游员的欢迎词,言语不多,但却恰到好处。

女士们,先生们:

你们好!首先请允许我代表江西国际旅行社欢迎你们到南昌来!我姓王,很荣幸能成为你们在江西的导游。这位司机是孙先生,我们将协同为您服务。在这个拥有"大连的美丽景色,上海的高楼大厦,深圳的便捷交通"的城市里,能有机会向你们提供服务,我感到非常高兴。希望在这三天的共处中,我能成为各位的朋友,让我们互相配合,让红土地的故乡——江西之旅永远成为您最美的回忆!祝各位旅行愉快,万事如意!

第四节 民航铁路客运常识

一、航空客运知识

民航的运输飞行主要有三种形式,即班期飞行、加班飞行和包机飞行。其中,班期飞行是按照班期时刻表和规定的航线,定机型、定日期、定时刻的飞行;加班飞行是根据临时需要在班期飞行以外增加的飞行;包机飞行则是按照包机单位的要求,在现有航线上或以外进行的专用飞行。此外,还有不定期航班与季节性航班飞行。

航班分为定期航班和不定期航班,前者是指飞机定期自始发站起飞,按照规定的航线经过经停站至终点站,或直接到达终点站的飞行。在国际航线上飞行的航班称为国际航班,在国内航线上飞行的航班称为国内航班。航班又分为去程航班与回程航班。

(一)国内航班

1. 订座

旅客只有在订妥座位后,才能凭订妥座位的客票乘机。旅客可根据有关规定向航空公司售票处或其代理售票处预订座位。已订妥座位的旅客,应按有关航空公司规定的购票时限购票。如未再在购票,所订座位被自动取消。

2. 购票

中国旅客购票须出示本人居民身份证或其他有效身份证件,并填写"旅客订座单";外国旅客,华侨,中国港、澳、台胞购票,须出示有效护照、回乡证、台胞证、居留证、旅行证或公安机关出具的其他有效身份证件,并填写"旅客订座单"。

3. 座位再证实

旅客持有订妥座位的联程或来回程客票,如在该联程或回程地点停留 72 小时以上,须在该联程或回程航班飞机离站前两天中午 12 点以前办理座位再证实手续。否则原订座位不予保留。

4. 客票

客票只限票上所列姓名的游客本人使用，不得转让和涂改，否则客票无效，票款不退。

电子客票是普通纸质机票的一种电子映象，是一种电子号码记录，简称电子客票。电子客票作为最先进的客票形式，摆脱了物流配送环节，使广大用户可以体验到在线支付立即拿到票货的消费过程，满足其电子商务的消费心理。

电子机票的出现顺应了信息时代的市场需求，已成为航空旅行电子商务化的重要标志之一。电子机票符合国际航空协会标准，具有国际通用性。这种电子机票不仅订票、付款、办理登机手续的全过程都在联网计算机上完成，而且变更出行时间或退票也很方便。具体来说，它的优点主要有：

(1)无须亲身前往售票厅，旅客在互联网上完成订购，支付。

(2)无须配送客票，旅客直接前往机场办理乘机手续，节约了航空公司成本开支。

(3)订票全过程随时随地完成，简单、方便。

儿童使用电子客票，可凭户口簿、护照等有效证件办理登机手续，预订时需准确提供登机所持证件的证件号码。

电子客票与传统机票一样，可以依据航空公司规定改期、签转或退票，但需要保留好行程单发票。

婴儿及其他有特殊要求的旅客(如病残旅客、孕妇)，因需办理有关的特殊服务手续，故暂不能使用电子客票。

5. 客票有效期

正常标价的客票有效期为一年。定期客票自旅行开始之日起计算，一年内运输有效。不定期客票自填开客票之次日零时起计算。

6. 客票价

客票价系指旅客由出发地机场至目的地机场的航空运输票价，不包括机场与市区间的地面运输费用。

7. 儿童票

已满 2 周岁未满 12 周岁的儿童按成人全票价的 50% 付费。未满 2 周岁婴儿按成人全票价的 10% 付费，不单独占一座位。每一成人旅客只能有一个婴儿享受这种票价。

8. 退票

旅客在客票上列明的航班飞机离站时间 24 小时以内，2 小时以前申请退票，需支付原票款 10% 的退票款；在航班规定离站时间前 2 小时以内申请退票，需支付原票款 20% 的退票款；在航班规定离站时间后退票，按误机处理。

9. 客票遗失

旅客遗失客票，应以书面形式向承运人或其代理人申请挂失，并需要提供足够的证据。在申请挂失前，客票如已被冒退，承运人不负责任。

10. 乘机

旅客必须在承运人规定的时限内，凭客票及本人的有效身份证件办理乘机手续。飞机离站前 30 分钟停止办理乘机手续。

11. 误机

误机系指旅客未按规定时间办妥乘机手续或因其旅行证件不符合规定而未能乘机。旅客误机后，如要求改乘同一航空公司的后续航班，不收误机费。如要求退票，需支付原票款50%的误机费。

12. 健康

患有重病的旅客购票，须持有医疗单位出具的适于乘机的证明。

13. 安全检查

在乘机前，理财卡及其行李(含交运行李和随身携带物品)必须经过安全检查。

14. 免费行李额

持成人票或儿童票的旅客，每人免费行李限额(包括托运和自带行李)为:头等舱40千克，公务舱30千克，经济舱20千克，持婴儿票的旅客无免费行李额。

15. 随身携带物品

持头等舱票的旅客，每人可随身携带两件物品，持公务舱、经济舱票的旅客每人只能随身携带一件物品。上述两项每件的体积均不得超过20厘米×40厘米×55厘米，总重量均不得超过5千克。超过规定件数、重量或体积的限制，要按规定作为行李托运。

16. 不准在交运行李内夹带的物品

旅客不得在交运行李内夹带重要的文件、资料、外交信贷、证券、货币、汇票、贵重物品、易碎物品、易腐蚀物品，以及其他需要专门人照管的物品。承运人对交运行李内夹带上述物品的遗失或损坏按一般托运行李承担赔偿责任。

17. 行李包装

交运行李必须包装完善、锁扣完好、捆扎牢固，并能承受一定压力。对包装不符要求的行李，承运人可拒绝收运。

18. 行李赔偿

交运行李如发生损坏或丢失，由承运人负责赔偿。赔偿限额每千克不超过人民币50元，如行李的价值每千克低于50元时，按实际价值赔偿。

19. 行李声明价值

交运行李每千克价值超过人民币50元时，可以办理行李声明价值，承运人收取声明价值附加费，声明价值不能超过行李本身的实际价值。每一旅客的行李声明价值最高额为人民币8000元。如此项行李丢失，承运人按声明价值赔偿。

20. 航班延误时承运人的责任

因承运人的过错(如机务维修、航班调配、机组等原因)，造成航班在始发地延误或取消，承运人应免费向旅客提供食宿。由于天气、突发事件、空中交通管制、安检以及旅客等非承运人的原因，造成航班在始发地延误或取消，承运人应协助安排餐饮和住宿，费用由旅客自理。

21. 承运人赔偿责任

承运人对每名旅客身体伤害的最高赔偿限额，按照国务院的有关规定办理。

22. 旅客可以自行决定向保险公司投保“国内航空运输旅客人身意外伤害保险”。此项保险金额的给付，不免除或减少承运人应承担的赔偿限额。

（二）国际航空运输

1. 订座

旅客乘国际航班，可根据有关规定向航班公司售票处或其代理人预订。舱位不同，价格不同，机舱等级分为：

F = 头等舱 First Class

C = 公务舱 Business Class

Y = 普通舱 Economy Class

K = 经济舱 Budget Class

已订妥国际、地区航班座位的旅客，应按航空公司规定的出售时限办理购票手续。如未在购票时限内购票，所定座位即被取消。已订妥国际、地区航班座位，包括联程座位的旅客，如所订座位不利用时，应尽早向所订座位的航空公司售票处或其代理人提出取消座位。

2. 座位再证实

已订妥续程或回程国际、地区航班座位的旅客，如在上飞机地点停留 72 小时以上，应最迟在班机起飞前 72 小时对所订的座位予以再证实，否则所订座位将自动取消。如在续程或回程地点停留时间在 72 小时以内，无须办理座位再证实。

3. 客票

客票（包括行李票）是承运人与旅客之间的运输凭证，也是旅客乘机交运行李的凭证，客票只限客票上所列姓名的旅客本人使用。客票不得转让或涂改，经转让或涂改的客票无效。

4. 客票有效期

普通票价的客票，无论是单程、来回程或环程，有效期为一年。特种票价的客票和有折扣的普通票价客票的有效期，按该票价有关规定计算。

5. 儿童票

12 周岁以下的儿童按成人全票价的 50% 或 67% 付费。未满 2 周岁的婴儿按成人的全票价的 10% 付费，不单占一座位。

6. 乘机

乘国际、地区航班的旅客，必须在规定的时间到达指定的机场，凭机票、有效护照、签证，旅行证办妥乘机及出境等各项手续。旅客没有按规定的时间到指定机场或携带的护照、签证及旅行证不符合规定，而未能办妥乘机和出境等类手续引起的一切损失和责任由旅客自负。

7. 退票

由于承运人及旅客本人的原因，旅客未能按客票列明的航程旅行，旅客申请退票，可按有关规定办理退票。退票只限在原购票地点或经航空公司统一的地点办理。

8. 计重免费行李额

在国际、地区航线上，按旅客票价等级，每一位持全票或半票的旅客免费交运的行李额为：头等舱票价 40 千克，公务舱票价 30 千克，经济舱票价 20 千克；按成人票价 10% 付费的婴儿，无免费行李额。

9. 计件免费行李额

计件免费行李额适用于中美、中加国际航线上的行李运输。按旅客所购买的客票的票价等级，对每位持全票或半票的旅客交运的免费行李额为：头等舱和公务舱票价免费交运行李件数为两件，每件体积三边之和最大不得超过 62 英寸（158 厘米）。经济和旅游折扣票价，免费交运的行李数为两件，每件体积的三边之和最大不得超过62英寸(158厘米)，但两件之和不得超过107英寸(273厘米)，每件最大重量不得超过32千克。按成人价10%付费的婴儿可免费交运一件行李，但三边之和最大不得超过45英寸(115厘米)。另外还可以免费交运全折叠式或轻便婴儿车或婴儿手推车一辆。超过规定的件数及超过规定的最大体积的行李，应交付超重行李费。

10. 随身携带物品

除计重免费交运的行李额外，每一持有全价或半价客票的旅客还可以免费随身携带下列物品:女用手提包一个，大衣或雨衣一件或旅行用毛毯一条，手杖一根或伞一把，在飞行途中用的少量读物，小型照相机一架，小型望远镜一具，婴儿食物(限旅途中使用)，婴儿摇篮(限一个)，供病人行动可折叠轮椅或一副拐杖、撑架或假肢。

11. 行李包装

随机交运的行李应有承受一定压力的包装，应包装完善，锁扣完好，捆扎牢固。对包装不符合要求的交运行李，承运人可拒绝接受或不负担损坏、破损责任。

12. 不得作为行李运输的物品

旅客的交运行李和自带行李内不得夹带易燃、易爆、腐蚀、有毒和放射性物品，可聚合物质，磁性物质及其他危险物品。旅客不得携带中华人民共和国有关国家法律、政府命令和规定禁止出入境或过境的物品及其他限制运输的物品。旅客乘坐飞机不得携带武器或随身携带利器和凶器。交运行李内不得装有货币、珠宝、金银制品、票证、有价证券和其他贵重物品。

13. 旅行证件

国际旅客在办理乘机及出境手续前，应办妥护照、签证及旅行证等一切手续，旅客的护照、签证及旅行证应随身携带，不得放在交运行李中运输。由于旅客旅行证件不完备而受到的损失和支付的费用，承运人不承担责任。但对于由此使承运人受到的一切损失和支付的费用，包括(但不限于)罚金，旅客负责赔偿。

14. 货物托运

国际托运，应先交海关检验，货物应附有一切证明并符合货物运输过程中入境、出境和过境国家的有关规定。

15. 禁运货物

禁止运载文物、毒品，易燃、易爆、腐蚀、有毒等危险物品，以保证运输安全，承运人对托运的货物必须进行检查。

16. 危险货物

国际航线上可载运危险货物，其品名、数量和包装等须按照承运人有关规定办理。

中国民航自1996年6月1日起，对禁止旅客随身携带或者托运的物品、禁止旅客随身携带但可作为行李托运的物品和乘机旅客限量随身携带的生活用品及数量做了新的规定。

(三)禁止旅客随身携带或者托运的物品

1. 枪支、军用或警用械具类(含主要零部件):

(1)军用枪、公务用枪:手枪、步枪、冲锋枪、机枪、防暴枪等。

(2)民用枪:气枪、猎枪、运动气枪、麻醉注射枪、发令枪等。

(3)其他枪支:样品枪、道具枪等。

(4)军械、警械:警棍、军用或警用匕首、刺刀等。

(5)国家禁止的枪支、械具:钢珠枪、催泪枪、电击枪、电击器、防卫器等。

(6)上述物品的仿制品。

2. 爆炸物品类:

(1)弹药、手榴弹、照明弹、烟幕弹、信号弹、催泪弹、毒气弹和子弹(空包弹、战斗弹、教练弹)等。

(2)爆破器材:炸药、雷管、导火线、导爆索、非电导爆系统、爆破剂等。

(3)烟火制品:礼花弹、烟花、爆竹等。

(4)上述物品的仿制品。

3. 管制刀具:指1983年经国务院批准由公安局颁布实施的《对部分刀具实行管制的暂行规定》中所列出的刀具,包括匕首、三棱刀(包括机械加工用的三棱刮刀)、带有自锁装置的刀具和形似匕首但长度超过匕首的单刃刀、双刃刀,以及其他类似的单刃刀、双刃刀、三棱尖刀等。少数民族由于生活习惯需要佩带或使用的藏刀、腰刀、靴刀等属于管制刀具,只准在民族自治地方销售、使用。

4. 易燃、易爆物品:氢气、氧气、丁烷等瓶装压缩气体或液化气体;黄磷、白磷、硝化纤维(含胶片)、油纸及其制品等自燃物品;金属钾、钠、锂、碳化钙(电石)、镁铝粉等遇水燃烧物品;汽油、煤油、柴油、苯、乙醇(酒精)、油漆、松香油等易燃液体;闪光粉、固体酒精、赛璐珞等易燃固体;过氧化钠、过氧化钾、过氧化铅、过氧化酸等各种无机、有机氧化剂。

5. 毒害物品:包括氰化物、剧毒农药等剧毒物品。

6. 腐蚀性物品:包括硫酸、盐酸、硝酸、有液蓄电池、氢氧化钠、氢氧化钾等。

7. 放射性物品:放射性同位素等放射性物品。

8. 其他危害飞行安全的物品,如可能干扰飞机上各种仪表正常工作的强磁化物、有强烈刺激性气味的物品等。

9. 国家法律法规规定的其他禁止携带、运输的物品。

除上述物品外,其他可以用于危害航空安全的菜刀、大剪刀、大水果刀、剃刀等生活用刀,手术刀、屠宰刀、雕刻刀等专业刀具,文艺单位表演的刀、矛、剑、戟等,以及斧、凿、锤,加重或有尖钉的手杖和其他可用来危害航空安全的锐器、钝器。

二、铁路客运知识

旅客列车分为国内旅客列车和国际旅客列车。2007年4月18日我国铁路第六次提速,第六次大面积提速后,我国铁路既有提速干线旅客列车最高开行时速达到200公里以上,京哈、京沪、京广、胶济等提速干线部分区段可达到时速250公里。这标志着我国铁路既有干线提速已经迈入世界先进行列。第六次大面积提速调整最大的亮点是时速200公里及以上国产化动车组投入使用。

在新的时刻表中,按车次前冠有的汉语拼音字母或4位阿拉伯数字的不同分为:车次冠有汉语拼音字母"T"的列车为特快旅客列车。

车次有汉语拼音字母"D"的列车为动车组列车。

车次冠有汉语拼音字母"K"的列车为快速旅客列车。

车次以4位阿拉伯数字开头的列车分为普通旅客快车(1×××、2×××、3×××、4×××、5×××)和普通旅客慢车(6×××、7×××、8×××)。

在春运、暑运期间，还增开车次前冠有汉语拼音字母“L”的临时列车。

在旅游季节，还增开车次前冠有汉语拼音字母“Y”的临时旅游列车。

(一)铁路旅客运输合同

铁路旅客运输合同的基本凭证是车票。它是明确承运人与旅客直接权利义务关系的协议。这从售出车票时成立，直至按票面规定运输结束旅客出站时止，为合同履行完毕。旅客运输时运送期间自旅客检票进站起至到站出站时止计算。承运人是指与旅客或托运人签有运输合同的铁路运输企业。铁路车站、列车及营运有关人员在执行职务中的行为代表承运人。

(二)旅客的基本权利和义务

权利:依据车票票面记载的内容乘车;要求承运人提供与车票等级相适应的服务并保障其旅行安全;因承运人过错发生身体损害或物品损失时，旅客有权要求承运人给予赔偿。

义务:支付运输费用;遵守国家法令和运输规章制度，听从铁路车站、列车工作人员的引导，按照车站的引导标志进站、出站;保护铁路设备、设施，维护公共秩序和运输安全。

(三)车票

车票是旅客乘车的凭证。同时也是旅客加入铁路以外伤害强制保险的凭证。旅客应当根据自己旅行的需要买票。

车票分两种:

客票:包括软座、硬座。

附加票:包括加快票(特别加快、普通加快)、卧铺票(高级软卧、软卧、包房硬卧、硬卧)、空调票。

车票票面主要应当载明:发站和到站站名;座别、卧别;路径;票价;车次;乘车日期;有效期。

(四)儿童票

身高1.1~1.5米的儿童乘车时，应随同成人购买座别相同的半价票、加快票及相应空调票。儿童票的座别应与成人票相同，其到站票不得远于成人车票的到站。超过1.5米的儿童应买全价票。每一成人旅客可以免费携带身高不够1.1米的儿童一名。超过一名的人数应买儿童票。

身高不够1.1米的儿童单独使用卧铺时，应购买全价卧铺票，有空调时还应购买半价空调票。

(五)加快票

旅客购买加快票，必须有软座或硬座客票。发售加快票的到站，必须是所乘快车或特别快车的停车站。发售需要在中转换车的加快票的中转站，还必须是有相同等级快车始发的车站。

(六)卧铺票

旅客购买卧铺票，必须有软座或硬座客票。乘坐快车时还应有加快票。卧铺票必须和客票的到站、座别相同。但中转换车的旅客，卧铺票只发售到换车站。买卧铺票的旅客在中途站开始乘车时，应在买票时向车站说明。

持卧铺票旅客，提前乘坐其他列车到中途站时，应另行购买发站至中途站的车票。

如在列车开车1小时后卧铺仍无人使用时，列车长可将该卧铺另行出售。持票旅客再来卧铺时，应尽量安排同等席别的其他铺位;没有空位时，应编制客运记录交旅客，由到站退还卧铺票价，核收退票费。

为了维护卧车的正常秩序，每个卧铺只能由持票本人使用。成人带儿童或两个儿童可共享一个卧铺。

（七）退票

旅客要求退票时，按下列规定办理，并核收退票费：

在发站开车前，特殊情况个人也可在开车后2小时内，退还全部车票票价。团体旅客必须在开车前48小时以前办理。

在购票地退还联程票和往返票时，必须于折返地或换乘地的列车开车前5天办理。在折返地或换乘地退还未使用部分车票时，按本条第1项办理。

旅客开始旅行后不能退票。如因伤、病不能继续旅行时，经站、车证实可退还已收取票价同已乘区间的票价差额。已乘区间不足起码里程时，按起码里程计算；同行人同样办理。

退还带有“行”字戳迹的车票时，应先办理行李变更手续。站台票售出不退。

由于承运人责任致使旅客退票时，按下列规定办理，不收取退票费：

在发站，退还全部票价。

在中途站，退还已收取票价与已乘区间票价差额，已乘区间不足起码里程时退还全部票价。在到站，退还已收取票价与已使用部分票价差额。未使用部分不足起码里程按起码里程计算。空调列车因空调设备故障在运行过程中不能修复时，应退还未使用区间的空调票价。

（八）乘车条件

旅客应按车票票面指定的乘车日期、车次、座别和铺别上车，并在票面规定有效期内到达站。

旅客如在车票票面指定乘车日期、车次与中途车站上车时，未乘区间的车票票价不退。旅客可在中途停车下站（市郊票除外），也可在车票有效期间内恢复旅行，但中途下车后，卧铺即行失效。

旅客在乘车途中，车票的有效期终了，要求继续乘车时，应自有效期终了站最近前方停车站起，另行补票，核收手续费。定期票可按有效期至到站。

（九）车票签证

旅客如不能按票面指定日期和车次乘车时，在不延长客票、加快票有效期间和列车有能力的条件下，可办理一次性提前或改晚乘车手续。办理改晚乘车签证手续时，个人最迟不超过开车后2小时。团体旅客必须在开车前48小时以前办理。往返票、联程票、卧铺票不办理改签。

由于承运人责任造成不能按票面记载的日期、车次、座别、铺别乘车时，站、车应重新妥善安排。重新安排列车、坐席、铺位高于原票等级时，超过部分票价不予补收，低于原票等级时，应退还票价差额，不收退票费。

旅客在中转站换车和中途下车恢复旅行时，都应先行到车站办理签证手续。

（十）变更座别和铺别

旅客要求变更座别、铺别时，由票价高的变更为票价低的不办理。由票价低的变更为票价高的，应换发代用票，补收变更区间的票价差额，核收手续费。不足起码里程时，按起码里程计算。

（十一）丢失车票的处理

旅客在乘车前丢失车票，应另行买票。在乘车中丢失车票，应从发现丢失车票的车站（如不能判明丢失站时，从列车始发站起）补收票款，核收手续费。

（十二）杂费

站台费：每张1元。

手续费：列车上补卧铺每人每张5元，其他每人每张1元。同时发生时，按最高标准收一次手续费。

退票费：按应退票价计算，每10元（不足10元按10元计算）核收2元，2元以下的票价不退。

遇有下列情况，车站可延长车票的有效期：

因旅客满员、晚点、停运等原因，使旅客在规定的有效期内不能到达站时，车站可视实际需要延长车票的有效期，延长日数从车票的有效期终了的次日起计算。

旅客因病，在客票有效期间内出具医疗单位证明或经车站证实时，可按医疗日数延长有效期，但最多不能超过10天。卧铺票不办理延长，可办理退票手续，同行人同样办理。

（十三）旅客携带品范围及超过范围的处理

旅客携带品由自己负责看管。每人免费携带品的重量和体积是（特殊区段另有规定者除外）：儿童（包括免费儿童）10千克，外交人员35千克，其他旅客20千克。携带品的长度和体积要适于放在行李架上或座位边，并不妨碍其他旅客乘坐和通行。携带品的外部尺寸（长、宽、高的总和），最大不得超过160厘米；杆状物品的长度不得超过200厘米；重量不得超过20千克。

凡是危险品（雷管、炸药、鞭炮、汽油、电石、液化气体等易爆、易燃、自燃物品和杀伤性剧毒物品）、国家限制运输物品、妨碍公共卫生的物品、动物以及损坏或污染车辆的物品（鸡、鸭、鹅、狗、猪、猴、猫、蛇等），都不能带入车内。但在保证安全和卫生的条件下，可携带下列物品：

安全火柴盒20小盒，气体打火机5个。

不超过20毫升的指甲油、去光剂、染发剂。不超过199毫升的酒精、冷烫液。不超过600毫升的摩丝、发胶、卫生杀虫剂、空气清新剂。

军人、武警、民兵、公安人员和猎人凭法律规定证明佩带的枪支及子弹。

初生雏20只。

对超过免费重量的物品，其超重部分应收四类包裹运费。对不可分析的整件超重、超大物品，按该件全部重量补收上车站至下车站四类包裹运费，危险品交最近前方停车站处理，必要时移交公安部门处理。对有必要就地销毁的危险品应就地销毁，不承担任何赔偿责任。没收危险品时，应向被没收人出具书面证明。

（十四）行李范围

行李是指旅客自用的被褥、衣服，个人阅读的书籍、残疾人的轮椅和其他旅行必需品。

在行李中不能夹带货币、证券、珍贵文物、金银珠宝、档案材料等贵重物品和国家禁止或限制运输的物品及危险品。行李每件的最大重量为50千克。体积以适于装入行李车为限，但最小不得小于0.01立方米。

（十五）行李、包裹的托运

旅客在乘车区间内凭有效客票每张可托运一次行李，残疾人不限次数。

托运下列物品时，托运人应提供规定部门签发的运输证明：

金银珠宝、珍贵文物、货币、证券、枪支。

警犬和国家法律保护的动物。

省级以上政府宣传用非卖品。

国家有关部门规定的免检物品。

国家限制运输的物品；承运人认为应提供证明的其他物品；托运动植物时应有动植物检疫部门的检疫证明。

（十六）行李包裹的领取

行李从运到日起，包裹从发出通知日起免费保管3天。逾期到达的行李包裹免费保存10天。超过免费保管期限时，按日核收保管费。因事故或不可抗力等原因而延长车票有效期的行李按车票延长日数增加免费保管日数。

■小知识

一、导游人员应怎样维护职业形象？

答：1.礼貌待人，举止言谈得体；

2.精神饱满，乐观自信，热情友好；

3.随时关心游客，了解其个别需求并“合理而可能地满足”；

4.办事既沉着冷静，又果断利索；

5.勇于承担责任，给予游客安全感。

二、导游人员做到服务美的要求有哪些？

答：1.服饰要适合身份、职业；

2.服饰应方便工作；

3.服饰要与场合协调；

4.服饰应适合年龄；

5.服饰要与形体协调；

6.服饰要以良好的卫生习惯和文雅的举止相称。

三、导游人员克服怯场心理的途径有哪些？

答：1.对自己充满自信，坚信自己能够顺利地、保质保量地完成接待任务；

2.重视团队的接待工作，充分做好各项接待预案；

3.通过其他活动，缓解紧张心理。

四、接团准备

1.组团社应及时与接团社以及航空、铁路、公路、航运等交通客运部门确认旅游团队计划的各项安排，确保准确无误，并保留书面确认记录。

2.接团社应按照组团社要求，及时制订接待计划。制订接待计划应做到内容清楚、格式规范，标明服务标准、特别要求和有关注意事项。

3.接团社应做好旅游团沿途机（车）票、住宿、就餐、购物、车辆、文娱的服务项目的预订工作，不得出现漏订、重订、错订现象，并适时告知各接待单位，予以确认。

4.接团前，导游和其他人员应认真阅读接待计划和有关资料，了解掌握旅游团队名称、人数、性别、职务、国别地区、宗教习惯等情况，及时掌握游客在住宿、用车、游览、用餐等方面是否有特殊要求，是否有老弱病残等需要特殊服务的客人。

5.导游人员应及时落实为旅游团队提供交通服务的车辆车型、车号和驾驶员姓名，与驾驶员确定接头地点并告知活动日程和具体时间。

6.导游人员应熟悉掌握旅游团队所住饭店位置、概况，核实旅游团所需房间数目、类型等情况。

7. 导游人员应掌握随身携带有关旅行社、饭店、车队、景点、购物商店、娱乐场所、全陪和其他服务人员的联系电话。

8. 导游人员应准确核实游客抵达时间、地点，带齐导游证、团队计划、社旗、接站牌、结算单等必备物品。

五、接团服务

1. 导游人员应提前30分钟抵达接站地点或预订位置等候客人到来。

2. 游客出站时，导游人员应站在明显位置，举接站牌或社旗，主动认找需接旅游团队，经核实组团社、全陪等名称均相符后，确定应接旅游团队。避免发生错接事故。

3. 游客抵达后，地陪应及时与全陪沟通，核对旅游团游客名单、人数、住宿、交通等有关情况和要求。如有变化，应尽快通知旅行社做出相应安排。

4. 导游人员应及时协助游客将行李集中放置在指定位置，提醒游客检查自己的行李物品，带齐随身行李。若发生行李破损、丢失等情况，导游人员应积极协助游客到有关部门办理行李查询或赔偿申报手续。

5. 游客集合后，导游人员引导游客前往乘车处，站立车门旁，搀扶或协助游客上车。上车后，导游人员应协助游客就座，并礼貌清点人数。游客到齐坐稳后，请司机开车。

6. 前往下榻饭店途中，导游人员应向游客自我介绍，并介绍驾驶员和其他服务人员，致简短欢迎词，宣布日程安排及注意事项，并向游客介绍当地市容、民俗、沿途风光等有关情况。

7. 抵达饭店前，导游人员应向游客介绍饭店的就餐形式、地点、时间，并告知下一步活动安排和出发时间、地点。向游客说明自由活动外出时的有关注意事项，如记好饭店名称、地址、联系电话等。

8. 到达饭店后，导游人员应协助游客办理住宿手续，协调帮助游客尽快拿到行李，并提醒客人寄存贵重物品。

9. 导游人员应掌握全团游客所住房间号，认真检查团队客房是否清洁、设备是否完好，引领客人入住。

■思考与练习

（一）知识思考题

1. 旅游团抵达前的服务安排（☆多选）

（1）确认旅游团所乘交通工具抵达的准确时间。一般情况下应在飞机抵达的预订时间前2小时，火车、轮船预订时间前1小时向问讯处询问。（☆判断、单选）

（2）与旅游车司机联络。

（3）提前到达接站地点：地陪应提前半小时抵达。（案例分析）

（4）再次核准旅游团抵达的准确时间。

（5）持接站牌或导游旗迎候旅游团 。接小型旅游团或无领队、全陪的旅游团时要写上客人姓名。（单选）

2. 旅游团抵达后的服务（☆☆填空）

（1）主动认找旅游团。

（2）集中清点行李。

（3）集合登车：上车后，应协助旅游者就坐，礼貌地清点人数。（☆填空、判断）

3. 赴饭店途中服务(☆☆多选)

(1)致欢迎词。(☆☆☆简答、案例分析)

(2)调整时间。

(3)首次沿途导游。

(二)能力训练题

实训任务:地接迎接工作程序(设置情境,分组、分角色演练,学生评议,教师点评)

1. 迎接准备。

2. 接站工作。

3. 致欢迎词。

4. 调整时间。

5. 首次沿途导游。

实训项目及课时安排:

1. 接待计划研究2课时,室内模拟。

2. 落实接待事宜工作2课时,室内实训。

3. 致欢迎词6课时,室内模拟。

4. 入店服务4课时,星级宾馆学习。

5. 首站接待途中导游6课时。室内实训。

实施形式:

1. 以小组为单位,进行室内模拟。

2. 与本地星级宾馆联系进行模拟实践。

实训重点:首站沿途导游6课时。

■参考文献

1. 王忠武. 导游业务新编[M]. 南昌:江西科技出版社.

2. 导游服务质量. 国家技术监督局发布.

■相关链接

百度博客 http://hi. baidu. com/yanll9999

第四章　途中导游服务

◆ 本章学习重点

◇ 掌握首次沿途导游讲解的内容。

◇ 熟悉途中导游讲解的方法。

◇ 灵活掌握市容导游的内容。

◇ 掌握旅途活动设计与组织的相关要求。

◇ 学会自己总结与积累旅游车上相关活动的开展内容。

【案例导读4－1】

2008年7月，英文导游小王接待了一个来自中国台湾的旅游团。在首次的沿途导游讲解中，他按照接待西方游客的方式，讲解了中国的历史、改革开放以及人民生活水平提高等方面的内容。虽然小王讲解得很认真、很投入，但游客的反应却很冷淡，对讲解不太感兴趣，甚至有的游客萌发了更换导游的想法，使得以后的旅游活动多有不快。这让一直得到游客好评的小王很难过，在与领队沟通后，才知道客人希望多听一些轻松愉快的话题，不必讲太多的政治形势，比如可以说说老百姓的衣食住行，工作生活等方面的情况，导游讲解多一些笑话、趣闻等，因为游客到大陆旅游是来散心的，不是来听政治课的。听了领队的意见后，小王及时调整了讲解内容，注意多使用幽默的语言，增加客人感兴趣的内容；在旅游车上带领大家做一些游戏猜谜活动，来活跃气氛，果然得到了大家的响应，再也没有客人提及换导游这件事了。

从上面这个案例中，我们能得到哪些启示？

【评析】

地陪导游员在带团讲解的过程中必须充分了解客人的兴趣、爱好、品位等，有针对性地进行讲解并开展工作，才能带好整个团队。

【案例导读4－2】

女导游小金接待过一个广东团，客人在金钱和道德方面都有着自己的价值观。他们喜欢新奇刺激的东西，对西安的历史文化并不太感兴趣，对导游的正常讲解更是要求不高。可是他们总是要求导游给他们讲“黄段子”，甚至以购物为条件相要挟。小金没有答应客人的无理取闹。有一天晚上，一位客人打电话到导游房间，说是有一个什么景点的问题要向导游请教，导游出于礼貌让他来了，这位客人满嘴酒气，进了房间就胡说八道，赖着不走，后来还企图不轨。小金严肃地对他说：“你是我的客人，我是你的导游，我们要彼此尊重。这里是我的房间，请你出去，否则我就要报警！”后来，那位客人悄悄向导游道了歉。并且说他那天喝了点酒，很不检点，很不自重，请求导游原谅，并说以后旅游还希望能够由她接待。

通过上述案例，你有什么看法？请问导游员如何在保护好自己的同时又调动好游客的旅游兴趣？导游员如何维护好自己的职业尊严？

【评析】

根据《导游人员管理条列》第12条规定：导游人员进行导游活动时，应当向旅游者讲解旅游地点的人文和自然情况，介绍风土人情和习俗。但是，不得迎合个别旅游者的低级趣味，在讲解、介绍中掺杂庸俗的内容。当个别游客要求导游员讲“黄色笑话”时，一定要严词拒绝。同时导游员对于旅游者中举止不端、行为猥琐的任何表现，都应向其郑重指出行为的严重性，令其立即改正。女性导游人员遇到此类情况，为了自我保护应当采取果断措施，对于情节严重者要及时报告有关部门依法处理。

人与人的交往要建立在共同遵守的道德基础之上，如果对方不能遵守这一道德规范，那我们就要在既定道德规范的基础上调整这种交往关系，以维护自己的自尊和利益。导游员的自我保护首先是对自己职业尊严的保护。没有了职业尊严，导游员的职业和导游员的工作就会走样，正常的旅游接待服务工作就会变质，优质服务也就更无从谈起了。

【案例导读 4－3】

导游员小刘非常热爱导游工作，带团时认真负责，全心全意为游客服务。有一次带团去景点途中，她介绍完景点概况，准备休息一会儿，这时一位游客提出来：“导游，为我们唱首歌吧！”这是小刘最怕遇到的情况，因为她唱歌总跑调，每次遇到游客让她唱歌的时候，她总是搪塞过去。因此她对客人说：“对不起，我唱歌总是走调，还是不唱了吧！”然而有的客人却说：“跑调没关系，我们就是要听跑调的，刘导唱一个！”小刘实在不好意思开口，最后客人只得作罢。但是，小刘觉得车上的气氛非常尴尬，自己也不知道该怎么办才好。

从以上案例中，思考如何用导游的歌声来带动其他游客参与娱乐的积极性，音乐在旅游途中有哪些作用？尝试结合本地的特点，掌握几首民歌或歌曲。

【评析】

导游员为游客唱歌主要是活跃气氛，使旅途生活更加丰富多彩。尤其是针对游客所在的国家（地区）选择几首民歌或地方歌曲演唱，听起来使游客既亲切又别有韵味，若能用大家熟悉的曲子旋律配改编后的歌词演唱，表达欢迎大家来旅游的愿望，或是用与本次旅游活动有关的歌词演唱，更能让游客有身临其境的感受。

导游员不是歌唱演员，许多人不具备唱歌的天赋，也没有专业的训练，所用游客也不会像对歌唱演员那样要求，但是导游人员应该具备必要的唱歌技艺和知识。

第一节 首次沿途导游

首次沿途导游是导游人员在机场（车站、码头）接到旅游团后前往饭店途中的第一次导游讲解。地陪导游员必须做好首次沿途导游工作，以满足旅游者的好奇心和求知欲，这也是显示导游员的知识水平、导游技能和工作能力的大好时机。精彩成功的首次沿途导游会让旅游者产生信任感和满足感，从而在游客心中留下良好的第一印象。

一、首次沿途导游的位置和礼仪要求

（一）首次沿途导游的位置

首次导游时，地陪应站在旅游车内的前部，在司机右后方，背靠扶手、手握麦克风，表情自然，面带微笑，用柔和的目光注视着客人，与客人保持目光交流的状态，以达到导游与客人进行情感交流的目的；站在旅游车内的前部，便于与司机联系，以处理临时发生的情况。

（二）导游员的服务礼仪要求

导游员是旅游从业人员中与旅游者接触最多、接触时间最长的人，给旅游者留下的印象最为深刻。因此，导游员在不断提高个人综合业务技能的同时，加强礼仪修养非常必要。首次导游时，一定要注意仪容仪表，做到面容整洁、衣着得体、举止大方；按照相关规定佩戴导游证，所属旅行社的证章、胸牌，以及规定的统一着装等，给旅游者留下专业导游人员的良好印象。着装，若明确规定的，以整洁、大方便于行动的服装为宜，避免过于时尚、怪异，使旅游者产生不必要的反感。

讲解时要注意音量适中，讲到数字要放慢速度，必要时要进行重复，确保客人能听准确、听清楚。首次导游结束时，应感谢客人对所讲述内容的认真倾听，并征求大家的意见，表示愿意不断完善工作的诚心，适时地了解客人的要求，如果有客人提问，应当耐心地予以解答。

正确使用礼貌用语。语言要准确恰当，不要使用方言、土语，要用普通话，在同客人讲话时注意恰当的场合；注意选用询问和回答方式，包括关切式询问、征求性询问、提议性询问和针对性回答及解释性回答等；注意使用敬语和雅语，可以体现导游员的文化修养和道德素质。

【示例】

不能说“不”

某年秋季的一天，北京的导游员郭先生陪同一个十多人的美国旅游团去八达岭长城游玩，大家在长城玩得很开心。下午参观定陵后，有些客人提出要继续参观长陵。郭先生告诉他们旅游计划上没有安排，况且时间也不够用，所以不能满足他们的要求。这些客人听后，不以为然，仍然坚持要去长陵，并声明自己另付费用也愿意去。经与司机商议后，郭先生同意了客人的要求。由于去游览了长陵，很晚才吃上晚饭，但是客人没有怨言，仍要求在适当的时候再去慕田峪长城游览。这回郭先生没有像上次一样直接拒绝他们的要求，而是对他们说，可以与旅行社联系一下，尽量满足大家的要求。第二天，他对客人讲，已经与旅行社联系过了，由于日程安排太紧，无法抽出时间去，希望大家谅解。客人见他确实为此事尽了心，便没有再坚持去慕田峪长城。

【分析】

上述案例告诉我们，在接待过程中，经常会遇到客人提出某些难以办到的要求。例如，客人在旅游旺季要购买去旅游热点的机票、车票；要求在短时间内去长距离的旅游景点；要求在不增加费用的情况下增加旅游项目等。遇到此类情况导游员应注意：

（1）不能直接说“不”字，因为那很容易伤害游客的自尊心，会使他们感到你对客人的要求不重视，不经请示就回绝了，对工作不负责任。

（2）要表现出尽心的姿态，并通过行动让游客看到，确实是在为他们提出的要求而努力。

（3）不能马上说不行，也不要急于解释为什么办不到的原因，这样游客不但不会接受，甚至还会引起反感。

二、首次沿途导游的内容

对于参加旅游的客人来说，在经历长途旅行到达目的地后虽然疲惫，但是对异地他乡，仍然充满兴奋与好奇。因此，导游员要抓住时机向游客介绍其最感兴趣、最想了解的事情，突出重点地讲。如果条件许可，可以向游客分发当地的导游图或旅游宣传册。

首次沿途导游一般包括沿途风光介绍、风情介绍、下榻酒店介绍三方面的内容。

（一）沿途风光介绍

沿途风光介绍是以沿途所见事物为介绍内容，见人说人，见景说景，讲解内容与所见景物同步。

1. 客观性

游客初到一个陌生的地方，对沿途所见的一切景物均有强烈的好奇心，常常会对所见的景物提出许多的"这是什么，那是什么"等疑问，这时就需要导游员对疑问进行及时的解释和说明，往往会收到良好的效果。

2. 选择性

沿途风光介绍并非对所有沿途可以看见的风光一项不漏地进行讲解，而是要有选择性的介绍，做到取舍得当。选择游客感兴趣的、能反映当地特色的或是历史沿革的标志性景物进行介绍。有些景物对当地人而言可能是习以为常，但由于地域差异和文化差异的客观存在，对游客来讲可能就是新奇的。比如椰子树在南方是非常普通的，但北方人会感兴趣；反之北方的雪景，对南方人则具有极强的吸引力。

3. 灵活性

沿途风光介绍的内容没有固定模式，重在灵活。讲解时语言要简明扼要、随机应变、点到即止。对于路过的行程中有安排的景点，可以做个铺垫，制造一点悬念来吸引客人。

【示例】

黄河小浪底风景区（首次沿途导游讲解）

游客朋友们：

大家好！欢迎来到河南旅游，远道而来，一路辛苦了！我是你们的导游，站在我身边的那位先生是我们的司机张师傅，我们俩很荣幸为大家服务，有需要的地方尽管提出来，我们会尽力解决，你们的满意是对我们工作的最大肯定，预祝本次旅途愉快！

今天我们要参观的是黄河小浪底风景区，我们由郑州出发，走连霍高速，经洛阳到孟津下车，大约两个小时后就到我们今天的目的地——黄河小浪底风景区。

小浪底风景区主要由小浪底水利枢纽工程、坝后公园、西霞院水库、黄河西滩等几个风景区组成。它是融观光休闲度假为一体的特大省级生态旅游区。2005 年被河南省命名为"十大旅游热点景区"，2006 年获得"中国最具吸引人的地方的荣誉称号"。

车前就是黄河小浪底风景区，此刻围绕在我们周围的是郑州市市区，大家请看街道两旁绿树成荫。因良好的绿化，郑州素有"绿城"之称。郑州有深远的历史文化，它古属豫州。公元 1027 年，周武王灭殷商后封此地为管国，东汉时此地成为管城，现在还有管城区的称号，直到隋文帝天皇三年，才有郑州的称号，并沿用至今。1923 年京汉铁路大罢工后，郑州成为"二七名城"，我们马上要经过的绿色双塔就是郑州的标志性建筑"二七纪念塔"。1954 年，河南省的省会由开封迁往郑州，郑州没有使人们失望（发达的经济引领着河南甚至整个中原地区）。现在是河南省经济发展速度最快，活力最强的城市，甚至是中原崛起的领头军。因为商贸发达，郑州有"商城"之称。

此时此刻我们正行驶在连霍高速公路上，这是一条平安和希望的坦途，它横贯中国大陆连接连云港和新疆霍尔木兹，全长 4395 千米，途径江苏、安徽、河南、陕西、甘肃、新疆 6 省，在河南界内共计 611 千米，目前有 41% 的部分为高速公路，其他为一级公路，连霍高速将成为中国高速公路的横向骨干。

朋友们，我们今天顺利的旅程正是得益于脚下这条黑色的巨龙，速度可真快，现在我们渐渐驶入洛阳，来洛阳就要对洛阳有所了解。接下来，我把洛阳介绍给大家：洛阳位于河南省中部，黄河南岸，伊洛盆地北缘，因其古城区在洛水之南而得名。洛阳历史悠久，先后有13个朝代在此建都，时间长达1500年。由于洛阳长期作为全国政治、经济、文化、科技、交通中心，所以许多重大历史事件都发生在这里，历史人物活动在这里，因此历史学家司马光说："若问古今兴废事，请君只看洛阳城。"这就是说洛阳是中国历史的缩影，如果你想了解5000年的中国，那你必须来洛阳看看。

另外要提起的是洛阳牡丹，"洛阳牡丹甲天下"。牡丹由于其花色花型雍容华贵，世称"花中之王"，是我们的国花，象征吉祥富贵。每年4月15日至25日举行牡丹花会，吸引无数中外游客前来赏花，可谓"花如海，人如潮，花开花落二十日，一城之人皆若狂"。朋友们，洛阳的大门向四面八方的宾客敞开，有机会一定要来洛阳哦！

好了，各位朋友，再过几分钟就要到孟津了，请大家关好窗户，带好贵重物品，车停后随我下车！

【分析】

首次沿途导游是地陪在结束欢迎词后开始的第一个专业讲解。它不仅可以满足游客的好奇心、求知欲，又可以通过展示自身知识、技能，让游客形成对导游人员的信任感，树立良好的第一印象。

(二)风情介绍

风情介绍是指导游员向游客介绍当地的概况，主要是以当地历史地理文化为基础，介绍气候、人口、历史沿革、行政区划、社会生活、文化传统、市容市貌、风物特产等内容，使游客对当地有个初步的了解。风情介绍是对风光导游的必要补充，是在风光导游的基础之上的进一步发挥和延伸，具体讲解要讲究方法，掌握要点。

介绍气候。提醒客人根据当地的气候及时添加衣物，客人会感到地陪的工作认真细致，懂得如何照顾游客。

介绍当地的旅行常识，如乘坐交通工具的办法、出租车的收费情况、当地邮电的使用和付费方法等。

介绍当地的风土人情、常用的方言问候语，可以教会游客学说几句当地简单的常用方言，肯定很受游客欢迎。

介绍当地的购物商店、娱乐场所、特色餐饮、风物特产等。例如在合肥，一定要向客人介绍八大菜系之一的徽菜以及本地的特色餐饮——小龙虾，还有名扬海内外的黄梅戏。

介绍当地的历史、地理、人口、政治、经济、文化以及该地在中国的地位，本省及当地主要的旅游资源、设施和接待能力。

介绍本地居民的风俗习惯、礼节礼貌、生活起居和节日节庆活动。

介绍一些特殊的习惯，告诉客人要入乡问禁、入乡问忌、入乡随俗。

以上几个方面不一定在首次沿途导游中全部讲全，而是灵活掌握，尽量将主要内容介绍到，并结合沿途所见景物进行及时的讲解，随时关注游客的反应，能够引起客人的兴趣最重要。在进行风情介绍时不要忘记告诉游客在当地要停留多长时间，在该地的主要参观、游览活动安排情况和注意事项，要考虑到与游览行程中讲解内容的照应，避免重复，也为后面的介绍做铺垫。

(三)下榻酒店介绍

游客每到一地，都很关心自己所住的酒店。因此地陪在接到旅游团后，要适时地介绍即将下榻酒店的基本情况。包括酒店的名称、地理位置、交通状况,酒店星级、规模、历史发展、主要服务项目、餐厅营业时间等内容。在介绍酒店时，地陪要突出下榻酒店的特点、酒店的服务特色。例如：

闹市区——交通方便、商铺集中、娱乐生活丰富、自由活动好去处。

僻静地——环境优雅、空气清新、独享静谧空间、休闲度假好选择。

老饭店——历史悠久、服务规范、物超所值、体现身份品位。

新酒店——设备齐全、装潢时尚、满足个性化需求。

其他，诸如酒店的早餐品种丰富、装饰有异国情调,或独具民族风格、依山傍水风景独好等都是酒店的特色，关键是找准切入点，恰当的宣传才能让客人满意。

首次沿途导游要把客人最关心、最感兴趣,在今后旅游活动中最实用的知识都讲到，既为地陪赢得客人对自己的信任和好感，也为以后旅游活动的顺利进行打下了良好的基础。

【示例】

各位嘉宾，现在马上要到达今晚下榻的合肥元一希尔顿酒店。合肥元一希尔顿酒店于2007年2月10日开业，由中国香港元一集团全资建设，委托酒店公司——希尔顿酒店管理。希尔顿酒店集团是世界五百强之一，在全球80多个国家管理2900余家酒店，合肥希尔顿酒店是希尔顿酒店集团在中国继北京、重庆、上海、三亚之后的第五家国际五星级酒店。酒店坐落于合肥新火车站开发区中心，地处合肥市内环地带，邻近合肥最大的购物场所——元一时代广场，距骆岗机场11公里，距市中心商业繁华地段仅3分钟车程。

酒店总投资近9000万美元，总建筑面积8.6万平方米，建筑主体26层，高90多米。酒店由中国香港、新加坡等国际知名设计公司分别担当酒店的建筑和室内装修及景观设计。其整体元素将中国传统文化与现代西式设计完美地结合在一起，4层大厅由长方形强化玻璃包围而成，配以时尚鲜艳的色彩，让人倍感温馨舒适;而大理石地面和结晶竖状灯的完美搭配，更让室内整体装饰尽显端庄华丽。拥有超大客房，3间标志性餐厅，2个别具风格的酒吧，占地6000平方米的兰蕙轩水疗中心及绿萝轩桑拿中心;拥有全市规模最大的宴会厅，提供设备先进的希尔顿会议服务;行政楼层、餐厅及所有公共区域均设有无线宽带网络接入，能满足宾客在商务、休闲、会议和娱乐等各方面的需求。

值得一提的是合肥元一希尔顿酒店客房均在41平方米以上，格调高雅，视野开阔，备有等离子纯平彩电及高速互联网接入。部分客房有独立的办公和用餐区域。宾客所受礼遇包括每日报纸、浴袍、奉送矿泉水和免费使用兰蕙轩水疗中心的健身设施和游泳池。

现在我们已经到达合肥元一希尔顿酒店，请各位嘉宾带好您的行李物品下车。

第二节　途中导游

从酒店出发到游览景点，漫长的路程常常令有些导游员无所适从，不知道讲什么。途中的导游服务要注意内容的安排和方法的选择，才能有效地调动游客兴趣，对调剂游客枯燥、单调的旅途生活起着重要的作用。

途中导游是指从住宿地出发到景区景点之间的沿途导游讲解。它区别于在接团中的首次沿途导游。首次沿途导游是从机场(车站)接到旅游团后达到酒店途中的导游讲解，一般路途近、时间短，讲解内容侧重于沿途所见景物的简单介绍;而途中导游是参观游览日程中的一项重要工作，通常路途远、时间长，讲解内容包罗万象，因此途中导游是重要的服务内容。

一、途中导游讲解的内容

(一)沿途风光讲解

沿途风光是整个旅游过程中必不可少的组成部分，游客在旅游车上欣赏沿途风光美景，也是一种愉悦的心理体验。导游员应当将沿途的自然风光与风俗民情相结合，有层次地介绍给游客，并进行延伸扩展。在游览时间允许的情况下，可以安排客人在途中有代表性、有吸引力的地方停车，利用5~10分钟的时间，请客人下车近距离观赏美景，使他们获得更多的审美享受。

(二)专题导游讲解

旅游者出游的动机多种多样，包括休闲度假、放松身心、保健身体，了解异国他乡的社会经济、历史文化、风土人情等目的，导游员有针对性的讲解可以满足游客在文化求知方面的需要。尤其是针对旅游目的地历史文化方面的信息传递，主要在于导游员的讲解和介绍，途中就此类专题是导游讲解的最佳场合和时机。

系统的、专业的，知识性和趣味性强的专题导游讲解可以帮助游客更好地了解游览地，在宣传景区的同时也体现导游员“民间大使”的形象。

(三)游览景点介绍

抵达景点前，地陪应向游客介绍即将参观游览景点的简要情况，尤其是景点的特色和历史文化价值。途中导游对游览景点的讲解，可以使游客更深入地了解景点知识，但是要注意和景点内的讲解内容有所区别，途中讲解要突出历史的概括内容，对于细节应当有所保留，适当地制造一些悬念，可以更好地激发客人的游兴，起到活跃气氛的作用。

(四)活跃旅途气氛

沿途的导游讲解并不是要求导游唱独角戏，再精彩的讲解，时间久了也会令人感到乏味，因此要把讲解与活跃气氛有机地结合起来，同游客一起互动参与，可以获得意想不到的效果。

活跃气氛要因人而异，根据游客的兴趣爱好灵活把握。活动的内容可以是唱歌、猜谜、说笑话、做游戏等。导游员要充分发挥组织者的作用，让更多的游客参与进来，“自娱自乐”，可以使游客乐在其中。如若遇到积极性不高的游客，导游员可以先进行一些简单的或者是游客不好推辞的小节目。比如让游客进行自我介绍，或是介绍自己家乡的特色、美食、典故等，等到把大家的情绪都调动起来以后，再开始娱乐活动。

二、途中导游讲解的方法

途中导游的讲解方法非常灵活，不受内容与形式的限制，导游员可以根据自己的习惯与偏好，采用最能体现导游效果的方法来完成途中讲解。

(一)三个结合

1. 有准备讲解与沿途即兴讲解相结合

导游员上团前要对自己的讲解内容认真准备，但是，常常会遇到准备好的内容在途中讲时解用不上的情况。往往出现不是没有机会讲，就是客人听完讲解后反应平淡，总是对沿途所见景物的即兴讲解充满兴趣。这就要求导游员不仅要对讲解内容作精心的准备，还要具备即兴组织材料发挥延伸的能力。

【示例】

敬礼，我们的中国海军！——面对湛江军港的即兴导游词

背景：2月26日上午，上海市虹口区人大代表、上海新景程国际物流有限公司董事长兼上海新航运旅行社总经理陈峥先生以全陪导游的身份，带领上海市虹口区嘉兴社区人大代表团乘坐观光游船畅游湛江市“红嘴鸥”港湾时，面对中国南海舰队的母港——湛江军港，即兴而发的导游词。

各位领导、各位代表：

刚才游船上的导游对美丽的湛江港湾进行了精彩而详细的介绍，现在游船已经驶到南海舰队司令部所在地的湛江军港，面对着眼前一艘艘威武的军舰，我的心情无比地激动，忍不住发挥一下我导游出身的职业习惯，向大家解说一段：

今天是2009年2月26日，请大家想一想两个月前的今天我们中国发生了一件大事，什么大事？那就是在2008年的12月26日我们中华人民共和国海军南海舰队的两艘驱逐舰海口号、武汉号和一艘补给舰微山湖号从海南岛的三亚军港出发前往亚丁湾为我们国家的商船护航。这是我们国家真正意义上的第一次派出舰队去执行军事任务，所有的中国人，尤其是像我这样从事海事海商职业的中国人都感到欢欣鼓舞！

可以告诉大家的是，在2008年12月上旬中国外交部对外宣布，中国为执行联合国决议对付索马里海盗，将派出舰队前往亚丁湾为中国和世界各国的商船护航的那天晚上，我彻夜难眠，心情异常地激动……因为在600年前，我们中国的海军是世界上最强大的海军，郑和七次下西洋中的第三次和第七次就率领当时世界上最强大的舰队，带着和平和通商的使命到达过亚丁湾和索马里。自郑和下西洋后的明朝中叶起，由于我国东南部沿海倭寇猖獗，明朝政府下令禁海，从此闭关自守的政策一直延续到清朝末年。于是，我们国家从在150年前开始变成一个处处挨打的落后国家。那天晚上，我当即作出决定带我公司全体员工到南京去度假。为什么选择去南京呢？我们第一批人员在12月13日上午10点抵达南京，恰好听到南京城区为纪念12月13日南京大屠杀而在全城鸣响的警报声（一个小时的哀鸣声令我们身心发颤……）。第二批人员被安排在12月26日，正值我们南海舰队前往亚丁湾执行任务的出发日。也就在12月13日和12月26日的这两天，我安排公司人员到位于南京长江大桥边上的阅江楼，一边俯瞰长江，参观阅江楼内的郑和下西洋的路线图；一边向大家解说位于阅江楼下的静海庙。这个静海庙当初就是明朝永乐皇帝为表彰郑和下西洋的功绩，并存放郑和带回的各国贡品所建的庙宇。具有不平凡意义的是，我们国家的第一个不平等条约——《南京条约》就是在长江上的英国舰队枪炮射程内的此庙中，由满清政府被迫签订的。从此以后，我们国家的海军从来没有在对付外国列强的海军中获胜过。典型的例子就是1894年的甲午海战，满清政府的北洋水师居然在优势的情况下全军覆没！中国海军除了在1974年西沙群岛保卫战中小胜不堪一击、腐朽的南越海军外，没有一个真正称得上军事意义的海战胜利。

1992年，我国远洋公司银河号在印度洋上被美国海军飞机的盘旋跟踪，最后被迫停靠到沙特阿拉伯的港口接受所谓运载化学武器的检查。在整整的一周内，我们银河号上的船员个个神经紧张，经受着强大的精神和生命威胁的压力。那时候我们的海军在哪里？当时的海军战略是近海防御，没有能力保护我国的商船，那是我们海军的耻辱，也是国家的耻辱！1999年5月，在我们国家驻南斯拉夫领事馆受到北约导弹攻击之后，每一个中国人都感到异常的耻辱！当时的国务院总理朱镕基在迎接我国驻南领馆遗体回国的时候，忍不住放声大哭……

在1984年，当我成为青岛海洋大学(现名：中国海洋大学)的一名学生的时候，曾有一位白发苍苍的教授在课堂上大声呼唤："中国需要一支强大的海军，如果中国有那么一支强大的海军，什么钓鱼岛、南沙群岛、西沙群岛等问题都不用出动海军，只要中央人民广播电台广播一声——这都是中国的领土，哪个国家敢吭一声气？"1988年毕业后，我有许多同学都在海军工作，有在大连水面舰艇学院的、有在青岛潜艇学院的，也有在南海舰队司令部的……每次我见到他们都开玩笑地问："我们的海军何时能真正成为我们商船的保护神？"

答案终于在2008年12月26日的这一天得以实现！我相信，你们同我一样都为之激动，为之欢呼。我注意到当我们亚丁湾护航舰队的消息传到亚丁湾沿岸国家的时候，几乎每一位中国侨民都欢欣鼓舞！每当护航舰队遇到一艘中国商船的时候，所有商船上的船员都奔到甲板上欢呼雀跃、热泪盈眶！从电视的画面上，所有商船都向舰队鸣笛，所有的船长都通过话筒向我们的海军表达感谢之情。军舰的回答就是短短的一句话：这是我们的义务和责任！

对了，保护我们的商船就是海军的义务和责任！拉动我国经济发展的"三驾马车"中，对外贸易作出了突出的贡献。我们中国的产品95%是通过海运来销往世界各国，中国经济建设所急需的能源和原材料绝大部分也是通过海运的方式来实现的。国家和人民呼唤这一支强大的海军，保护我国海上通道的安全就是海军的义务和责任！

让我们记住2008年12月26日这具有历史意义的日子，让我们为中国海军首次执行海外护航任务而欢呼！现在，面对着亚丁湾护航舰队的母港——湛江军港，让我们一起面向美丽的军港呼喊：敬礼，我们的中国海军！(转自同程网 http://www.17u.net)

2. 专题讲解与一般讲解相结合

专题讲解是途中导游的重要内容。许多导游员在多年的工作实践中储备了一些反映当地经济、文化、历史、地理、风俗民情等内容的讲解专题。在途中为游客讲解专题内容，对于游客充分地了解和认识旅游目的地的情况有着十分重要的作用。但是应当注意专题讲解要与沿途景物的介绍、讲故事等一般性讲解相结合，才能获得良好的导游效果。

例如一位地陪导游员在接待九华山旅游团的途中讲解中，将佛教知识的一般讲解和九华山地藏文化的专题讲解相结合，从两位文化名人说起：一位是新罗王子金乔觉，在山中苦行清修，弘法布道，使九华山成为地藏菩萨道场，誉为"莲花佛国""九华圣境"；另一位是伟大诗人李白，来山中寻幽会友，驻足吟诗，与诗友高霁、韦权舆作联句改"九子山"名为"九华山"，一字千金，千古流芳。九华山专题讲解则围绕九华地藏信仰的四个主要特征：

(1)金地藏菩萨道场是九华山区别于中国佛教其他三大名山的重要特征，"地狱未空誓不成佛""普渡众生"的地藏大愿吸引了善男信女顶礼膜拜。

(2)金地藏是韩国人民的友好使者，也是中国佛教徒心中的菩萨应身，是中韩两国人民友好交流的佳话。

(3)佛教文化载体数量大、精品多、特色鲜明。有"九华一千寺，撒在云雾中"之说。

(4)真身菩萨是九华山特有的佛教文化现象。自唐代金地藏法体不腐，至今又先后发现了15位高僧圆寂后肉身未经特殊保护而多年保持完好的奇观，令人不可思议。

3. 主动讲解与回答提问相结合

导游员准备好的途中讲解如果没有把握住游客的兴趣，讲解很难被认可，甚至还有在讲解中被游客打断的可能。寻找、发现游客的兴趣不是一件容易的事，尤其是新导游，更难把握。通过总结，我们发现游客在途中会经常向导游员提出一些问题，希望得到解答，这恰恰是游客的兴趣所在。导游员应该抓住这个机会，认真地回答游客的问题，并借题发挥将话题深入下去。

(二) 自然切入

途中导游讲解的话题要自然，在准备讲解某一话题时，可以精心设计一下切入点。所谓切入点，就是讲解某个内容的引子，切入点越自然，越能使游客感觉不到牵强。这些切入容不迫日常生活、气候变化、艺术欣赏、文化现象等各个方面寻找。在自然的状态下切入主要的讲解内容时，游客同样会予以自然的配合。比如，与游客谈吸烟的影响，可以作为讲解茶叶文化专题的切入点；与游客谈及某件艺术品或艺术家，可以作为讲解中国历史文化专题的切入点。

(三) 延伸扩展

所谓延伸扩展就是寻找把握客人感兴趣的内容，并将讲解内容继续深入下去，在原有话题的基础上延伸、扩展，以传递更多的信息。通过与客人的交流，找到客人的兴趣点后，即时调整讲解的重点。比如，当游客指着车窗外的某些景物提问时，导游员不要简单地回答"这是××"，否则，一句话之后又无话可讲了。此时要抓住机会，借题发挥，延伸扩展。如果发现客人在问你的时候，对某一方面情有独钟，导游员应该马上转移导游词讲解的侧重点。比如客人对路边的某种农作物感兴趣，导游员可以从设置悬念开始，不要急于揭开谜底，从农作物的生长环境讲到食用方法，再延伸到本地的饮食习惯以及菜系特色。

第三节　市容导游

市容导游是指导游员对游客所抵达或经过的城市、乡镇，进行的有关当地的历史沿革、地理概况、经济、文化、民俗等方面的讲解，使游客对当地的基本情况有个初步的了解。市容导游的内容非常庞杂，如果不加选择面面俱到，会使游客听得厌烦，因此必须对讲解的内容做好提炼，在讲解的技巧上做些设计。

市容导游既可以在首次沿途导游中做简单介绍，也可以在专门的市容游览中详细讲解，无论简繁，都应突出该地的主要特色。市容导游的内容主要包括市容特色、历史沿革、经济文化等方面的内容。

一、市容特色

每一座城市都有自己的发展历史和城市特色，由此形成了该城市所独有的城市名片，也成为吸引游客的无穷魅力。导游员在市容讲解中，需要对城市诸多的元素进行提炼和筛选，总结特色，着力渲染，才能给游客留下深刻的印象。比如：北京市的"东方古都，长城故乡""新北京、新奥运"；辽宁大连的"浪漫之都，时尚大连"；江苏苏州的"园林之城，天堂苏州"；海南三亚的"天涯芳草，海角明珠"等，都已成为游客心目中不可替代的城市标签。

市容特色介绍的内容包括：标志性的建筑物，如城市雕塑、大型购物商场、星级饭店、体育场馆、有一定知名度的大学、具有纪念意义的广场等；沿途经过的旅游景点，如公园、博物馆、纪念馆等；其他，如当地的名人、市花市树、特色商铺、道路以及路旁具有观赏价值的花草树木等。市容特色讲解通常以旅游车为交通工具，导游员根据旅游车的行进路线介绍旅游地的市容市貌，使游客对旅游目的地的城市特色有一定的了解。

【示例】

丽江古城市容讲解

有人说车到了滇西北只要拐个弯，前面就会有独特的风景，这话一点都不假。每个去过丽江的人都会有自己心目中的丽江，没有去过丽江的人也会在心目中想象着丽江，但任何人心目中的丽江都是局部的，丽江所包容的多变的地理风貌、丰富的人文景观和绚丽的民族文化都会让你用一生去回忆。而最让人眷恋的当属金沙江畔、玉龙雪山脚下的世界文化遗产——丽江古城。

作为中国历史文化名城和世界文化遗产的丽江古城，由白沙古镇、束河古镇、大研古镇三个相对独立的单元共同组成，其主体部分是大研古镇。总面积约3.8平方公里，始建于南宋末年，距今已有800多年的历史了。丽江古城在1986年被国务院公布为中国历史文化名城，而在1997年又与山西平遥古城先后列入了《世界文化遗产名录》，成为受全世界共同保护的世界文化遗产。大研古镇与中国大多数古代城池不同，不筑城墙。因为古城被很多高高低低的山所包围着，形成了一道天然的屏障，虽然古城没有城墙，却拥有比城墙更为坚固的防护山，因此没有必要再筑城墙。关于丽江古城不筑城墙，还有另外一种说法，在明朝以前，原本统治丽江的土司是没有姓的，他们实行的是父子联名制，比如说阿胡阿烈，他的儿子就叫作阿烈阿甲，孙子呢，叫作阿甲阿德。但是到了明朝，因为阿甲阿德归附明朝有功，明朝的开国皇帝朱元璋就赐予他“木”姓，也就是我们现在所说的木氏土司。现在请各位思考一下，木字与朱元璋的朱字有什么联系？木呢就是在朱字上面去掉一人，寓意一人之下而万人之上。可是如果在木字外面加上一个方框，会成为一个困字。而木氏土司出于文字避讳，所以便不筑城墙。

丽江古镇的总体格局，北以玉龙雪山为依托，南以文笔峰为屏障，是一个以纳西族为主要居民居住的古老城镇，以道教的八卦图形成的四方街为文化商贸中心，以新华街、光义街等五条主街道为脉络向四周延伸，形成许多条小巷。勤劳朴实的纳西人居住在“三坊一照壁”“四合五天井”的一层至二层的土木结构房屋中。房屋建筑融合了中原和邻近民族建筑文化的精华，形成了纳西族的建筑风格，体现了纳西族的布局、汉族的砖瓦、藏族的绘画、白族的雕塑四个民族的特点，被誉为“民居博物馆”。

古城依山傍水，三大水系从玉龙桥穿街过巷，流遍了全城，构成了“家家流水，户户垂杨”的江南景色，被誉为“东方威尼斯”“高原的姑苏”，既有山城之容，又有水城之貌。除了河水，古城中还有另外一种水——井水。说到这里，有的朋友可能要问我了，说井水有什么好看的，到处都有啊！可是古城的井与大家看到的那些是截然不同的，叫作三眼井。它分为三个池子，上池饮用，中池洗菜下池。水，除了是丽江古城的灵魂，也是大家的朋友，为什么这么说呢，因为大家如果在古城游览中迷路了的话，那么只要逆水而上就能走出古城了。

二、历史沿革

在长期的历史发展中，每个城市都形成了区别于其他城市的独特个性。它的创建成因、发展轨迹、历史地位、著名事件，与名人的因缘、对社会的影响，或是美丽的神话传说、生动的文学形象等都是构成城市自身特色的重要因素。说起曲阜，人们自然会想到东方圣人——孔子；提起镇江，人们都会联想到白娘子与许仙的故事；讲到中国革命，人们首先想到的一定是延安、南昌、井冈山等革命圣地。中国有太多的城市在历史上留下了浓墨重彩的一笔，成为中国传统文化中不可分割的一部分，因此导游员在市容导游中，介绍城市就一定要介绍城市的历史沿革，而历史本身就是这座城市给予游客的重要审美内容。

【示例】

扬州历史沿革介绍

扬州是一座具有2490多年历史的文化古城，自春秋吴王夫差筑城以后，古代扬州几度盛衰，西汉是扬州历史上的第一次发展高峰。隋炀帝开凿大运河，确立了扬州的交通枢纽地位。盛唐时期的扬州雄富冠天下，时有“扬一益二”之称。清代中期，扬州成为漕运枢纽和全国最大的盐业经销中心，成为全世界10个拥有50万人以上居民的大城市之一。

扬州是我国古代水陆交通枢纽和盐运中心，东南第一大都会、著名的风景旅游城市，素有“雄富冠天下”之称。这里有春秋时代的邗沟（中国最古老的运河段），汉代广陵王墓，隋代炀帝陵，南北朝古刹大明寺，唐宋古城遗址，唐鉴真纪念堂，宋伊斯兰教普哈丁墓，仙鹤寺，明清私家园林个园（以四季叠石闻名于世），何园（以中西合璧建筑风格享誉海内）等许多名胜古迹，使古城扬州散发出无穷的魅力。1982年国务院公布扬州为国家首批历史文化名城。多年的历史积淀，使扬州5.09平方公里的老城区成为目前国内历史风貌保存比较完好的古城之一，古迹、遗址、文物很多，仅市区就有各类文保单位148个，其中国家级4个（个园、何园、普哈丁墓园、隋唐宋扬州城遗址）、省级16个。市区的文昌路，有“唐宋元明清，从古看到今”之称。

扬州还是驰名中外的旅游胜地，素来是人文荟萃之地，风物繁华之城，有众多的名胜古迹和雅致园林。扬州的“瘦西湖”历史悠久，受历代造园专家的青睐，在十里长的湖区两岸，营造了“两堤花柳全依水，一路楼台直到山”的湖区圣境；观音山上寺院遍布，有“江南第一灵山”之称；“二十四桥明月夜，玉人何处教吹箫”，自古是赏月的绝佳处；扬州还有历史悠久的古刹大明寺，有“城市山林”美誉的何园，四季假山著称的个园，有隋炀帝、康熙、乾隆等皇帝留下的行宫遗址等等，美景数不胜数。

三、经济文化

一座城市正是依靠经济的支撑，才会有持续的发展和变化，正是依靠文化的熏陶，才会有辉煌的历史和未来。对任何城市而言，文化是灵魂，经济是命脉，二者密不可分的“血缘”关系造就了城市独特的个性。因此城市的经济和文化也是导游员市容导游的重要组成部分。

城市的经济介绍，可以是多层面的综合介绍，也可以是突出重点的专门介绍，经济概况的讲解内容包括：该市的特色经济、支柱产业、交通运输、居民生活水平、城镇建设、对外贸易、科技特色、传统产品、金融资本等。

城市的文化介绍，包括：当地的民俗风情、教育水平、城市文明、餐饮特色、娱乐休闲等，这些内容都从某些侧面反映出该城市的文化特色和当地居民的精神风貌。通过对城市经济文化方面的介绍，使游客更好地了解游览地，增加对该城市的了解，达到传播文化的旅游目的。

【示例】

东莞市容介绍导游词（东莞国际旅行社黎泉）

转自：www.tourunion.com 原创：中国旅游联盟在线

各位团友，欢迎大家来到东莞旅游。到我们东莞来第一件需要注意的就是我们这个市名的发音，好多以前的朋友都念成“东碗”，只因为有个成语叫“莞尔一笑”。您倒是笑得开心了，咱东莞人民可不答应了，怎么变成一只碗了？东莞这里只因为盛产一种水草叫莞草，它的发音是“管”，这里又在广州的东边，所以慢慢的就有了东莞这个名字。

有人可能要问了，莞草有什么用处？这莞草在过去用处可大啦，广东天气热，过去的老广东人一年四季床上都铺着席子，席子是什么编成的？就是这莞草了！而且当时还大宗地出口到中国香港和东南亚，因为那里的天气也都很热嘛！过去广东的学生到北京读书，人人都不带褥子而是带领席子去，大冬天床板上只辅着一领席。校领导检查学生宿舍时，一看就差点落泪，赶紧叫学生处补助他一床褥子，结果过几天去一看，褥子是辅上了，但上面还铺着一领席子，真是拿他们没办法，这就是我们莞草席的巨大吸引力啦！不过现在的莞草业惨啦，因为人们的生活水平提高，家家装上了空调，结果害得这个行业就此寿终正寝，如今在东莞想看莞草席就要到博物馆里去看啦！

好，现在我们的车来到了东莞市的市中心，大家看到前面那个有点像天安门一样的古城楼了吗？那就是我们东莞过去的西城门，是明朝时候建的。有游客惊讶了，原来东莞的历史还挺长嘛，其实东莞的历史比这长得多啦，最早在秦始皇那会儿就已在东莞这里设了官府啦，三国时候设了东莞郡，东晋的时候设东莞县，可惜的是一直到1985年前都一直是东莞县，再没升上去。瞧瞧咱们这里，整整当了快2000年的县啊！

更可惜的是，不知为什么，过去在历史上但凡这里出点什么事都不用东莞这个大名，老用下面镇区的小名，比如说“虎门销烟”，这人人都知道吧，可虎门只是咱们东莞的一个镇啊！读过历史书的人个个都知道虎门，可没人知道东莞，要是当年给定名为“东莞销烟”，那咱东莞可就早出大名啦！

这个城楼叫迎恩楼，相传在明朝洪武年间，日本海盗常来这里抢掠，当时的东莞四周无遮无挡，于是东莞有一个叫常戆的将领就带领军民在东莞城的四周建起了城墙和东西南北四个城门，整个城墙连起来有1299丈，把整个东莞城都包围了起来，敌人来时把城门一关，小日本海盗就在城外跳脚吧！任它是忍者还是神龟都没能进得来。

而且这城墙还有防洪作用，夏天遇到发大水时把城门用沙包堵上，城里就管保不会遭淹，真是造富百姓。所以东莞人民对这个城楼很有感情，既使现在的市区千变万变，总舍不得折毁这个旧城楼，现在更投巨资把周围改建成了西城门文化广场，成为市民们休闲娱乐和节日举行大型活动的重要场所。大家看这古城楼背后就是东莞最新建成的四星级大酒店，站在这里是不是有一种“一眼尽揽上下五千年”的感觉？

我们的车继续带大家在市内游览，大家有没有注意到东莞的街上有许多威风凛凛的摩托骑警？这是我们东莞的110治安警察，他们的动作非常迅速，哪里有报警他们保证在5分钟之内赶到现场。不过就有一条，他们不是穿白色的警察制服，而是穿花的迷彩服，所以搞得有些游客说怎么东莞好像军事化管理似的。大家不要误会啊，我们东莞可不是军事化管理，只不过警察是武警，所以穿这种绿色调服装，也许是因为大家都喜欢绿色吧，你们没发现我们东莞的街区绿化搞得可有多好，马路简直都跟花园似的。

不过过去东莞可没这么漂亮，现在这么靓主要是给深圳影响的，因为我们东莞和深圳都是由一条107国道贯穿起来的，从前人家从深圳一过，哇，那绿化，简直像把苗圃搬到了大街上，再一到东莞，唉，这灰头土脸的，到处都在搞建房，整个一个大工地，街上全是运泥土的车，撒得水泥路都变了黄泥路，路边偶尔有点小树，叶子上也覆了一层灰粉，所以那时候东莞的环境名声可差啦。现在您再看，路边都是几重的绿化带，有深绿的树、浅绿的草、火红的花、金黄的瓣，要多亮有多亮，我们现在都以能生活在这里为荣啊！

现在大家往车窗外看，看到远处那个前面是中式飞檐翘角琉璃瓦顶，后面是西式厂房的奇怪建筑了吗？那就是著名的瑞士雀巢咖啡公司在东莞设的分厂，他们可能是为了表达对中国文化的尊重，所以把厂的大门和围墙都设计成琉璃瓦顶的，但厂房确保持了他们西方的建筑特色，而这正非常典型地反映了东莞工业的特点，就是中外合资。

东莞是广东省著名的侨乡，主要是香港同胞。香港有一句话“每10个香港人中就有一个是东莞籍的”。东莞也有一句话“每一个东莞家庭，都有至少一位亲戚在香港”。可能有人还没有明白这和东莞工业之间的关系，这是因为当时香港老板接了许多国外的玩具、电子等加工订单，在香港生产人工成本太高，于是在政策允许下，他们都纷纷将厂搬到大陆来。搬到大陆哪里最好呢？当然是搬到靠近家乡又有熟人的地方啦。所以东莞就成了他们的首选。

而现在已不再只是小型的香港私人企业在东莞设厂了，许多国际知名大公司也选择了东莞，比如著名的诺基亚公司，还有刚才看到的雀巢咖啡公司，还有生产金霸王电池的公司等，还有好多台湾大厂，都是在台湾的上市公司，在这里设的厂有些大型的一个厂就有几万人！像最大的裕元鞋厂，是生产耐克、阿迪达斯、菲纳等名牌运动鞋的，一个厂就差不多10万人啊！有媒体报道，全球的运动鞋中十双就有一双是东莞产的，全球80%的鼠标产于东莞。这个业绩也是靠大量的外来工人和技术人员努力的结果，所以东莞本地居民是150万人，外地的是300万人呢。

大家都看到公路两边有许多繁茂的大树，树冠饱满而圆润，那就是著名的荔枝树！如果大家在5月至6月来到东莞时就可以见到这些树上全都挂满了红彤彤的荔枝。记得从前有诗人赞它们像“飞焰欲横天”“红云几万重”，那可真是一点不假。

大家都知道荔枝的最大特点就是不耐存放，白居易说它是“一日而色变，二日而香变，三日而味变，四五日外色香味尽去矣”，所以才有杨贵妃“一骑红尘妃子笑”的故事。而现在有了现代化交通工具，就变成“一架飞机大家笑了”。各位是不是也曾在家乡笑过一回啦？不过运出去的再怎么新鲜还是不如来到咱东莞的荔枝树下，亲手从荔枝树上摘下那最大最红的一颗，啪的一声掐开皮，一口咬下去那么鲜香噢！那才真的是笑得开怀啊！

欢迎大家在东莞荔枝上市的时候再来东莞旅行游览，到时候我一边请大家品尝荔枝，一边再给大家讲东莞更有趣的事物！

【分析】

市容导游的内容包括城市的历史沿革、经济发展、文化传统、市容特色、娱乐休闲等内容。幽默生动的导游讲解可以消除旅游者的陌生感，激发旅游者浓厚的游览兴趣，从而达到事半功倍的效果。

第四节　旅途活动的组织

长途旅行对于旅游者来说是漫长而枯燥的，导游员在途中，除了提供途中讲解外，还应适时开展一些活动，通过自己的一些表演或是组织游客一起进行娱乐活动，调节旅途中的气氛。这些活动的组织和开展，要根据导游员的自身情况和旅游途中的具体条件综合考虑所应采取的形式，同时还要注意游客所能接受的程度，使导游员的活动组织恰到好处。

一、旅途活动设计的内容

(一)旅途游戏

在旅途中，做些小游戏可以增进导游员与游客之间的互相了解，给旅途增加乐趣，常见的旅途游戏有猜谜语、脑筋急转弯、击鼓传花、数字接龙等。

1. 猜谜语

猜谜语作为汉文化精髓的一部分，是一项很有趣味性的智力游戏，在旅游车内，导游员恰当地组织一些猜谜活动，不仅有利于活跃旅途气氛，增加知识，还能使导游与游客之间的关系变得更加融洽。在组织猜谜活动时要时刻注意游客的反应，如果大多数游客积极性很高，踊跃参与，导游可以多出一些谜语，也可以让游客参与进来，互相出题。反之，如果大家积极性不高，只有少数游客参与，导游就应适可而止。为了提高游客参与的积极性，达到活跃气氛的效果，选取的谜语不要太难，应当选经过短时间思考就能找到答案而且比较有趣味性的谜语。比如：

(1)成语谜

飞行员——有机可乘　举重比赛——斤斤计较　超级好牙刷——一毛不拔

双手赞成——多此一举　蜜饯黄连——同甘共苦　武大郎设宴——高朋满座

爱好旅游——喜出望外　哑巴打手势——不言而喻

(2)字谜

武(斐)　刃(召)　雨(池)　书签(颊)　顶破天(夫)

池塘亮底(汗)　半耕半读(讲)　四个晚上(罗)　上下一体(卡)

七十二小时(晶)　第二次握手(观)　早不说晚不说(许)

(3)地名谜

四季开花(长春)　船出长江(上海)　海上绿洲(青岛)　金银铜铁(无锡)

一路平安(旅顺)　带枪男人(武汉)　千里戈壁(长沙)　风平浪静(宁波)

久雨初晴(贵阳)　银河渡口(天津)　双喜临门(重庆)　出国(浏阳)

2. 脑筋急转弯

脑筋急转弯打破了人们的常规思维定式，给人一种意想不到的解答，而且它们大多通俗易懂，出人意料又诙谐有趣，运用恰当可以大大增加旅途中的乐趣。

在行车途中导游员给出的脑筋急转弯题目，游客人人都可参与，加上答案大都幽默风趣，使团队气氛热烈。但脑筋急转弯的答案一般都比较短，现在的年轻人都比较喜欢玩这类游戏，在各种场合经历过类似的问题，知道很多答案。如果导游员出题太简单，还没问完，答案已经出来，则达不到预期的效果。因此导游员出题要考虑团队成员的基础，如果团队以年轻人为主，要出一些难度大的题；如果团队成员年龄较大，出题时则要慎重，以免答案出来，会遭到客人的批评。

(1)冬瓜、黄瓜、西瓜、南瓜都能吃，什么瓜不能吃？——傻瓜

(2)你能做，我能做，大家都能做；一个人能做，两个人不能一起做。这是做什么？——做梦

(3)哪一个月有二十八天？——每个月都有 28 天

(4)一年四季都盛开的花是什么花？——塑料花

(5)早晨醒来，每个人都要做的第一件事是什么？——睁开眼睛

(6)毛毛虫回到家，对爸爸说了一句话，爸爸即刻晕倒，毛毛虫说了什么话？——毛毛虫说："我要买鞋。"

(7)能否用树叶遮住天空？——只要用树叶盖住眼睛

(8)什么人靠运气赚钱？——送煤气的人

(9)为什么大部分佛教信徒都在北半球？——南无阿弥陀佛

(10)一头牛，向北走 10 米，再向西走 10 米，再向南走 10 米，倒退右转，问牛的尾巴朝哪儿？——朝地

(11)猫见了老鼠为什么拔腿就跑？——跑去捉老鼠

(12)什么字全世界通用？——阿拉伯数字

(13)什么人一年中只工作一天？——圣诞老人

(14)铁放在屋外露天会生锈，那么金子呢？——会被偷走

(15)"新华字典"有多少个字？——四个

(16)超人和蝙蝠侠有什么不同？——一个内裤穿里面，一个穿外面

(17)什么人心肠最不好？——得胃肠炎的人

(18)从来没见过的爷爷他是什么爷爷？——老天爷

(19)两对父子去打猎，他们每人打了一只野鸭，但是总共却只有 3 只，为什么？——祖孙 3 人

(20)一只狼钻进羊圈，想吃羊，可是它为啥没有吃羊？——因为羊圈里没有羊！

(21)大熊猫一生中的最大遗憾是什么？——没有彩色照片

(22)老板从来不会烧菜，可他每天都会烧相同的一道菜，请问这是什么菜？——"炒鱿鱼"

(23)元帅比将军高一个等级，什么时候元帅和将军平等？——下象棋

(24)一艘船最多能承受 50 个人，现在已经坐了 49 个人了，又来了一个人，那艘船却沉了，为什么？——因为那是潜水艇

(25)有一只毛毛虫要过河，前面没有桥，问它是怎么过去的？——变成蝴蝶飞过去

(26)你怎样才能把你的左手全部放入你右边的裤袋内，而同时又把你的右手全部放入左边的裤袋内？——把裤子前后反着穿

3. 击鼓传花

用饮料瓶或旅游帽代替传花，导游在车前唱歌，或用手机放音乐，声音一停，看哪位客人手里拿到瓶子或帽子，就表演节目。

4. 数字接龙

让客人接数字，例如不能说和 7 有关的明数(数字含 7 的，如 7、17、27 等)或暗数(7 的倍

数，如14、21等），数到这样的数字，以拍手或说“过”来跳过，下一位接着数，数错的，就被罚表演节目。

5. 数车牌尾数表演节目

在长途行车过程中，游客情绪不是很高的时候用来排除疲劳感，转移大家的注意力所做的游戏。按座位顺序给每位客人排一个号码，人数多时可按两人或多个人一组来编排。注意车窗外面超过的车牌号的尾数，比如尾数是6，就由相对应的第6组来表演节目。这样的游戏比较轻松又容易调动游客的积极性。

6. 途中抽奖游戏

可以在活动开始前亮出部分礼品，并告诉客人礼品是公司精心挑选的，事先设置一两个没有礼品的，而后抽到“没有礼物”算是小惩罚（请客人表演节目，或是做一个动作，等等），同时 提前告诉客人，事后补发礼品。

（1）团队人数少（16人以下）：用三个信封分别装入客人姓名、礼品名称、问题。

程序：请一团友（领队）从其中一个信封中抽出第一个人的名字，抽中者上前抽一个问题，问题答对后方可抽出自己的奖品，然后再由此人抽出下一个人的名字，以此类推，直到所有人都拿到礼品为止。

（2）16人以上的团队，同一个信封里装入礼品、问题。

程序：按座位的顺序依次抽下去，可能一下子抽中礼物，如抽中问题者，必须答出问题后才可再抽奖品，直到礼品抽出来为止，其他的客人以此类推，直到所有人都拿到礼品为止。

在车上结束这个活动时一定要态度诚恳地说明这个活动的用意是希望客人能感受到旅行社的用心和服务。礼轻情意重，让客人感受物超所值。同时感谢大家的热情参与和支持，为表示感谢之意导游可以表演一个节目。

为了让这样的活动能更好地开展，导游员在带团时要用心留意一些小礼品好日后用于活动当中。

7. 学说当地方言

客人来到旅游目的地，可以教大家说说当地的方言，如称呼、问候语，还可以是当地的童谣或是顺口溜。

（二）讲故事与说笑话

讲故事和说笑话不仅有助于消除疲劳，调节旅途气氛，有时还能化解矛盾，一位具有幽默感的导游员总是会受到游客的欢迎的。平时注意收集和积累一些幽默故事，在旅途中合适的场合说出来调节一下气氛，往往会收到意想不到的效果。

1. 举例

（1）一位魔术师在一艘小邮轮上工作，已有几年的时间了。这两年来，他每个晚上有一场秀，观众们都很喜欢。不过，因为观众群经常的更换，所以他也就不必要急着学新戏法了。但是，几年下来，坐在后排的鹦鹉经过长期的观察，终于看出了魔术师戏法的破绽，开始当众拆穿魔术师的把戏。举个例子，当魔术师把一束花变不见时，这只鹦鹉会大叫说：在他的后面！在他的后面！这可弄得魔术师火冒三丈，可是他也束手无策。鹦鹉是船长的，他动不了它一根毛。有一天，这艘船漏水，最后沉了。魔术师设法游到一块漂在水面上的木板上，然后抓住木板。这只鹦鹉正站在木板的另一端。他们两个一直大眼瞪小眼的不说一句话。就这样在水上漂流三天。就在第四天早晨，鹦鹉终于忍不住看着魔术师说：算了，我投降了，你到底把船变到哪里去了！

这个笑话，在讲给客人的时候可以告诉他们，人生需要惊喜，不能重复一成不变的东西，否则会失去激情的，所以我们也应该调试自己的生活状态，旅游就是一种方式。既然出来了，就要主动地融入旅游状态中！

(2)对出行不太满意的团队，可以给他们讲这样一个笑话：一个书生在要参加科举考试的前三天，每晚做同样的三个梦：第一个是梦见自己在墙上种菜，第二个是梦见穿着雨衣打着伞站在雨中，第三个是梦见自己和自己青梅竹马的表妹背靠背躺在一张床上。书生很不解，决定找个相士解答。相士听后摇头说：你不要参加科举考试了，肯定不会中的。你看，在墙上种菜是根本不可能的事情，又穿雨衣又打伞，不是多此一举吗？背对背躺着就是永远不能达成心愿了。

书生非常沮丧地回家了，在门口碰到了隔壁的大爷。大爷看到书生垂头丧气，便问怎么啦？书生告诉了大爷这三个梦。大爷笑着对书生说：恭喜恭喜，你的好运到了。墙上种菜是高中的征兆，穿雨衣打伞是准备充分的意思，背靠背意味着你就要翻身得志了。

这个笑话，可以告诉客人，同一事物，从不同的角度看就会有不同的答案，一天 24 小时对每个人都是公平的，如果痛苦是一天，快乐也是一天，那我们就要选择快乐的活着。

(3)有时火车或飞机延误，可以讲这样一个笑话：肥仔在铁路上做了多年的买卖，这天偶然发现一列火车准时到了站。他连忙跑到列车员跟前说："请吸烟，我祝贺你！我在这条铁路上跑了 15 年，这还是第一次见火车正点到站。""留着你的烟吧，"列车员说，"这是昨天的列车！"

(4)如有客人投诉用餐的鸡不好吃，太老了，可以讲这样一个笑话：在一所小学里，老师问："你们能不能说说人们是凭什么来识别母鸡的年龄的？""用牙齿，老师！""但是，母鸡并没有牙齿呀？""母鸡可能没有牙齿，可我有，如果母鸡的肉很嫩，年龄就小，如果咬也咬不烂就是老母鸡。"客人听了哈哈大笑，也就生不起来气了。

(5)一位厂长随旅行团出国，在街上他想买点东西带回去，请导游帮他翻译砍价。交谈间，老外打了个喷嚏，恰巧导游鼻子痒，也跟着打了个喷嚏。厂长不高兴地对导游说："这不用翻译，我听得懂！"

(6)一群游客参观英国某古堡。游客："听说这里经常闹鬼？"导游："纯属胡说！我在这里很多年了，从来没见过什么鬼！"游客："原来如此，这我们就放心了。请问您在这儿多少年啦？"导游："四百多年了……"游客无语……

(7)初中的时候检查身体有一项是查色盲的，拿一个本子，每一页都是一些不同颜色的小碎片拼成的图案，不知大家是不是都这样。有的是数字，有的是简单的画。我们挨个上去看，报告给大夫自己看到了什么东西，一般都没什么大问题，毕竟从小学开始就检查身体嘛。结果有一位同学平时学习超级努力的那种，上去拿过本子扶了扶眼镜说了一句让我们全部跌倒的话——"一堆碎玻璃"。

2. 讲笑话的技巧

(1)抑扬顿挫。笑话要说得生动，就要尽量重现那个情景，通常笑话就像个短短的故事，为了让听众听得清楚，不至于弄混现在究竟是轮到谁讲话，可以利用声音的变化来讲故事。最好自己先研究过笑话的情节，掌握速度和节奏，特别是制造悬念时的停顿时间，以达到最佳的效果。

(2)肢体语言。其实，不一定需要用到肢体语言，也很好笑。当然有的笑话就笑在动作上，不过要自己斟酌。如果肢体语言的部分就是笑点所在，应当注意避免其他不必要的动作；做动作时，可以暂停一下，制造引导客人产生强烈的心理期待，然后突然使他们感到大出意外。

(3)冷静。讲笑话，尤其是在游客都关注的情况下表演，难度很大。保持冷静就是要讲者冷静地守住笑话该有的氛围，千万不要未讲先笑，这样会让大家感到莫名其妙，反而会对接下来的笑话产生排斥心理。通常情况下，自己先笑的讲者，往往后续情节的表示就会含糊不清，造成只有他在笑，其他人都听不懂，最后只能以尴尬冷场而结束。

(三)歌曲表演

导游员为游客唱歌或引导游客表演歌曲主要是活跃气氛，使旅途生活更为丰富。

1. 演唱与当地有关的歌曲或是本地的民歌，加深游客对本地的认识。如到无锡唱“太湖美”，到山西唱“人说山西好风光”，到三亚唱“请到天涯海角来”等。

2. 对歌。尤其是一些大家耳熟能详又能活跃气氛的曲目，如安徽黄梅戏“夫妻双双把家还”“女驸马”“打猪草”等经典唱段，湖北民歌“龙船调”、湖南花鼓戏“刘海砍樵”、广西壮族民歌“山歌好比春江水”等都是不错的选择。

3. 演唱游客家乡的歌曲，让客人在异地他乡听起来既亲切又别有感受。

4. 根据不同的场景选唱不同的歌曲，引起游客的共鸣。

二、组织旅途活动的禁忌

旅途活动组织得好，自然妙趣横生，效果良好，但运用不当，就会降低旅途活动的作用，甚至产生副作用。因此，在组织旅途活动时，要注意以下几个方面的问题：

(一)勿取笑他人

人性中有一种弱点，即大都不愿被当作取笑的对象，尤其是有心理和生理缺陷的人在这方面特别敏感。如果导游能主动把自己作为取笑的对象，那么就能避免暴露上述弱点。成功的幽默经常是自嘲的，说笑话时，真正安全和适宜的话题还是自己。换而言之，一厢情愿地笑别人，并不是最后的笑。

(二)注意适合时宜

旅途中的笑话也要特别注意适合时宜。比如在游客心情不佳、极度悲伤或肝火正旺时，不带任何同情心的幽默话或笑话，只能给人以强人欢笑和幸灾乐祸的感觉。另外，幽默得有一种气氛，或者叫语境。没有那种气氛，哪怕再有趣的话也笑不起来。这里所指的那种气氛就是双方情感渠道通畅的结果，只要心有灵犀，一点就通；一旦不通，幽默可能变成别扭，甚至造成伤害。因此，如果对象比较陌生，还没有到心有灵犀一点通的程度时，就要努力营造融洽的气氛。

(三)活动不要反复

一句幽默的话、一个幽默的动作，一个有趣的活动，第一次听(看)觉得新鲜有趣，但如果反复多次，就索然无味了。

(四)自己不可先笑

中国古代有一本专业研究笑的专著《半庵笑政》，书中特别指出，不可“先笑不已”。讲笑话时，不能一边讲一边笑，而是要适当摆出一副庄重的样子，形成一种反差。可以说，幽默的秘诀之一就是与笑声、与对于谜底的揭示拉开距离，幽默的大敌不仅是“先笑不已”，还包括“后笑不已”。

（五）不要预先交底

有的导游在讲笑话时，总是喜欢说，“我讲一个很好笑的笑话给大家听。听了大家一定会笑得肚子疼的”。想想看，即使这则笑话十分好笑，但经这么一交底，笑料实际已损失了大半。

（六）杜绝“黄色幽默”和“黑色幽默”

组织旅途活动应该是言行文明、态度乐观、精神健康、雅俗共赏的。那些以低级趣味为满足的“黄色幽默”和以玩世不恭的态度嘲笑时世、挖苦他人的“黑色幽默”在旅途活动中都是不可取的，因此，要求导游员要加强思想修养和道德修养，在游客面前展现导游员阳光、健康、积极的精神风貌。

■小知识

中央文明办、国家旅游局于2006年10月1日和10月2日公布了《中国公民国内旅游文明行为公约》《中国公民出境旅游文明行为指南》，对公民的旅游行为作出了明确规范。遵守公约和指南是提高导游文明素质的重要内容。不仅如此，导游还有责任在游客当中宣传公约和指南，并纠正游客中出现的不文明行为。

“中国公民国内旅游文明行为公约”

营造文明、和谐的旅游环境，关系到每位游客的切身利益。做文明游客是我们大家的义务，请遵守以下公约：

1. 维护环境卫生。不随地吐痰和口香糖，不乱扔废弃物，不在禁烟场所吸烟。

2. 遵守公共秩序。不喧哗吵闹，排队遵守秩序，不并行挡道，不在公众场所高声交谈。

3. 保护生态环境。不踩踏绿地，不摘折花木和果实，不追捉、投打、乱喂动物。

4. 保护文物古迹。不在文物古迹上涂刻，不攀爬触摸文物，拍照摄像遵守规定。

5. 爱惜公共设施。不污损客房用品，不损坏公用设施，不贪占小便宜，节约用水用电，用餐不浪费。

6. 尊重别人权利。不强行和外宾合影，不对着别人打喷嚏，不长期占用公共设施，尊重服务人员的劳动，尊重各民族宗教习俗。

7. 讲究以礼待人。衣着整洁得体，不在公共场所袒胸赤膊；礼让老幼病残，礼让女士；不讲粗话。

8. 提倡健康娱乐。抵制封建迷信活动，拒绝黄、赌、毒。

“中国公民出境旅游文明行为指南”

中国公民，出境旅游，注重礼仪，保持尊严。

讲究卫生，爱护环境；衣着得体，请勿喧哗。

尊老爱幼，助人为乐；女士优先，礼貌谦让。

出行办事，遵守时间；排队有序，不越黄线。

文明住宿，不损用品；安静用餐，请勿浪费。

健康娱乐，有益身心；赌博色情，坚决拒绝。

参观游览，遵守规定；习俗禁忌，切勿冒犯。

遇有疑难，咨询领馆；文明出行，一路平安。

■思考与练习

（一）知识思考题

1. 首次沿途导游讲解包括哪些内容？

2. 途中导游有哪些基本的讲解方法？

3. 组织旅途活动时要注意哪些事项？

4. 总结幽默的导游语言在旅游沿途活动组织中的作用以及技巧。

（二）能力训练题

1. 学生分组在课后收集本市的历史地理文化等相关材料，选择学生所在地的机场或火车站作为接团地点，然后在课堂上用自己的语言来模拟地陪在旅游车上做首次沿途导游讲解。采用学生互评和教师点评相结合的方式对每位学生的讲解作出评价。

2. 条件允许的情况下，带领学生从本市机场沿途实地授课。

3. 设计若干条从机场（火车站）到市内大酒店的接团路线，学生搜集与沿途导游关系密切的道路沿途重要景观的资料，分组模拟接团后的市容导游。

4. 学生分组模拟、表演、操作本章内容中的游戏（问题从大家的学习生活中来）。

5. 将学生分成几个小组，分组收集适合在旅游途中车厢内进行的游戏活动再互相交流、模拟掌握。

6. 学生讨论总结中国的代表性戏曲有哪些？有什么特点？

7. 请学生表演当地的民歌或者地方戏曲选段。

8. 安排学生分角色扮演地陪及游客，选择模拟本章中的案例过程，由教师给与相应指导。

■参考文献

1. 王连义. 幽默导游词[M]. 北京：中国旅游出版社，2003.

2. 马树生，许萍. 模拟导游[M]. 北京：旅游教育出版社，2008.

3. 江波. 模拟导游[M]. 湖南：湖南大学出版社，2009.

4. 王琦. 导游岗位实训[M]. 上海：上海财经大学出版社，2007.

5. 魏星. 实用导游语言艺术[M]. 北京：中国旅游出版社，2002.

6. 刘爱月. 导游讲解[M]. 北京：中国林业出版社，2008.

7. 刘国强，张辉. 导游业务实训教程[M]. 北京：科学出版社，2008.

■相关链接

1. 中国同程网 http://www.17u.net

2. 中国导游吧 http://www.daoyou8.com

3. 中国旅游网 http://ww.cnta.gov.cn

4. 导游栖息地 http://www.dy7cd.com

第五章 入住饭店

◆ 本章学习重点

◇从多角度来了解某旅游目的地以地接为主饭店资源的情况，学习掌握介绍入住饭店的情况。

◇理解和掌握办理入住饭店的手续。

◇了解和掌握客人入住酒店后一般情况和突发事件的处理方法。

【案例导读5-1】 **旅途缺乏安全感，游客获赔**

新华网（2004-04-07 15:38:37）稿件来源：南国都市报

"没有安全，就没有旅游。"顾先生却偏偏在旅游过程中，碰到了一件让他感到非常缺乏安全感的事。在海南省消费者委员会的帮助下，顾先生终于获赔2000元，为旅途中的无"安全感"讨回了说法。

据南国都市报报道，今年2月，来自辽宁的顾先生和妻子一同来海南旅游，在海口市中国旅行社报名参加了三天两晚豪华团。2月9日晚，在旅行社的安排下，顾先生夫妇入住三亚金宇海景酒店。据顾先生反映，当时导游黄女士告诫他们说："有人敲门不要开，有人打电话不要接，这样才能保证你们的安全。"凌晨1:30左右，有人敲门、有人打电话，他们都没理睬。后来，敲门声变成了撬门声，他们夫妇俩吓得不知所措。门开了，闯进一个男子，该男子见屋里有人，便匆忙离去。因为惊吓、生气，他们俩下半夜没合眼，一直坐到天亮，再游景点，毫无兴致。回到海口，他妻子就病倒了。

顾先生说，他们后来和黄导游一起找酒店，酒店人员说以为里面没有人，撬开门看一看是为了他们的安全。对这一说法，顾先生表示难以接受。十来天后，顾先生来到海南省消费者委员会，对撬门事件及旅途中存在的其他问题进行投诉，要求旅行社道歉并赔偿旅游费用、往返机票、精神损失费等各项费用共计11760元。

评析：

在海南省消费者委员会了解情况时，海口市中国旅行社书面表示，据该社了解，当时酒店工作人员因发现房门有一条明显门缝，所以打电话提醒客人关好门，后来在电话无人接听、敲门又没有动静的情况下，才撬门查看情况的。该社认为，酒店出发点是好的，但其做法欠妥。对于此事对顾先生夫妇造成的影响，旅行社同意向顾先生夫妇道歉，并给予一定赔偿。同时，旅行社还表示，会吸取教训，在今后工作中保证不再出现类似事件。但是，双方提出的赔偿金额相去甚远。

经过海南省消委的多次调解，最终顾先生与旅行社达成协议，由旅行社道歉并一次性赔偿顾先生2000元。至此，顾先生终于为旅途中的"安全感"讨回了说法。（记者岳钦）

【案例导读5-2】 **饭店少给两间客房**

导游员小颜是个从事导游工作时间不长的小伙子，一次，旅游旺季的时候，他出任全陪带一个26人的旅游团去黄山。依照计划，该团在黄山住××饭店，客房由黄山地方接待社代订。下了车，进了饭店，小颜把游客安顿在大厅，就随地陪、领队来到总台拿客房钥匙。地陪刚报完团号，总台小姐就不好意思地跟地陪、小颜及领队说："对不起，今晚饭店客房非常紧张，原订13间客房只能给11间客房，有4个游客要睡加床，但明天就可以给13间客房。"山上饭店少，附近没有其他饭店，而此时天色已晚，若下山找饭店，因索道已停开，也无可能。小颜是个急性子，这种情况又是第一次碰到，当确知饭店已不可能提供客房后，他转过身来对着站在自己后边的地陪，脱口说道："你们社怎么搞的，拿客房能力那么差！"地陪也不是个好捏的软柿子，听了这话，起先还一愣，但马上针尖对麦芒地回了一句："有本事，你们社可以自订吗？何必委托我们订房呢？"说完，就离开了总台，赌气地在大厅沙发上坐了下来。

领队看到小颜、地陪闹意见，也没多说什么，拿了11间客房的钥匙，把游客召集到一起，把情况和大家摊了牌，然后态度诚恳地说："各位，情况就是这样，希望大家能相互体谅，也能帮我的忙。有愿睡加床的客人请举手。"说完，领队自己先举起了手，跟着好几位游客都举起了手。就这样，领队轻而易举地解决了一个让小颜恼火、为难，又让地陪赌气的问题。

评析：

导游工作集体三成员间的关系告诉我们：全陪、地陪、领队只有"协作共事"，才能摆脱困难，才能完成共同的任务。本案例中，因为组团社委托地方接待社订房，但结果饭店少给了两间客房，责任似乎在于地方接待社。但是，地方接待社作为组团社的合作伙伴恰恰是经过组团社认可的，地方接待社方面出了问题，难道作为"资格审定者"的组团社没有责任吗？小颜作为组团社方派出的全陪难道仅仅是责怪和埋怨吗？

正确的做法是：小颜应该和地陪、领队紧密配合，商量出解决问题的方法。应该说，领队的做法是给小颜和地陪上了一课。埋怨、赌气不但无济于事情的解决，反而会加剧双方的矛盾，这种做法是绝对不可取的。

【案例导读5－3】　饭店设施陈旧

经过近六个小时的颠簸，小盛的旅游团总算乘旅游车从黄山抵达了最后一站——H市，小盛也由全陪变成了全陪兼地陪。游客们拖着疲惫的身躯下了车，进了下榻的饭店——一家建造于30年前的计划经济时代专用于接待国内一些领导干部的饭店。该饭店占地大，环境也很幽雅，是一家地地道道的老饭店。然而游客进入客房不久，就有几位跑来抱怨：这个说客房冷气不足，那个说客房太潮湿，还有的说客房没热水，纷纷要求换房。此时正是旅游旺季，小盛非常清楚这个时节饭店的客房供需状况。怎么办呢？他先来到反映有问题的几间客房，发现冷气不够是因为刚进客房，冷气才打开，且温度开关没有调到位；没有热水是因为热水龙头坏了；而客房潮湿则是因为这间房紧挨山崖。小盛想："水龙头坏了可以修，客房不一定要换；但潮湿房一定要换。"于是，小盛来到饭店销售部，销售部人员开始声称没有空余客房，但在小盛一再地要求下，加上小盛平时也很注意和他们建立良好的关系，最后，销售部人员在请示经理后，终于让小盛的游客换了客房。问题总算得以圆满解决。

评析：

辛苦了几天，甚至十几天、二十几天，旅游团的行程总算接近了尾声，眼看即将顺利完成旅行社交给自己的任务，然而就在这最后一站，却生出了这样或那样的麻烦事。作为导游员，尤其是全陪兼地陪，在这一刻绝对松懈不得。如果你松懈了，这么多天辛辛苦苦与游客建立起来的关系就会因此受到影响，游客对整个行程的满意度也会因此大打折扣。"行百里者半九十"，越是工作接近尾声，导游员越要振作精神，不可功亏一篑。另外，导游服务工作的顺利完成，还有待于与其他部门、其他人员的密切配合。除去旅行社内部的不说，旅行社外部的部门，如饭店、餐馆、民航、铁路、游览点等等，一点也不能放松。导游员和这些部门的工作人员搞好关系，与之“善交”，有时在非常时候是很能起作用的。本案例中，小盛之所以最后能解决潮湿客房的调换问题，应该说一部分原因是功在平时。有位旅行社老总曾经说过这样的话，作为导游员，应该肩挑四“千”斤：“千”方百计、“千”言万语、“千”山万水、“千”辛万苦。“千”方百计意味着碰到各种问题能灵活处理，善于与人打交道，有较强的独立工作能力；“千”言万语是指能说会道，有良好的语言表达能力，善于做对方的工作；“千”山万水是指身体健壮不怕跋山涉水；“千”辛万苦是指工作中不怕苦，不怕累，任劳任怨。这四“千”斤很形象地概括出了导游工作对从业人员的素质要求，值得广大导游员深思。

第一节　饭店资源调查

一、饭店的组成及概述

饭店是我国旅游业的重要组成部分。饭店服务的质量是饭店的生命线，要提高饭店服务质量，关键在于提高饭店员工文明礼貌这个最基本素质。讲究文明礼貌，既体现饭店员工对宾客的基本态度，更反映了一个国家精神文明和民族文化修养，就个人而言，则是衡量道德水准高低和有无修养的尺度。因此，饭店员工必须十分重视饭店服务礼貌礼节知识的学习和修养，而所有有名的饭店，都是和无微不至的优质服务分不开的。

每一个饭店都有好几个岗位，各个岗位的要求不一样，经过调查，饭店各个岗位主要有大厅、总台、客房、餐厅、酒吧、商场、康乐中心等，而各岗位由更小的岗位组成，例如：大厅的岗位服务员就有大门迎接员、大门保安员、行李员、梯口迎接员、大厅清洁员、洗手间服务员等。在这些服务人员中，有不少礼貌礼节是大家都应遵守的，如大门迎接员主要的职责是负责来店客人的大门迎送工作，在服务中要做到精神饱满，并且热情和蔼地招呼每一位进出饭店的顾客，大门保安员主要职责是负责搞好大门和周围区域的安全保卫，以及车辆指挥和来客的问讯接待工作，大门保安员对饭店来说起着非常大的作用，饭店的安全和宁静的生活是和保安员分不开的。还有其他岗位上的服务员，各自的职责同，但他们都给整个饭店带来了方便，给饭店带来了蓬勃发展。

饭店的总服务台是饭店的“窗口”，又是饭店管理的“神经中枢”，更是住店客人进店和离店的必经之地，因此，能否让客人来时有“宾至如归”之感和离时有“宾去思归”之念，在很大程度上取决于总服务台的服务质量，所以说，总台服务是整个饭店工作的中心点。

总台服务所在的岗位服务人员有接待员、问讯员、订房员、结账员、外币兑换员、商务中心服务员和话务员等。接待员在总台服务中起很大作用，当接待客人的时候，不仅要做到办理第一个，接待第二，招呼第三个，这个基本原则，还要做到热忱地为每一位客人服务，当本饭店客已满时，要主动将客人推荐到其他饭店，并且当接待完一位客人时，要用心保存好该客人的个人资料，以便在下次接待时，有针对性地进行服务。只有这样，客户才会对本饭店独家青睐，当然，能够做到“宾至如归”“宾去思归”这种情感，是和饭店内的各个岗位上的服务人员分不开的。

既然是饭店，就会有客房，而客房主要是客人的休息场所，房间的好坏，关系到住店客人的心情，为客人提供温馨、舒适、幽静、安全的居住氛围是十分重要的，并且还要注意住店客人的习俗，例如韩国人有喜好单号的习俗。因此，在为韩国客人准备房间时要避免出现双号的房间。此外，为客人准备的房间应该要在客人还没住进去之前检查好一切的设施，以免对客人造成不必要的损失和误会。

餐厅是饭店中的一个重要部门，是客人用膳的主要场所，也是饭店获得最佳经济效益、弹性最大的部门之一，它的服务特点是服务员直接对客人提供面对面的服务，服务量大，时间长，需求多，为了满足宾客的不同需求，必须做到美味佳肴，令客人吃得满意。

此外，饭店能够做得好，还离不开一个主要因素：微笑。古人云："没有笑颜不开店。"微笑可以赢得商朋满座，产生最大的经济效益。所以，可以说笑是一个饭店的治店法宝，企业的成功之道。

■阅读资料 5-1

2008 年中国经济型酒店调查报告

一、市场供应继续保持高速增长

在中国经济快速发展，旅游市场持续增长，各地相关的交通、会议、展览和城市基础设施建设加速改善，以及奥运会、世博会等众多利好因素的推动下，2007 年中国经济型饭店市场供应继续保持高速的增长态势，全年已开业饭店数比 2006 年增长 125%，已开业客房数比 2006 年增长 123%。

二、投融资呈现集中性放量

2007 年也是中国经济型饭店外来投资和新增融资急剧放大的一年，在本次调查中，有 5 家以上的企业 2007 年度的投融资额度超过 500 万美元。估计全年整个经济型饭店市场的新进资本达到 4～5 亿美元。在资本的推动下，企业的市场扩张模式也从单一的自生式扩张向整合式扩张发展。

三、市场总体运行平稳，但出现局部失衡

与 2006 年相比，2007 年经济型饭店平均房价上涨 13%，为 190 元。平均出租率微降 0.4%，为 82%，但在经济型饭店的热点区域如北京、上海以及整个华东区域，出租率下降幅度较大，达 4%～5%。由于企业在选址、定位以及服务专业性上的不同，即使在同一城市仍然存在有效供给不足而同时出租率不断下滑的结构性失衡。需要说明的是，虽然 2007 年经济型饭店的出租率微幅下降，但 82% 的平均出租率仍然远远高于同时期星级饭店 60% 左右的平均出租率水平。

四、企业运营成本持续上升，市场预期出现分歧

2007 年，新开业的经济型饭店的平均投资额比 2006 年增长 18%，物业租赁成本平均上涨 29%，店长平均年薪上涨 24%，而营收增幅仅为 11%，企业的利润空间进一步压缩，投资回收期也相应延长。由于扩张过快，专业管理人才和谙练经营管理的物业相对缺乏，这一矛盾也进一步制约了经济型饭店的良性发展，特别是 2007 年部分物业的租赁价格已远远超出了经济型饭店"运营经济"的上限。市场对未来的预期出现了一定的分歧，部分企业相应调整了扩张的节奏和发展的方向。

五、品牌效应日益凸显，品牌差异和产品创新逐步深化

在不断激化的市场竞争中，专业品牌的市场效益日益呈现，并不断强化。2007年，中国经济型饭店的市场实践也清晰地反映了这个特点。为应对未来追求差异化、个性化的经济型饭店市场需求，企业在研发推出细分品牌的同时，也加大挖掘品牌内涵和服务品质的力度。部分领先企业更是在此基础上推出了一系列节能环保、安全健康的产品和服务，把国家创建节约型社会、和谐社会的号召落到了实处，充分彰显了经济型饭店的品牌意识和社会责任感。(资料来源：搜狐旅游)

二、旅游接待地的饭店资源调查(以江西省婺源县为例)

旅游饭店是游客在旅游地的活动基地，是旅游业的三大支柱之一。进入21世纪，江西旅游饭店发展较为迅速，饭店行业的接待水准和接待能力均得到了很大提高，适应了当前江西旅游业发展的需要。截至2008年底，江西旅游星级饭店共有372家，其中五星级5家，四星级54家，三星级174家，二星级139家。

作为中国最美的乡村之一——婺源，在旅游接待方面，主要以地接为主。婺源县旅游自2000年起步，短短几年，从年接待游客8万人次到2008年全年接待游客340万人次，实现门票收入5810万元，综合收入6亿元。2009年1月至8月，已接待游客336.99万人次，门票收入8642.12万元，综合收入12.37亿元。以旅游业为主的第三产业增加值占全县GDP的41.9%。旅游业已成为县域经济的支柱产业。

目前，婺源县已拥有3条精品线路、12个精品景区，其中国家AAAA级旅游区5个；拥有大小宾馆161家床位1万余张，农家旅馆400家，旅行社27家。全县旅游从业人员达6万人。婺源县已成为名副其实的江西旅游第一大县。

邱五权和他的老邱山庄：邱五权是婺源秋口镇李坑村村民。2001年，李坑村进行旅游开发后，这个地道的庄稼汉敏锐地抓住机遇，和家人承包了李坑村村委会食堂，开办了一家农家饭店。一年下来，营业额达3万元，纯利润七八千元。第二年，邱五权将房屋进行改建装修，扩大了餐饮经营规模，同时，他将农家饭店更名为农家山庄，并开始印制名片对外发放。2004年底，邱五权筹资新建了具有农家特色的李坑宾馆。2005年5月1日，宾馆开张，生意比以前更红火。2006年是中国乡村旅游年。面对新的发展环境与机遇，邱五权将李坑宾馆更名为老邱农家山庄。同年12月，老邱农家山庄被评为江西省首批三星级农家饭店之一。如今，山庄每年接待游客12万余人，营业额达150万元。但邱五权并没有停下发展的脚步。他说："发展旅游业就是要将吃、住、行、游、娱乐、购物合为一体。我们的农家山庄也要朝着这一目标不断发展、壮大，要让游客享受到更加周到的服务。"

[**旅游宾馆**]全县新增宾馆8家，总数达161家；新增床位800余张，总床位1万余张；新增三星级宾馆2家，总数达5家；二星级宾馆8家；新增农家旅馆50家，总数达400余家，床位4000余张。

全县星级宾馆一览

名称	开业年月	客房(间)	地址	星级
明珠大酒店	2002.4	84	文公南路	三星
江湾大酒店	2003.4	146	文博路	四星
婺源假日酒店	2005.4	180	沿河路	三星
天马大酒店	2005.9	84	文公北路	三星
花园大酒店	2007.2	106	滨江路	三星
友好宾馆	1994.6	40	星江路	二星
金牛宾馆	1999.4	36	五一大道	二星
金都宾馆	2001.5	44	文公南路	二星
滨江宾馆	2001.4	74	滨江路	二星
文博宾馆	2002.10	65	文博路	二星
婺源宾馆	2002.10	45	文公北路	二星
江都宾馆	2003.10	44	文公北路	二星
婺安宾馆	2003.4	38	环城北路	二星
鱼塘人家	2004.10	6	严田村	农家特色三星
老邱农家山庄	2004.10	30	李坑村	农家三星

（资料来源：2007 婺源旅游业年鉴）

[旅游配套]有序引导企业投入高星级酒店、休闲娱乐等旅游项目建设，逐步配套旅游五要素："宿"，清华婺源国际大酒店、维多利亚大酒店、婺源宾馆等相继建成开业，全县宾馆总数达161家，新增床位800余张，总床位1.1万余张，三星级宾馆达5家，二星级宾馆8家；农家旅馆400余家，床位达4000余张；花园大酒店荣膺三星级酒店称号，江湾大酒店、婺源宾馆争创四星级酒店，其中江湾大酒店已通过省旅游局四星级评定，婺源宾馆通过市旅游局四星初评；婺源国际大酒店主体工程已完工，进入室内装潢、室外景观绿化阶段，2008年五一前开门营业，宝婺大酒店主体工程已完工，正着手客房装修，2009年建成开业。"食"，在弘扬本土特色饮食文化的基础上，引入多元化、高档次的特色饮食，从杭州引进了一家按国际连锁店标准打造又富婺源文化特色的高品位餐饮企业——味府。"娱"，大力推广汇集婺源徽剧、傩舞、灯彩、茶道等精品艺术的"婺源风情"主题演出节目，引进一家投资480余万元，软、硬件设施可与大城市娱乐场所相媲美的"天上人间"，提高了我县娱乐档次。"行"，景婺黄高速公路已建成通车，黄山至婺源车程缩短至80公里，为我县引入黄山客源提供了交通便利；婺源旅游客运站主体工程已完工；段莘—浙源、清华园—沱川两条旅游环线的测绘工作已完成，婺源灵岩洞至瑶里的公路已列入省重点旅游公路项目。"购"，开发了一批新的旅游纪念品及食品等，旅游土特产品商店货品丰富、服务热情，吸引了大量游客消费。（资料来源：2008 婺源旅游业年鉴）

第二节 介绍入住饭店

任何一家饭店都有其自身的特色和特点，但作为导游而言，特别是地陪，介绍游客入住的饭店是接待服务中的必修课，一般是在导游带领游客前往合同中所下榻的饭店途中，导游就要介绍当地的饭店资源，因为时间关系，别的有代表性的饭店兼顾讲一下或干脆不讲，只讲客人即将下榻的饭店。介绍饭店应从饭店的方位及所处的优美环境，饭店的历史及背景，星级标准，饭店周边的景点，饭店周边的交通，客房数，餐饮级别和档次，饭店产品，饭店功能，周边的旅游资源等方面进行，包括曾经在此饭店下榻过的名人、政治人物等均可以作为介绍的内容。

导游怎么介绍饭店才是正确的而且能得到客人认可的，这就要遵循几个导向：第一，要以合同所涉及的饭店内容为导向介绍；第二，要以客人需要为导向介绍；第三，要以健康向上的内容为导向介绍；第四，要以饭店有价服务与免费服务为导向介绍；等等。总之，导游介绍饭店时应有灵活性，不一定要面面俱到，可以有所侧重，有的放矢。一切因时、因地、因客人的情况而变，在游客得到美的享受同时要有促销意识。下列内容均以江西省婺源江湾大酒店和北京昆仑饭店为例作介绍。

一、江西省婺源江湾大酒店

（一）方位及所处环境的介绍

江西省江湾大酒店坐落在风光旖旎、举目皆景的婺源县紫阳镇文博路，是江西三清山旅游集团旗下的一家四星级宾馆。她依山傍水，环境幽雅，古朴的徽派建筑风格与现代设计完美结合，是一颗镶嵌在中国最美乡村的璀璨明珠。

（二）客房数及餐饮情况介绍

江湾大酒店拥有豪华套房、单人间、标准间 145 间（套）。大型中餐厅 1 个，餐饮包厢 10 个，可供 400 人同时就餐。

（三）饭店功能介绍

酒店同时拥有大、小会议室和贵宾会客厅各 1 间，14 间豪华 KTV 包房，棋牌室、桑拿中心、美容美发厅、大堂吧、小超市、宽带上网和拨打长途电话等齐全的设施，为入住宾客提供会议、娱乐、休闲、度假、商务、婚庆，寿、喜宴等全套服务。酒店大型停车场可容纳 50 余辆大小车辆停放，为入住宾客提供安全、便利的泊车服务。

江湾大酒店以独具匠心的专业设计、先进豪华的设施设备、紧跟潮流的特色产品、殷勤备至的服务理念屹立于婺源酒店业之林，为宾客创造无上尊贵体验！

二、北京昆仑饭店

（一）饭店历史的介绍

昆仑饭店是锦江国际酒店管理有限公司在北京的旗舰店，于 1989 年正式开业。1996 年被国家旅游局评为“全国50佳星级饭店”，同年，还被美国优质服务科技学会授予其最高荣誉——第36届五星钻石奖。

2005年的装修改造工程，使昆仑饭店的优势更为明显。饭店焕然一新的大堂，新改造的商务豪华间都以一个崭新的形象展现在客人面前。昆仑饭店将继续保持良好的服务以及高水平的硬件设施，服务于居停于此的每一位客人。

（二）饭店服务产品的介绍

如北京昆仑饭店的昆仑至尊会，昆仑至尊会是昆仑饭店旅客会员俱乐部。作为“至尊会”的会员，你不仅能够感受到来自饭店员工的格外照顾、重视和与众不同的服务，还可以享受到优惠的价格、简便的预订以及快速的入住登记。随着入住房间夜数的增加，您将被升为高一级的会员，从而享受更多的优惠和服务。

另外，会员在享受会员优惠的同时，还可参加会员积分活动，通过此活动您将可以获得饭店为您精心准备的礼品。

饭店根据客人的入住记录，向符合会员标准的客人发放会员卡，以确定客人的会员资格。根据入住饭店的间数和夜数的不同，会员分为三个等级，依次为：玉卡会员、金卡会员、钻石卡会员。

（三）饭店客房功能介绍

昆仑饭店的每一间客房都是本着为旅居于此的贵宾提供舒适的居停环境而精心设计的。标准间里有高速宽带上网和各种国际频道。饭店有15种不同风格的房间，包括中式套间、日式套间、法式套间，还有非常奢华的总统套房。

（四）客房和套间提供下列物品及服务

高速宽带上网、国内外直播电话、折叠式化装镜、电子保险箱、小酒吧、有线卫星电视、语音信箱、浴衣、拖鞋、吹风机、叫醒服务、房间送餐服务、床头控制面板、温度调节、擦鞋服务等。

（五）餐饮功能介绍

顶峰俱乐部餐厅是CBD区中一个能够360度旋转的餐厅，置身其中，您可以随着餐厅的旋转，在音乐的陪伴下将京城东部CBD区、使馆区及亮马河周边的美景尽收眼底。在这里，您可以通过开放式厨房，观看厨师为您现场制作美食，并品尝正宗的中国、日本、印度及西方国家的风味佳肴。顶峰俱乐部是聚会、社交的绝佳场所。

（六）宴会与会议介绍

昆仑饭店的会议室以及中小型宴会厅种类很多，少到6个人的小型聚会，多至800人大型会议，昆仑饭店都能满足您的需要。除此之外，昆仑国际会议中心为剧场式的坐席，并配备了各种现代化的设备。

（七）饭店健康俱乐部的介绍

饭店健康俱乐部的浴池仅对男宾开放，劳累一天之后，昆仑健康俱乐部是宾客放松身心的最佳选择。俱乐部专业的技师不仅能提供传统的中式按摩，而且还能提供修甲和修脚服务。客人可以坐下来闭目养神，在桑拿俱乐部的冲浪浴、蒸汽浴和桑拿浴中全身心地放松。

■阅读资料5-2

饭店服务的黄金标准

一、凡是客人看到的必须是整洁美观的

1. 饭店的所有面，台面、墙面、顶面、地面、脸面等；

2. 店容、店貌；

3. 服务员的着装和仪容、仪表。

二、凡是提供给客人使用的必须是有效的

饭店服务的有效，首先表现为设施、设备的有效。这就要求饭店的功能布局要合理，设施要配套，设备要完好，运行要正常，使用要方便。

三、凡是提供给客人使用的必须是安全的

安全是对饭店产品的最基本的要求。安全，即饭店所提供的环境、设施、用品及服务，必须保证客人人身、财产和心理的安全。

1. 客人安全：保证设施设备的安全性，比如科学安全的装修设计，完善的消防设施，有效的防盗装置，规范的设备安装，等等。

2. 服务安全：科学合理的操作规程，人性化的服务方式，尊重客人的隐私，保证客房的私密性，等等。

四、凡是饭店员工对待客人必须是礼貌的

亲切礼貌是饭店对客人服务态度的基本要求，其主要表现在员工的面部表情、语言表达与行为举止三个方面。

微笑服务始终是最基本的原则，但员工的面部表情，仅仅有微笑是不够的，微笑服务，美在仪表、仪态，贵在热情真诚，重在技术专业，巧在交流沟通。也就是说，微笑服务要与自身的仪表、仪态相统一，同时要对客人有发自内心的热情，辅以柔和、友好、热情、亲切的目光，关键是在服务中要及时与客人沟通，才能笑得自然，笑得自信，让客人看起来有亲切之感。

要使饭店服务达到这一标准，关键在于全体员工必须确立积极的服务心态，并做到"三个一致"（前后台一致、内外一致、上下一致），在亲切礼貌上，无前台后台之分，无上司下属之分，无内部外部之分，执行的必须是同一标准。

综上所述，饭店要向客人提供优质服务，必须达到以上四条黄金标准，在此基础上，再向客人提供个性化服务和延伸服务，才会使饭店的服务真正达到完美。让客人得到满意的饭店消费经历。

第三节　办理入住手续

《导游服务质量》中要求："地陪服务应使旅游者抵达饭店后尽快办理好入店手续，入住房间，取到行李，及时了解饭店的基本情况和住店的注意事项，熟悉当天或第二天的活动安排。"

（一）协助办理住店手续

（1）旅游团抵达后，地陪要协助领队和全陪办理住店手续。领队（或地陪）需向饭店前台提供该团的集体旅游签证，由前台服务人员复印后，再收回原件。如该团没有集体签证，地陪应将全团的护照收齐，交到前台。登记完毕后，地陪要将护照如数收回，交还每位旅游者。(注意:按公安部门的要求，协助饭店搞好住宿登记工作，是每位导游人员义不容辞的责任，务必积极主动，认真地搞好)。

(2)在领队或全陪分发房卡时地陪要记下领队，全陪和团员的房间号，并将与自己联系的办法,如房间号(若地陪住在饭店)，电话或手机号码等告诉全陪和领队，以便有事尽快联系。

(二)介绍饭店设施及注意事项

下车前，地陪应向全团宣布当天和第二天活动安排，集合时间、地点、用餐时间及出发时间等。进入饭店后，地陪应首先向旅游者介绍店内的外汇兑换处，中、西餐厅，娱乐场所，商品部，公共洗手间等设施的位置;并讲清住店注意事项。地陪还应向客人讲清国内、国际电话的打法及收费情况，还有房间对房间以及领队、全陪的电话号码及打法。

其次地陪还要讲清客房钥匙的使用方法以及房间内节电装置的使用方法等。同时，地陪还要向客人介绍房间内冰箱的使用及收费情况，了解客人所下榻的宾馆电视节目是否有收费节目，如果有就需要向客人讲解清楚。另外，地陪还应向客人讲清饭店卫生间内淋浴器的使用方法以及饭店内供热水的时间，同时，务必提醒客人进门后仔细阅读贴在门后的安全路线图等。

(三)安排叫早服务

进入饭店后，地陪应征求全团意见，是否需要提供房间叫早服务，有时不一定每一位客人都需要叫早服务，这时地陪应准确无误地记下需要提供叫早服务的客人的房间号码，及时通知总机、前台及楼层服务台。

(四)带领全团用好第一餐

旅游者进入房间之前，地陪要向游客介绍饭店内的就餐形式、地点、时间及餐饮的有关规定。旅游者用第一餐时，地陪应主动将游客引进餐厅，并将领队介绍给餐厅经理或主管服务员，告知旅游团的特殊要求。

(五)督促行李员及时分送行李

地陪应待本团行李送达饭店，认真核对行李件数无误后，督促饭店行李员准确无误地将行李送到每位客人的房间。

(六)协助处理有关问题

旅游者入住房间后，地陪应在本团成员所住楼层巡查一遍，及时发现和处理有关问题。如客房门打不开、房间卫生状况差、设施不全或损坏、卫生间设备无法使用、行李送错等。有时，个别旅游者提出要调换房间等要求，地陪要协助饭店有关部门处理好此类问题。

第四节　特殊情况的处理

在旅游途中，任何意外和不愉快事情的出现都是不好的，游客出来旅游是为了花钱买享受，能有收获和感悟;真正达到“带走的是经历是快乐的回忆;而留下的是脚印是环保的榜样”。作为导游，要以游客的满意度作为自己导游水平和服务水平的唯一衡量标准，而要做到这一点，就得有高度的安全意识和主动的服务意识。一旦在旅游途中出现了意外和不愉快，导游就应挺身而出，运用自己的专业知识和高度的责任心去处理，把危机转化为安全，把游客的不愉快转化为快乐，把旅行社和游客的损失降到最低限度，这是导游的责任也是导游的使命。

一、火灾事故的处理

1. 立即报警，迅速撤离

迅速通知领队和全体旅游者迅速撤离。镇定地与工作人员配合，听从统一指挥，组织大家通过安全出口迅速离开现场。

2. 判断火情，引导自救

如果情况危机，不能马上离开火灾现场或被困，导游人员应采取的正确做法是：

(1) 千万不能让旅游者搭乘电梯或慌乱跳楼。尤其是在三层以上的旅客，切记不要跳楼；

(2)用湿毛巾捂住口、鼻，身体重心尽量下移，使面部贴近墙壁、墙根或地面；

(3)必须穿过浓烟时，可用水将全身浇湿或披上用浸湿的衣物被褥捂住口鼻，贴近地面蹲行或爬行；

(4)若身上着火了，可就地打滚，将火苗压灭，或用厚重衣物压灭火苗；

(5)大火封门无法逃脱时，可用浸湿的衣物、被褥将门缝堵塞严，或泼水降温，等待救援；

(6)当见到消防队来灭火时，可以摇动色彩鲜艳的衣物为信号，争取救援。

3. 协助处理善后事宜

旅游者得救后，导游人员应立即配合救援人员抢救伤员，将重伤者立即送往医院。若有人死亡，应按有关规定处理。

4. 报告领导

立即通知旅行社领导和有关人员。

5. 做好善后事宜，写出书面报告

采取各种措施，稳定旅游者的情绪，设法解决因火灾所造成生活上的各种困难，想办法使旅游活动能继续进行。火灾过后，导游人员应将火灾的全过程写出详细的书面报告。

二、住房方面个别要求的处理

(一)要求调换饭店或房间：弄清情况，酌情处理

团队旅游者到一地旅游时，享受什么星级的住房在旅游协议书中有明确规定，甚至在什么城市下塌在哪家饭店都写得清清楚楚。所以，接待社向旅游团提供的客房即使符合标准，但若有同星级的其他饭店替代协议中标明的饭店，旅游者有时也会提出异议。若提供的客房低于标准，旅游者会更有意见，旅行社必须负责予以调换，确有困难须说明原因，并提出补偿条件。

客房内有蟑螂、臭虫、老鼠等，旅游者要求换房应满足其要求，必要时应调换饭店。客房内设备尤其是房间卫生达不到清洁标准应立即打扫、消毒。旅游者要求调换不同楼层或不同朝向的同一标准客房，若饭店有空房，可适当予以满足，或请领队在内部调配；无法满足时，应做耐心解释，并向旅游者致歉。

(二)要求更高标准的客房：尽量满足，差价自理

旅游者要住高于合同规定标准的房间，如饭店有空房可予以满足，但旅游者要交付房费差价；旅游者要求住高于合同规定的星级饭店，地陪可与该饭店联系，如原饭店没有高于合

同的标准的空房，旅游者又同意交付原饭店的退房损失费和现饭店与合同饭店的房费差价，可予以满足。

(三)要求住单间:协助解决，房费自理

住双人间的旅游者要求住单人间，如饭店有空房可予以满足，但房费自理。同屋旅游者因矛盾或生活习惯不同而要求住单人间时，导游人员应请领队调解或在内部调配;若调解、调配不成，饭店有空房可满足其要求，但导游人员须事先说明，房费差价由旅游者自理(一般是谁提出住单人间谁付房费)。

(四)要求购买客房中摆设品:积极联系，协助解决

旅游者看上了客房内的某一摆设品，要求购买时，导游人员可协助其与饭店有关部门联系。

(五)要求延长住店时间:帮助联系，房费自理

由于生病、访友、改变旅游日程等原因而中途离团的旅游者提出延长在本地的住店时间，地陪可先与饭店联系，若饭店有空房，可以满足其要求，但延长期的房费由旅游者自付。如原住饭店没有空房，地陪可协助其联系其他饭店，房费由旅游者自理。

三、餐饮服务及个别要求的处理

(一)餐饮服务

地陪要提前落实本团当天的用餐，对午餐和晚餐的用餐地点、时间、人数、标准、特殊要求等应核实并确认。

用餐时，地陪应引导旅游者进餐厅入座，介绍餐厅的有关设施、饭菜特色、酒水的类别等。

旅游者用餐时，地陪要巡视旅游团用餐情况一两次，解答客人在用餐中提出的问题，并监督、检查餐厅是否按标准提供服务，解决可能出现的问题。

用餐后，地陪应严格按实际用餐人数、标准、饮用酒水数量，如实填写“餐饮结算单”，并与餐厅结账。

(二)餐饮服务个别要求的处理

1. 特殊的饮食要求 :积极帮助，尽量满足

旅游协议书中明文规定了的餐饮标准地陪要不折不扣的兑现。旅游团抵达后提出的要求应尽量满足，确有困难，协助其自行解决，但费用自理。

2. 要求换餐、加菜、加饮料:积极协助、差价自理

如游客因饭菜不合口味等情况，提出换餐，旅游团应在用餐前 3 小时提出换餐要求，地陪应尽量与餐厅联系。如是用餐前 3 小时内提出，导游可以进行劝说，请领队或全陪协助，如无效则告诉游客，因为饭店已提前做了准备，应适当赔偿饭店损失，同时导游做好解释工作。

3. 要求单独用餐或不随团用餐:费用自理，餐费不退

由于旅游团内部矛盾或其他原因，个别旅游者要求单独用餐，导游要耐心解释，让领队调解;若旅游者坚持可协助办理，但费用自理，原餐费不退。

4. 要求提供客房内用餐服务:视情况而定，酌情处理

若旅游者生病，导游人员或饭店服务员应主动将饭菜端进旅游者的房间以示关怀。若是健康的旅游者希望在客房内用餐，如果餐厅能提供此项服务，可满足旅游者的要求，但须告之服务费自理。

5. 要求自费品尝风味：积极协助，满足要求，明确价格

旅游团（者）要求外出自费品尝风味，导游人员应予以协助，与饭店餐厅联系订餐；如能提供此项服务而客人又不想去，说明不去用餐须赔偿餐厅损失，离用餐时间越近，交付的损失费就越多。如饭店本身不能提供，则在条件许可的前提下为客人联系外面的餐馆。

很多导游人员都积极动员客人品尝地方风味，这对弘扬我国的饮食文化起着一定的积极作用，但是，导游员务必如实宣传，不能夸大其词。导游员应把风味餐的价格明确告诉客人，让客人本着自愿的原则自己决定，而不能误导客人。

6. 要求推迟晚餐时间：设法满足，耐心解释

旅游者因生活习惯或其他原因要求推迟用晚餐时间时，导游人员可与餐厅联系，视餐厅的具体情况而处理。

■阅读资料5-4-1

关于酒店入住时间和退房时间规定

外出旅游，出差入住酒店，对于酒店入住时间和退房时间，所付房费是有所不同的。有游客反映：他入住桂林中山路附近某三星级酒店，下午2:00左右离开，前后逗留不过10小时，桂林酒店方面却收取其一天半的房费，并声称这是合乎“国际惯例”的。

酒店这样做是否合理？酒店行业中，一天房费是否等于入住24小时？酒店一天的房费又是如何计算的？记者采访了相关人士。

一、酒店收费符合国际惯例

据广州大学中法旅游学院程露悬老师介绍，按照国际惯例，酒店一般是在第二天中午12:00前算一天房费，而12:00到18:00这段时间则可收取半天的房费，这是国际上酒店收费的通用标准。据桂林喜来登饭店公关部介绍，目前喜来登饭店也是按以上标准收费的，按早上7点作为新的一天计费，客人若于下午2:00离开，饭店有权收取一天半的房费。

二、酒店时间段收费规定亟待规范

关于酒店收费，国家已有明文规定：根据《中国旅游饭店行业规范》第十条规定：“饭店客房收费以‘间/夜’为计算单位（钟点房除外）。按客人住一‘间/夜’计收一天房费；次日12:00以后、18:00以前办理退房手续者，饭店可以加收半天房费；次日18:00以后退房者，饭店可以加收一天房费。”但是《中国旅游饭店行业规范》中没有对早上入住的时间做出规定，这便引起了不少的争端，比如这位先生入住的时间是凌晨5:30，据华南师范大学旅游学院蔡晓梅的介绍，以前酒店规定，5:30还属于前一天，6:00则算第二天。假如客人在6:00入住，可在第二天的12:00前退房；如果是5:59入住，那么就得在当天的12:00前退房，如果在第二天12:00后退房，就得多交一天房费了。而按白天鹅宾馆的收费方法，假设他的入住时间是早上7:00，按照7点钟为一天开始的算法，下午离开的时候只需付一天的房费。

据了解，目前仍有不少酒店是按照早上8:00为新一天的计算方法，那么，游客即使在早上7:50入住酒店，晚上8:00离开，酒店也有收取两天房费的合理做法。可以看出，由于国内各酒店还没有一个明确的入住时间收费规定，因此每个酒店的做法都不一样。

了解“行规”避免纠纷。采访中记者发现，受访对象反复强调的一句话就是：应对酒店的“行规”有所了解，并且在入住前与酒店进行沟通，最好是立下单据定好收费标准。据蔡老师介绍，因为客房是不可储存的，客人在凌晨入住酒店，虽然没有“住一晚”。但其实是有一个房间是空着的，“客房不可能是有哪位在凌晨离开就可以马上让另一个客人入住的”。换言

之，如果今晚客房没有租出去，酒店就等于损失了一笔钱。所以，作为游客应该了解酒店的这一“行规”，入住时把大致的退房时间跟总台说清楚，以确定收费。

中国的国情比较“人性化”，“一天卖不出去的房间就永远失去了这天的收入”，这是酒店经营中的一个基本道理。在客人提出一些合理的特殊要求时，酌情给予一定的优惠，这在旅游淡季很有效。但必须强调，这不是普遍适用的规定。

■阅读资料 5－4－2

哈尔滨天鹅饭店重大火灾事故分析

一、事故概况及经过

1985 年 4 月 19 日零时 5 分，黑龙江省哈尔滨市天鹅饭店发生特大火灾，造成 10 人死亡，7 人受伤，直接经济损失 25 万元。

火灾发生后，经有关部门反复勘查现场，查明这场火灾的中心现场系第 11 层楼 116 房间，火源系一名外国旅客吸烟引起(这名外国人已被烧死)。经香坊区人民检察院侦查，饭店保卫科副科长姜某某，楼层服务员顾某某对这起特大火灾未及时发现导致灾情扩大负有主要责任。

二、事故原因分析

1985 年 4 月 18 日 17 时至次日 8 时，姜某某担任哈尔滨市天鹅饭店总值班员，姜某某违反饭店值班守则，不仅与他人喝酒、跳舞，而且未履行饭店《总值班职责》第三条关于“详细检查各部门岗位责任制落实情况”的规定，23 时以后，没有认真检查楼层值班员当班情况，以致未能发现第 11 层楼值班员顾某某违反《楼层值班员岗位责任制》，擅自脱岗值班室的行为。尤为严重的是，姜某某在饭店发生火灾时，不履行饭店《总值班职责》第一条“总值班同志是饭店的总指挥、总负责人”的特定义务，既未坚守在火场组织指挥灭火，也没有组织指挥疏导客人避险，明知消火栓无水，也未能通知看水箱的值班员开阀供水，明知安全疏散楼梯门锁着，也没有通知各楼层值班员开锁。惊慌失措，延误扑救时机，以致火势蔓延，造成严重后果。姜某某对此负有主要责任。

1985 年 4 月 18 日 8 时至次日 8 时，顾某某在饭店值班时，违反该饭店客房部《员工守则》和《楼层值班员岗位责任制》关于“坚守工作岗位，不可擅离职守”和“做好防盗、防火工作”等有关规定，于 4 月 18 日 23 时 15 分左右擅自离开值班室，串到第 8 层楼与另两名值班员在 816 客房洗澡、闲聊。在 4 月 19 日零时 5 分第 11 层楼 116 客房发生火情时，不在值班岗位，错过了报警扑救和疏导客人脱险的良机，致使火势蔓延，灾情扩大，造成严重后果。顾某某对此负有主要责任。

三、对事故责任人的处理

哈尔滨市香坊区人民检察院判定，姜某某、顾某某身为饭店工作人员，在担任值班员时，不履行各自职责，对工作严重不负责任，疏忽大意，造成严重后果，二人的行为均已触犯《中华人民共和国刑法》第 187 条的规定，构成玩忽职守罪，于 1985 年 6 月 19 日对二人依法起诉。香坊区人民法院以玩忽职守罪判处姜某某有期徒刑 2 年，缓刑 3 年；判处顾某某拘役 6 个月。

■小知识

1. 在住店期间，发生火灾事故，导游人员应采取什么措施？

(1)立即报警；

(2)迅速通知旅游团的领队和全团旅游者；

(3)迅速与现场工作人员一起通过安全通道疏散旅游者；

(4)引导旅游者自救；

(5)处理善后事宜。

2. 在住店期间，旅游者房间发生贵重物品失窃事故，导游人员应如何处理？

作为导游人员，在得知旅游者放在客房的贵重物品不见后，应考虑到其发生的可能性：一是旅游者一时忘记将钱物放在哪里；二是被不法分子行窃。碰到这种情况，正确的处理方法是：

(1)首先，冷静对待。导游人员应请失主仔细回忆是否忘记失物所放位置；确认失窃后，则应保护现场，立即告诉饭店保安部及辖区公安部门，并协助公安部门破案。

(2)如最终找不到失窃物品，应安慰失主，帮助解决困难。

(3)导游员要帮助失主持旅行社证明到当地公安局开具失窃证明书，以便出关时查验或向保险公司索赔。

(4)最后，写出事故处理经过的书面报告。

3. 地陪应从哪几个方面做好首次入店服务工作？

(1)协助领队帮助旅游者办理住房登记手续；

(2)介绍饭店设施、设备和服务项目；

(3)带领旅游团用好第一餐；

(4)重申当天或第二天的活动安排；

(5)照顾旅游者和行李进房间；

(6)确定叫早时间。

4. 地陪应如何带领旅游团用好第一餐？

(1)地陪应与旅游团全体成员约定集中用餐的时间和地点；

(2)等全体成员到齐后，亲自带领旅游者进入餐厅，向餐厅领座服务员询问本团的桌次，然后引领旅游团成员入座；

(3)等大家坐好后，向旅游团说明用餐规格，若有超出规定的服务要求，费用由旅游者自理等，以免产生误会；

(4)地陪还应了解餐厅经理或主管服务员，以便直接联系；

(5)等客人开始用餐，地陪方可离开并祝大家用好餐；

(6)如果所带旅游团的第一餐安排在外宴请，品尝风味或用便餐，地陪必须提前通知餐厅用餐的大概时间、团名、国籍、人数、标准、要求等。

■思考与练习

能力训练题：

实训任务：入店服务程序（设置情境，分组、分角色演练）（4学时）

1. 协助行李员服务。

2. 办理住店手续。

3. 照顾行李进房。

4. 处理有关问题。

5. 落实店内用餐。

6. 安排叫早服务。

入店服务(☆☆☆多选)

此阶段工作以地陪为主。

1. 协助办理住店手续。

旅游者抵达饭店后，导游员要协助领队和全陪办理住店登记手续，请领队分发住房卡。(☆判断、案例)

2. 介绍饭店设施 。

3. 提供旅游者入住后的服务。

旅游者入住半个小时内，导游员不要离开。(☆填空、选择、判断)

4. 带领旅游团用好第一餐 。

5. 宣布当日或次日的活动安排 。

6. 确定叫早时间：导游员在结束当天活动离开饭店之前，应与领队商定第二天的叫早时间。

【案例】

小于是上海国际旅行社的导游翻译，一天，他带了一个美国团入住当地豪华星级饭店。入住客房不久，有位中年游客却打电话给小于提出要退房，小于立即来到这位游客的客房了解情况，原来那位游客提出退房不为别的，仅仅是因为梳妆台上的一根头发丝。小于想：一根头发丝有什么大惊小怪的，捡起来扔掉就是了，于是伸手捡掉了，然而这位游客仍然要退房，说这客房卫生差不干净。

问：1. 美国游客的要求过分吗？

2. 小于的想法你同意吗？

3. 你会协助游客换房吗？为什么？

■参考文献

1. 王忠武主编 . 导游业务新编[M]. 南昌：江西科技出版社.

2. 石关媚. 婺源报. 婺源.

3. 国家技术监督局发布. 导游服务质量.

■相关链接

1. 百度博客 http://hi. baidu. com/yanll9999

2. 昆仑饭店官方网站 http://www. hotelkunlun. com

3. 银点商旅网 http://www. ydnet. cn

4. 网络资源

第六章 商定日程

◆ 本章学习重点

了解核对商定日程的必要性和重要性；掌握与接待计划不相符的处理方法和旅游计划与日程变更的处理原则。加强学生灵活处理问题的能力，提高学生处理问题的效率和质量。即：

◇熟练掌握地陪核对商定日程服务程序知识点；

◇处理日程变化的原则、方法；

◇能力培养目标：通过情景模拟训练，培养学生规范化、标准化的服务意识和核对商定日程方法与技巧。

【案例导读6－1】 不要轻易更改合同

“五一”黄金周前夕，张先生所在单位20人准备前往某海岛景点旅游，经过反复比较和考察，和当地某国际旅行社国内中心签订了旅游合同，张先生等共支付14000元团费。4月29日，旅行社业务人员告诉张先生，由于船票非常紧张，旅行社未能购得合同约定的船票，旅游行程难以完成。旅行社提供了两个方案，由张先生等选择：方案之一，按照合同约定，旅行社承担违约责任，支付总价款10%的违约金；方案之二，张先生等能够选择其他时间出游，届时，如果旅游费用涨价，旅行社不再涨价，仍然按照原合同提供服务；如果旅游费用降低，旅行社退还部分费用。旅行社同时承诺，旅游行程将在同年的7月至8月间完成，旅行社会提前一周告知张先生，假如旅行社没有提供上述方案二约定的服务，旅行社将按照全额旅游费用计划承担违约赔偿责任。张先生等接受了旅行社第二个方案，并签订了书面协议。

8月5日，旅行社通知张先生，旅游行程安排在8月6日，请张先生等务必参加，否则就视为张先生放弃权利，旅行社将不再承担任何责任。张先生等以没有时间准备为由，拒绝参加旅游，要求旅行社按照第二次签订的旅游协议，支付等同于全额旅游团款的违约金。旅行社则辩称，是张先生等放弃了旅游行程，旅行社只需退还全额旅游团款，而不必支付违约金；更何况张先生要求旅行社承担违约金的数额过高，只有旅行社有欺诈行为才适用双倍赔偿原则，而旅行社并没有欺诈行为。如果按照张先生的要求承担违约责任，对旅行社显然不公。在协商不成的前提下，张先生等向旅游管理部门投诉，要求旅行社承担违约责任。

评析：

旅游管理部门接到张先生的书面投诉后，立即开展了调查核实工作。经查，张先生反映的情况基本属实。旅游管理部门责令该旅行社除了退还张先生等已经支付14000元旅游团款外，还必须承担已经约定的违约责任，即支付违约金的14000元。理由如下：

首先，在这起旅游合同纠纷中，涉及两个旅游合同，不论是第一个旅游合同，还是第二个旅游合同，均经过旅行社和旅游者的充分协商，反映了旅行社和旅游者之间的真实意思，其合法性和有效性不容质疑，应受到法律的保护。合同一旦签订，旅行社和旅游者都必须严格按照合同约定，全面及时履行合同义务。除非发生了不可抗力，任何一方不得以各种理由，拒绝履行合同。

违反合同约定的后果，就是违约方承担合同约定的违约责任。旅行社先后出现两次违约行为，第一次违约责任由于旅行社和张先生达成了新的旅游合同而消灭，第二次违约责任是否承担、承担多少则成为纠纷的焦点。

其次，在履行合同义务过程中，旅行社先后两次违反合同约定。当旅行社第一次违反约定后，由于旅行社提供了解决纠纷的两个方案，张先生等并没有选择收取违约金方案，而是在和旅行社协商一致的基础上，选择了重新参加旅游行程，应当视为张先生放弃了向旅行社索赔的权利。张先生等选择在7月至8月之间重新参加旅游，其实质是对原旅游合同的变更，即旅游行程的时间被顺延，而其他服务内容和原旅游合同保持一致。旅行社和张先生之间的合同变更同样应当受到尊重。

再次，从旅行社和张先生的第二个合同约定内容看，旅行社能够避免承担违约责任的前提是，旅行社为张先生等安排的行程时间必须在同年的7月至8月间，且提前一周通知张先生，只要违反了其中任何一个条件，旅行社就属于违约，就必须要承担违约责任。而旅行社通知张先生参加旅游行程只提前了1天，旅行社再一次违反了合同约定。张先生等要求旅行社按照合同约定，兑现其承诺，承担赔偿责任，是张先生等的正当权利；旅行社按照合同约定支付赔偿，是其承担合同义务的具体表现。

最后，旅行社支付等同于全额旅游团款的违约金，和人们通常所说的双倍返还完全吻合，这的确与《消费者权益保护法》确定的对欺诈行为的惩罚有相似之处，但本质不尽相同。双倍赔偿的前提是旅行社有欺诈行为，不需要当事人之间的约定，是法定责任；而违约责任由合同双方当事人自由约定，有一定的任意性，是约定责任。当然，只要约定了违约责任，双方当事人就必须无条件遵守。在本案例中，正是基于上述原因，旅游管理部门要求旅行社支付14000元，其法律依据是旅行社与张先生的合同约定，旅行社承担的是违约责任；旅游管理部门并没有按照《消费者权益保护法》有关惩治欺诈的条款，来确定旅行社的责任，违约责任赔偿数额与欺诈责任赔偿数额相同仅仅是巧合而已。

【案例导读6－2】　导游员的游览计划和领队的有出入

小张担任一个东南亚旅游团的地陪。旅游团到了饭店后，小张就和领队商谈日程安排。在商谈过程中，小张发现领队手中计划表上的游览点与自己接待任务书上所确定的游览景点不一致，领队的计划表上多了两个景点，且坚持要按他手上的景点来安排行程。为了让领队和游客没有意见，小张答应了。在游览结束后，领队和游客较满意。但小张回旅行社报账时却被经理狠狠批评了一顿，并责令他赔偿这两个景点的门票费用。

评析：

旅行社所下达任务单上游览景点与游客手中计划书上景点不符，这种情况的出现，基本上有两种原因：一是双方在洽谈过程中发生误会；二是对方旅行社为掩盖其克扣游客费用而采取“瞒天过海”的一种手段。导游员碰到这类问题时，必须弄清真相，不然，或者会给旅行社带来损失，或者会导致游客有意见。本案例中，导游员小张就是因自作主张随意答应了游客的要求，结果导致旅行社利益受损，吃力不讨好。

导游员碰到这类问题，处理的步骤是：首先，应及时与旅行社联系，请旅行社负责人指示应按哪份计划实施接待；如确认按我方旅行社计划单上所规定景点游览，则除了重点游览、讲解规定景点外，应尽量能让游客看到没有安排的那些景点，并做必要的指点、讲解；其次，如果游客愿意自费游览不能安排的景点，在收取费用后，应予满足。

【案例导读6－3】　导游员擅自更改旅行团日程造成损失怎么办？

某旅行社接待香港的旅行团。按照旅游合同约定，该旅行团在北京游览四天，将依次游览长城、颐和园、明十三陵，参观市容后乘机离境。导游小李未征得该旅行团的同意，擅自将游览长城的日期改成最后一天。可前晚北京下了一场大雪。次日清晨，当旅行团车到八达岭脚下，由于积雪封路无法前行，只得返回。翌日，该团离境返港后向旅游投诉中心投诉。请问该事故责任在谁？如何处理？

评析：

《导游人员管理条例》规定：导游人员应当严格按照旅行社确定的接待计划，安排旅游者的旅行、游览活动，不得擅自增加、减少旅游项目或者中止导游活动。导游小李未征得该团同意擅自改变日程属于违反合同的行为，并且此行又给游客造成一定的损失。

不能游览长城是由于天气和路况等无法预料、无法克服、无法避免的原因造成的，属于人力无法抗拒，但起因是旅行社的违约行为。依据《旅行社质量保证金赔偿试行标准》第八条第一款："导游员擅自改变活动日程，减少或变更参观项目，旅行社应退还景点门票、导游服务费并赔偿同额违约金。"《导游人员管理条例》第二十二条第二款："导游人员擅自变更接待计划的，由旅游行政部门责令改正，暂扣导游证3至6个月；情节严重的，由省、自治区、直辖市人民政府旅游行政部门吊销导游证并予以公告。"处理如下：

(1)旅行社退还长城景点门票、导游服务费；

(2)旅行社赔偿长城景点门票、导游服务费同额违约金；

(3)暂扣导游小李的导游证三个月。

【案例导读6－4】　导游没有擅自改变行程和标准

2002年7月6日至12日，国泰君安证券公司一行20人参加由上海某旅行社组织的成都九寨沟双飞7日之旅。根据事先双方签订的合同，7月10日入住茂县一家二星级宾馆，7月11日游览都江堰、武侯祠和青羊宫，7月12日上午自由活动，下午飞往上海。但在实际游玩过程中，游客要求7月10日晚赶到都江堰入住国堰大酒店(挂牌四星)，以及7月11日游玩都江堰和青城山，7月12日上午游玩武侯祠、青羊宫，下午飞往上海，导游马上便和旅行社联系，在旅行社同意的前提下，由客人们全体签字并补足费用差价，开始了新的旅程。但没想到在青城山玩时一位游客不幸摔伤，导游马上送其到当地医院治疗，安排专人负责，并陪同其他客人直到旅程结束。而这位受伤客人治疗好后，回到上海向法院诉讼，说这家旅行社导游擅自改变行程和标准，要求赔偿全部旅游费用以及疗伤费、误工费、精神损失费等。

评析：

(1)这位游客要求不合理，导游没有擅自改变行程和标准。根据《合同法》第七十七条规定："当事人协商一致，可以变更合同。"再根据《导游人员管理条例》规定，只有与游客协商一致，并立即报告旅行社的前提下，才可以对行程、标准作出更改。所以，旅行社和导游人员并没有违约。

(2)根据《合同法》规定：只有在当时人一方完全不履行合同义务时，另一方才能要求全额赔偿并附加由违约造成的损失。而旅行社自始至终在履行义务(包括正常改动的行程、标准)，不存在违约行为，所以这位游客的要求不合理。但这位游客可以退款，即旅行社退给游客未产生的餐费、住宿费及机票的退票款，还可以获得保险公司提供的个人旅游意外保险的赔偿款(在参保的情况下)。

第一节　核对、商定日程的重要性

《导游服务质量》中要求："旅游团开始参观游览之前，地陪应与领队及全陪核对、商定本地旅游活动项目的日程安排，并及时通知每一位游客。"

一、与领队及全陪核对、商定日程是对他们的尊重

尊重是相互的，旅游过程能否成功和圆满，这不仅仅取决于导游的优质服务，更重要的是导游集体的团结互助合作，是地陪、全陪、领队之间的协调合作，尽管各自都代表自己旅行社或团队的利益，但导游集体都有其共同的服务对象，那就是服务好游客，让游客在旅游目的地能玩得开心，住得安心，吃得放心，买得舒心。

二、与领队及全陪核对、商定日程是实施接待计划的必要准备

"工欲善其事，必先利其器"，导游在带团或接团前所要作的准备不仅仅是形象准备、物质准备、知识准备，还有服务准备，而服务准备中最重要的是熟悉接待计划，所以与领队及全陪核对、商定日程是实施接待计划的必要准备。可以想象，如果地陪手上的接待计划与领队、全陪的接待计划不一致，地陪准备得再完美也是徒劳无功，甚至会好心办坏事。所以，与领队及全陪核对、商定日程是实施接待计划的必要准备，是为了给游客提供更到位、更满意、更优质的服务。

三、与领队及全陪核对、商定日程有利于双方的沟通，对未尽事宜达成新的共识

核对，商定日程是旅游团抵达后的一项重要工作，是保证旅游团顺利运行的必要程序。因此，导游员要给予特别的重视。可视作两国(两地)间导游人员合作的开始。地陪在接受旅行社下达的接待任务时，旅行社的计调部门已将该团的参观游览内容明确写在旅游协议书上，并已安排好该团的活动日程，其中包括：每天上、下午安排去哪个景点参观游览；午餐和晚餐安排在哪家餐厅用餐；晚间活动的内容等。即便如此，地陪也必须与领队及全陪进行核对、商定日程的工作。地陪必须认识到，旅游者提前支付一笔费用来参加旅游，也就是购买了旅行社的旅游产品，作为消费者代表的领队和全陪，自然有权审查该产品是否合格。领队、全陪或旅游者有权审核活动计划，也有权提出修改意见。导游人员与领队、全陪或旅游者

商定日程，既是对旅游者的尊重，也是一种礼遇。领队和全陪希望得到地陪的尊重和协助，商定日程并宣布活动日程是领队或全陪的职权。特殊旅游团除参观游览活动外，还有其他特定的任务，商定日程显得更为重要。

在核对、商定日程时，对出现的不同情况，地陪要采取相应的措施。

(一)领队、全陪或旅游者对日程提出异议

领队、全陪或旅游者提出小的修改意见或要求增加新的游览项目时，地陪应及时向地接社有关部门反映，对合理又可满足的项目应尽量安排；需要加收费用的项目，地陪要事先向领队、全陪或旅游者讲明，按有关规定收取费用；对确有困难无法满足的要求，地陪应向领队、全陪或旅游者说明原因，耐心解释，并表示歉意。

(二)领队、全陪或旅游者提出的要求与原日程不符合且又涉及接待规格

遇到这种情况地陪一般应婉拒，并说明不便单方面不执行合同；如有特殊理由，并且是由领队提出时，地陪必须请示旅行社，视情况而定。

(三)领队(或全陪)手中的接待计划与地陪的接待计划不相符

(1)地陪应及时向地接社报告，查明原因，分清责任。

(2)如果是地接社的责任，地陪应实事求是说明情况，赔礼道歉，按正确的接待计划执行。

(3)如果是组团社或境外组团社的责任，而又不好向游客交待，在双方都能接受的基础上商定调整行程。

(四)重点活动项目时间需要变更

重点项目如宴会、座谈会等时间的变动要及时向领导请示，不得擅自做主。

作为导游要按领导的指示操作，一则尊重了领导，按程序办事；二则避免犯错，避免了由此造成的经济损失。

四、核对、商定日程的时间地点

在旅游团抵达后，地陪应抓紧时间尽早进行核对、商定日程的工作，这是与领队、全陪合作的开始，并使本团游客心中有数。如果团队抵达后是直接去游览点的，核对、商定团队行程的时间和地点一般可选择在机场或行车途中；如果团队是先前往饭店的，一般可选择在饭店入住手续办妥并安排好后的一个时间，地点宜在公共场所，如饭店大厅等。

五、核对、商定日程的内容

1. 各自手中的接待计划有无出入；
2. 每日日程安排的具体情况；
3. 特殊活动的安排情况；
4. 向领队、全陪征求对地接社安排的详细日程的意见；
5. 离开本地时的交通工具，航班(车次)及时间；

6. 领队、全陪是否有新的要求；

7. 征求领队对自费项目的安排意见。

■阅读资料 6－1－1

2009 年 5 月 1 日实施的《旅行社管理条例》

第四章 旅行社经营

第二十八条 旅行社为旅游者提供服务，应当与旅游者签订旅游合同并载明下列事项：

（一）旅行社的名称及其经营范围、地址、联系电话和旅行社业务经营许可证编号；

（二）旅行社经办人的姓名、联系电话；

（三）签约地点和日期；

（四）旅游行程的出发地、途经地和目的地；

（五）旅游行程中交通、住宿、餐饮服务安排及其标准；

（六）旅行社统一安排的游览项目的具体内容及时间；

（七）旅游者自由活动的时间和次数；

（八）旅游者应当交纳的旅游费用及交纳方式；

（九）旅行社安排的购物次数、停留时间及购物场所的名称；

（十）需要旅游者另行付费的游览项目及价格；

（十一）解除或者变更合同的条件和提前通知的期限；

（十二）违反合同的纠纷解决机制及应当承担的责任；

（十三）旅游服务监督、投诉电话；

（十四）双方协商一致的其他内容。

第二十九条 旅行社在与旅游者签订旅游合同时，应当对旅游合同的具体内容作出真实、准确、完整的说明。

旅行社和旅游者签订的旅游合同约定不明确或者对格式条款的理解发生争议的，应当按照通常理解予以解释；对格式条款有两种以上解释的，应当作出有利于旅游者的解释；格式条款和非格式条款不一致的，应当采用非格式条款。

■阅读资料 6－1－2

古都北京畅游二晚三天

线路价格：	290 元	出发日期：	天天发团
天数：	3	出发地：	北京
住宿标准：	二星或同级标准	目的地：	北京

行程线路：

第一天：早餐后，推荐恭王府花园（门票自理 70 元，参观时间 120 分钟），之后游览世界上最大的城市中心广场——天安门广场、瞻仰毛主席遗容（政策性关闭时参观外景），人民英雄纪念碑(参观时间60分钟)，人民大会堂外景。午餐后游览皇家宫殿建筑群——故宫(40元，参观时间120分钟)，景山公园(2元,参观时间20分钟)，欣赏我国国粹——景泰蓝手工艺品制作流程(参观时间30分钟)，逛王府井金街，东华门小吃街（晚餐自理）。免费赠送参观皇城根遗址公园，平安大街及昌蒲河公园外景。

用餐:早、午

第二天:早餐后游览世界八大奇迹之一的——八达岭长城(40元,参观时间120分钟。温馨提示:登上888米的好汉坡，可自费60元借助八达岭滑道上下山)，参观玉器加工厂(参观时间45分钟)，午餐后游览明皇宫蜡像馆(门票自理40元，参观时间50分钟)，免费品尝北京果脯(参观时间45分钟)，参观明十三陵之首陵——长陵(40元)，远眺十三陵水库外景，免费赠送奥林匹克公园(参观时间60分钟)，奥体主会馆“鸟巢”（若产生门票自理50元)、国家游泳中心——“水立方”外景。

用餐:早、中、晚 ;宿:北京

第三天:早餐后，游览皇家园林式建筑——颐和园(20元,参观时间120分钟)，欣赏貔貅(参观时间60分钟)，推荐游览圆明园遗址公园(门票自理60元，参观时间60分钟)，参观海底世界(门票自理85元，参观时间60分钟)或中央电视塔(门票自理50元，参观时间60分钟)，游览世界上最大的祭天古建筑群——天坛公园(10元,参观时间60分钟)，北京济乐堂医药咨询。

用餐:早、午

服务标准:

1. 住宿:市区普标(二星)、商标(三星)、四星或同级酒店(标准双人间、三人间、独立卫生间、产生自然单房差需补交房差);在京期间，入住宾馆时，请通知客人带好相关证件(身份证，户口本……国内客人必须携带身份证，夫妻需携带结婚证件，儿童携带户口簿原件)。

2. 保险:包含旅行社责任险，不含旅游人身意外险。

3. 用餐:3早餐、4正餐(十人一桌、八菜一汤、不含酒水);正餐10元/人标准。

4. 服务:专业导游全程服务。

5. 门票:景点首道大门票，自理除外。

6. 接站地点(请选择)：A. 北京站出站口；B. 西客站地下北二出口；C. 市内机场大巴站专车接送机,10人以下300元/次。

7. 送团方式:提前一天预订，中午11:00酒店大厅统一集合送站，如时间来不及，请游客自行离团。

8. 其他:正规空调旅游车，我社在不减少景点、不降低住宿标准的前提下,有对景点顺序及住宿地调整的权利;四晚五天免费接送站，代订返程火车票。火车票订票手续费:硬卧30元/张，硬座或动车15元/张。

9. 提示:此团为散客拼团，不接待全陪，所有团款接团前付清。在旅游期间若客人自愿放弃参观景点,用车、用餐以及住宿等费用均不退还，提前离团或延住不送站。

10. 接团标志：绿底白字“京旅在线”字样的导游旗。

11. 全程4个正规旅游定点购物场所：景泰蓝、玉器城、貔貅、果脯。

12. 我公司解决投诉问题以游客在当地所填写的“质量反馈表”为依据。

13. 因火车晚点造成的所有费用（延住费、退票费等），都由旅客自己承担。

友情提示：

1. 北京天气较干燥，早晚温差大，在京期间请注意多喝水、多吃水果，早上涂上适量的护肤品，这样对防止皮肤干燥及上火都有很大的帮助。由于我国疆土辽阔，南北两地饮食习惯存在较大的差异，北方人以面食、杂粮为主，口味较重，对菜式在色、香、味方面都不及南方人讲究，敬请各位游客到北京旅游就餐时，以吃饱为原则，对餐饮方面的某些问题应予以理解。

2. 提示：此团为散客拼团，不接待全陪，所有团款接团前付清。在旅游期间若客人自愿放弃参观景点，用车、用餐以及住宿等费用均不退还，提前离团或延住不送站。

3. 在保证景点不减少的情况下，我社有权对行程顺序和住宿地点进行调整。

4. 游客出行前请确认带好身份证等有效证件，外籍游客请带好护照。

5. 接站地点（请选择）：A. 北京站；B. 西客站地下北二出口；C. 市区机场巴士站

6. 接团标志：绿底白字“京旅在线”字样的导游旗。

价格备注：

1. 普通标准间

成人价：290元/人　单房差：40元/（床·夜）

儿童价：220元/人（限1.4米以下儿童，含半餐、车位及综合服务费，不占床，门票自理。儿童按成人结算，若产生优惠不退）

2. 商务标准间

成人价：300元/人　单房差：50元/（床·夜）

儿童价：220元/人（限1.4米以下儿童，含半餐、车位及综合服务费，不占床，门票自理。儿童按成人结算，若产生优惠不退）

3. 四星或同级标准

成人价：400元/人　单房差：80元/（床·夜）

儿童价：220元/人（限1.4米以下儿童，含半餐、车位及综合服务费，不占床，门票自理。儿童按成人结算，若产生优惠不退）

此报价为特惠全包价，不接待全陪。学生、老人、军官等参团凭有效证件优惠20元/人。

备注：

1. 入住时必须出示有效证件（国内客人必须携带身份证，夫妻需携带结婚证件，儿童携带户口簿原件）。

2. 老人和学生必须持老年证和学生证报名，其他证件无效！

3. 儿童：限1.4米以下儿童，含半餐、车位及综合服务费，不占床，门票自理。儿童按成人结算，若产生优惠不退。

4. 自理景点参考报价：

（随客人自主选择，绝不强制）恭王府花园70元、长城滑道往返60元、明皇蜡像馆40元、海底世界85元、中央电视塔50元、圆明园60元、人民大会堂30元。

■阅读资料6-1-3

日本本州六日赏樱品质游

天数	交通	日 程	用餐	酒店
1	飞机	北京—东京　航班： 北京首都机场乘坐国际航班，前往日本首都——东京，抵达后导游接机，入住酒店	晚餐	成田机场酒店
2	旅游车	东京 酒店内早餐后，皇居外苑(二重桥)（这里有江户城城墙遗迹及大片绿地树木，可以说是闹区中的宁静。这里拥有75种1500棵樱花，开放时香气四溢，是悠闲自在赏樱的好去处)，之后前往市政府所在地新宿都厅，于45层展望台俯瞰东京的全景，于新宿参观繁华市景，特别赠送新宿御苑观赏樱花。台场公园游览，参观丰田汽车博物馆，之后前往东京迪斯尼乐园(自费8500日元/人:含迪斯尼通票，往返车费，停车费)，晚上可欣赏焰火表演	早餐 ××	市区三星酒店
3	旅游车	东京—横滨—箱根 酒店内早餐后，参观东京发地——浅草寺，上野公园(东京市内最大之欣赏樱花热门之地)，游览极具日本特色的小商品街，秋叶原电器街购物，漫步于歌舞伎町。可自费选择水上巴士东京湾游船(浅草—台场东京湾游船+登东京标志东京塔+台场无人驾驶电车;8500日元)。之后乘车前往横滨，参观亚洲最大的唐人街——中华街，山下公园及21世纪未来港，然后乘车前往日本著名的温泉度假胜地——箱根，在箱根温泉酒店享用日式料理，在温泉酒店内享受温泉浴	早餐 午餐 晚餐	箱根温泉酒店
4	旅游车	箱根—名古屋 酒店内早餐后，游览箱根国立公园、芦之湖、远眺富士山美丽景色，(必须参加自费登富士山的500日元/人，如因天气原因无法参加则改为芦之湖游船和忍野八海，费用不予退还)，平和公园(这是典型日式庭院观赏樱花最佳场所)，舍利白塔、大涌谷观赏火山口热气奔腾的喷泉及硫磺山的奇观。晚餐后入住酒店	早餐 午餐 晚餐	三星级酒店
5	旅游车	名古屋—京都—大阪 酒店内早餐后，乘车前往日本的千年古都——京都，参观古代将军府——金阁寺(或清水寺—京都樱花观赏地)、岚山赏樱风景区观赏樱花，欣赏日本西阵织和服会馆的和服表演，了解传统和服的织造工艺，平安神宫，然后乘车前往大阪(自费体验新干线3500日元/人，赠送免费参观东本愿寺，京都展望台)，抵达后参观大阪城公园(公园内种植4000多株樱花)，游览最繁华的商业中心——心斋桥商业街。在道顿崛食街自己选用美食	早餐 午餐 ×	关西机场酒店
6	飞机	大阪—北京　航班： 早餐后自由活动，乘坐国际航班返回北京，结束愉快的日本之旅	早餐	

接待标准	▶签证费 ▶旅行社责任保险 ▶全程 3－4 星级酒店双人标准间，温泉酒店 4 人间 ▶往返机票（机场建设税、燃油税） ▶旅游团队用餐（自由活动不含餐）
自费项目	▶护照费 ▶国内交通费 ▶单间房差价 ▶航空保险旅游人身意外险 ▶境外自由活动期间的餐费 ▶个人消费及行程中自费项目 中国国内交通等国内费用、境外个人消费、司机导游小费（50 元人民币/人日天、按 6 天计算）、城市饭店单间差价 350 元/日人日晚、温泉旅馆 3 人以下包间 500 元/日晚每间
参　加 须知	▶我社保留根据航班、签证、酒店位置及前往国当时情况调整行程的权利； ▶行程中标注的自费项目不作为最终确认，我社将依照客人报名人数和当时的具体情况安排； ▶因不可抗拒之客观原因和非我公司原因（如天灾、战争、罢工等）造成取消或延误等，我社不承担任何责任； ▶航班延误或取消、领馆签证延误、报名人数不足等特殊情况，我公司有权取消或变更行程，一切超出费用（如在外延期签证费，食宿费及交通费，国家航空运价调整等）我公司有权追加差价
备 注	签证所需资料 1. 半年以上有效期的因私护照原件及复印件； 2. 本人近期免冠二寸照片 2 张； 3. 户口本复印件（户口本第一页及本人页）及身份证复印件； 4. 本人名义银行存款证明或房产证、汽车行驶证等资信证明。

（资料来源：首旅集团网）

第二节　处理日程变更的基本原则

处理日程变更是导游集体共同要面对和解决的，不是其中一方的事，更不只是地陪的事，日程变更或日程的不一致，可能是地接社的原因，也可能是组团社的原因；还有可能是主观原因导致的，也有客观原因不得不做出调整的。不论是哪一方面的原因导致的日程变更，对导游而言都要遵循处理日程变更的基本策略。即：

1. 严格按照双方协议办事；
2. 组团社向游客出售的产品内容一定要保证实现；
3. 团内强烈要求的，计划内容没有，要努力争取，一时难以实现，要做耐心的解释工作；
4. 对超计划或地陪增加的项目特别是不健康的项目应婉拒；

5. 地陪修改日程时，坚持“调整顺序可以，减少项目不行”的原则，必要时报告组团社。

一、核对、商定日程时，可能出现的几种情况及处理措施

1. 提出小的修改意见或增加新的游览项目时

——及时向旅行社有关部门反映，对“合理又可能”满足的项目，应尽力予以安排；

——需要加收费用的项目，地陪要事先向领队或游客讲明，按有关规定收取费用；

——对确有困难而无法满足的要求，地陪要详细解释、耐心说服。

2. 提出的要求与原日程不符且又涉及接待规格时

——一般应予婉言拒绝，并说明我方不便单方面不执行合同；

——如确有特殊理由，并且由领队提出时，地陪必须请示旅行社有关部门，视情况而定。

3. 领队(或全陪)手中的旅行计划与地陪的接待计划有部分出入时

——要及时报告旅行社，查明原因，分清责任；

——若是接待方的责任，地陪应实事求是地说明情况，并向领队和全体游客赔礼道歉。

二、当旅游团抵达旅游目的地后，地陪就要和领队及全陪核对、商定日程

在与旅游团相处过程中或在对客服务中，导游应遵循一些基本规则

1. 宾客至上、服务至上，主随客便；

2. 合理而可能；

3. 平等协商。

商定日程时，既要使团内大多数旅游者满足，同时既定的日程尽量不作较大变动，因为变动过大，可能会涉及其他部门的工作。一旦商定，则各方面都应遵守。

地陪一旦发现自己手上的计划与全陪或领队手上的计划不相符或有出入时，地陪就得采取措施进行弥补，而处理日程变更的基本原则是：以组团社制订的接待计划为依据，与地陪一同征求领队的意见，尽量避免大的修改；在可能的前提下，小的变动可主随客便。对客人合理的又能办得到的要求，全陪应与地陪协商，积极安排；对违反我国法律和国情的要求，应据理说明；日程商定后由领队向全团宣布。

作为一名合格的导游人员，不仅要具备独立工作的能力、组织协调的能力，还应具备处理和解决常见问题和特殊事故的应变能力。

一般处理日程变更会有三种情况：第一种是合理的经过导游人员努力可以满足的要求；第二种是具有合理性但难以满足的要求；第三种是不合理的要求。对这三种要求，导游人员应分别按照不同的原则进行处理。

(一) 商定日程的原则

1. 努力满足旅游者需要的原则

努力满足旅游者需要是导游服务的基本原则，即合理而可能的原则，应贯穿于导游服务的始终。

旅游者是导游人员的主要工作对象，满足他们的要求，使他们愉快地度过旅游生活是导游人员的主要任务。旅游者提出的要求只要是合理的而且在旅游合同范围内或合同允许的范围内，又有可能办到的，即使很困难，导游人员也要设法给予满足。很多旅游者以“不打扰别人”为生活座右铭，往往不轻易求人，一旦开口，说明他们确实需要导游人员的帮助，所以对

他们的要求，导游人员绝不能掉以轻心。不提任何要求的旅游者并不是不需要导游人员的帮助，而是不愿意开口求人。因此，导游人员要细心地观察旅游者的言行举止，设法了解他们的心理活动，即使旅游者不开口，也要向他们提供所需要的服务。导游人员若能做到这一点，其工作必然会得到旅游者的高度评价。

贯彻努力满足旅游者需要的原则，对于一些特殊旅游团，如 VIP 旅游团(者)、残疾人旅游团(者)、新婚夫妇旅游团等尤为重要。因为这类旅游团个性化要求不同于一般旅游团，努力满足他们的个别要求，能对旅游目的地国家的形象和旅行社的声誉产生较大的影响。

2.“认真倾听、耐心解释”的原则

旅游者提出的要求大多数是合情合理的，但有些要求虽然具有合理性，但过于苛刻，给导游人员的工作增加了较大的难度。有些要求看似合理，但旅游合同上没有规定这类服务或在中国目前还无法提供这类服务。还有些人出于某种心态，对导游人员的工作横加指责、过分挑剔。

对上述要求，导游人员一要认真倾听，不要没有听完就指责旅游者的要求过高或胡乱解释；二要微笑对待，不要一听到不顺耳的话就表示反感并恶语相加；三要耐心解释，对合理的但办不到的要求，要耐心地、实事求是地进行解释，不要以“办不到”“不可能”等一口拒绝。特别是有的游客过分追求完美，对旅游接待计划横加指责，这时，作为导游一定要有耐心和忍耐精神，面对游客的发火和生气不是心想马上解决问题，而是要认真倾听。总之，对旅游者的这类要求，导游人员不得意气用事。

3.“尊重旅游者、不卑不亢”的原则

旅游团中难免有无理取闹的人，他们故意提出一些非理的要求来刁难导游人员。对不合理的要求，导游人员要记住自己是主人，是主人就要有主人的热情好客的态度，要有主人的度量，要对旅游者礼让三分。旅游者可以挑剔，甚至可能吵架，但作为主人的导游人员却必须保持冷静，始终有理、有力、有节，坚持不卑不亢的原则。在一般情况下，导游人员对旅游者要以礼相待，不与其争吵，更不能与其正面冲突，以免影响旅游活动，造成不良影响。对无理取闹者，导游人员仍要继续为其热情服务，对他们的合理而可能办到的要求，仍要尽力设法予以满足。

例如：某旅游团在游览海南天涯海角景区时，有的旅游者看到别的旅游团成员坐着电瓶车，立即不满地向导游员喊着说：“我们为什么走路？为什么不能像他们一样也坐电瓶车？”实际情况是这个旅游团没有交乘坐电瓶车的钱，本来此时导游员可以如实回答说“你们交钱不够，所以不能坐”。但是如果真的这样说的话，就会极大地伤害旅游者的自尊心。这位导游员这样说：“据我了解，在组团时，组织者对我们说，大家来海南的机会不多，能多看的地方一定尽量地多看看。那电瓶车不走海边，坐了电瓶车，大家就亲近不了大海了。”听了导游员的话，旅游者反倒为自己能有机会近距离地亲近大海而高兴了。反之，如果对旅游者的问题直接回答，就不一定有这样好的结果，甚至还有可能会和他们发生冲突。

若个别旅游者的无理取闹影响了旅游团的正常活动，导游人员可请领队协助出面解决，或直接面对全体旅游者，请他们主持公道。这就要求导游人员在平时多向旅游者提供热情周到的服务，多提供超常服务，这时导游人员往往能获得大多数旅游者的赞赏和支持，在客观上孤立一味苛求的无理取闹者。确实有困难时，导游人员应向旅行社领导汇报，请其协助。

■案例阅读6-2-1

法国亚细亚旅行社某旅行团乘飞机离陕赴陇，因天气原因无法在兰州机场降落，只好返回西安。西安国旅接到通知后，立即安排车辆在22:00赶到机场，把旅游团接回饭店。第二天一早，该团要求取消兰州拉卜楞寺之行，希望在西安继续旅游。于是，旅行社立即给他们安排紧张而又丰富的行程，客人很满意。该团回国后写来一封感谢信说："如果说没有去拉卜楞寺是件十分遗憾的事的话，那么你们在西安的替代项目使我们的遗憾得到了补偿。我们要把这一切转告给巴黎亚细亚旅行社。请接受我们衷心的感谢。"

思考:(1)何种原因使旅游计划变更？

(2)如何改变的？变得好吗？为什么？

■案例阅读6-2-2

一个山东的25人团队来西安四日游，由西安某旅行社做接待工作。在行程中，最后一日为华山游，但天公不作美，偏偏那天就下起了大雨，考虑到客人的安全问题，旅行社决定推迟一天游华山，而当天则增加了市内景点，并且当天的费用(车费、住宿费、餐费、门票费、导游服务费)由客人和旅行社各承担一半。游客在导游的解释、劝说下同意推迟一天去华山，但拒付当天增加的各项费用，并认为自己参加的是四日游，推迟时间并不是客人的责任，应当由旅行社支付。

结果:客人将此事投诉到旅游局，而旅游局认为旅行社的做法合乎情理，客人应当承担一半的费用，客人败诉，支付了本应承担的费用。

(1)此案例是属于哪种行程改变？

(2)有没有更好的解决方法？

建议:旅行社推迟一天游华山应是明智之举。对于推迟后空出的一天，安排自由活动与购物;不愿自由活动和购物的游客，可以自费参加当地的一日游。对于前一种选择的游客，可不增加或少收费用;对于后一种选择的游客，可给予适当补助。按照当地的行情，此方案不会比案例中的方案增加旅行社的支出，但可能更易于为游客所接受。

道理很简单，案例中只提一种选择给游客，同时又增加了较多的费用，多少有点乘机赚钱的嫌疑。

■案例阅读6-2-3

巧妙处理计划变更

广东某旅行社接待一个入境游的国际旅游团，他们从香港进入深圳。旅游路线是广州—桂林—西安—北京，从北京离境。广东负责接待的旅行社派出全陪导游曾先生到深圳接团。按照旅游计划，从深圳—广州—桂林都很顺利，客人玩得很开心。但在桂林行程结束的前一天，曾先生突然接到旅行社的指示，由于国内正在开"两会"，所有飞机都派去接待全国各地的代表，无法安排飞机到西安，旅游计划因故改变:取消西安行程，在桂林多停留两天，然后从桂林直飞北京。

曾先生接到旅行社改变该团的旅游活动计划后，首先找到该旅游团的领队，通报旅游计划改变的原因，争取领队的支持。但是，当旅游团的客人一听到这个消息的时候情绪非常激动。这时候，曾先生非常诚恳地向全体客人道歉，他说:"我很理解你们的心情，也很希望你们能到中国古都西安旅游，来中国看不到秦始皇兵马俑的确是一件很遗憾的事。正因为这样，我们旅行社做了许多工作，甚至包机也要把你们送到西安，但是由于国内正在开'两会'，无法包到飞机。现在我们安排大家在桂林多玩两天，桂林还有很多美丽的景点你们没有去过，我们会安排好你们这两天在桂林的活动，还会安排去灵渠游览。在桂林、灵渠开心地多玩两天再去北京吧，中国的风景名胜、古迹非常多，大家以后还会有机会再来中国旅游的。"曾先生的这一番话使全团的客人都恢复了平静，愉快地听从了旅行社的安排。

第三节　变更计划或日程的工作流程

旅游计划变更是指因情况变化对原来旅游计划进行的一种更改。按不同的标准可以把旅游计划变更为不同的类型以便进行有针对性地处理。

思考：

什么情况下会发生旅游计划或日程的变更？

按变更原因分类，有主观原因变更和客观原因变更，而主观原因变更又分旅游团(者)请求变更和旅行社要求变更；按变更内容分类，有旅游日程变更和旅游线路变更。

针对性具体措施

内　容	处 理 方 法	注意事项
个别游客提出变更计划要求	1. 问明情况；2. 解释变更计划的困难；3. 请领队出面调解；4. 向其说明如执意变更行程则增加的费用自付；5. 如确有特殊情况，可与旅行社及全陪协商后同意更改行程；6. 做好其他客人的工作	态度要和蔼
整个旅游团提出变更计划	1. 问明情况；2. 在不改变计划的前提下尽量满足客人的要求；3. 与社里联系看是否有变更计划的可能，如变更计划，落实好车、房、餐的安排	在未做好变更安排的情况下，切勿答应客人的要求
旅行社工作疏忽安排不周需要调整计划日程	1. 对计划进行合理安排，尽量不影响日程；2. 将安排后的计划与领队及游客沟通，取得他们的谅解，再按照新计划安排游览	灵活应变

导游服务过程中均有一定的操作模式或工作流程，地陪与领队或全陪核对、商定日程的过程中也得严格遵守工作流程。旅游过程中，旅游团(者)变更旅游路线，或更改日程，一般有两种情况：

一、旅游团(者)要求变更计划或日程

在旅游过程中，由于种种原因，旅游者向导游人员提出变更旅游路线或旅游日程时，原则上应按旅游合同执行；遇有较特殊的情况或由领队提出，导游人员也无权擅自做主，要上

报组团社或接待社有关人员，须经有关部门同意，并按照其指示和具体要求做好变更工作。

导游工作的差错造成旅游接待计划的变更，这是主观原因造成的损失，应由导游负主要责任。导游一旦发现变更旅游计划是因为自己的过失造成的错误，就应主动承担责任，向领队和全陪说明原因，采取积极的措施弥补过失，同时向游客做出真诚的道歉。

（一）制定应变计划并报告旅行社

（二）做好旅游者的工作

1. 地陪、全陪协商取得一致意见。

2. 争取客人的认可和支持，分头做旅游者的工作。

3. 多数旅游者同意，导游才能实施计划的变更。

（三）适当地给予物质补偿

二、客观原因需要变更计划或日程

旅游计划或活动日程是按旅游合同协议的内容制定执行的，一般不得轻易改动。但有时由于特殊情况、客观原因以及不可预料不可抗力的客观因素（如：天气、交通、自然灾害、暴风雪、洪水、公路塌陷等）、不可抗拒的意外突发事件、旅游者突然伤病等，迫使旅游路线或日程更改。导游员这时可采取的一般应变措施有：

第一，制定应变计划并报告旅行社；

第二，做好旅游者的工作；

第三，经领导同意，适当地给一定的补偿（精神、物质）；

第四，全心全意，更高质量地完成旅游接待工作。

变更日程的三种情况和相应的处理方法：

（一）缩短在当地的旅游时间

1. 旅游团（者）抵达当地时间延误，造成旅游时间缩短

（1）仔细分析因延误带来的困难和问题，并及时向接待社外联或计调部门报告，以便将情况尽快反馈给组团社，找出补救措施。

（2）在外联或计调部门的协助下，安排落实该团交通、住宿、游览等事宜。提醒有关人员与饭店、车队、餐厅联系，及时办理退房、退餐、退车等一切相关事宜。

（3）地陪应立即调整活动日程，压缩在每一景点的活动时间，尽量保证不减少计划内的游览项目。

2. 旅游团（者）提前离开当地，造成在当地的游览时间缩短

（1）立即与全陪、领队商量，采取尽可能的补救措施。立即调整活动时间，抓紧时间将计划内游览项目完成；若有困难，无法完成计划内所有游览项目，地陪应选择最有代表性、最具特色的重点旅游景点，以求旅游者对当地的游览景点有个基本的了解。

（2）做好旅游者的工作。不要急于将旅游团提前离开当地的消息告诉旅游团（者），以免引起大哗。待与领队、全陪制定出新的游览方案后，找准时机向旅游团中有影响的旅游者实事求是地说明困难，诚恳地道歉，以求得谅解，并将变更后的安排向他们解释清楚，争取他们的认可和支持，最后分头做旅游者的工作。

（3）地陪应及时通知接待社计调部门或有关人员办理相关事宜，如：退饭店，退餐，退车等。

（4）给予旅游者适当的补偿。必要时经接待社领导同意可采取加菜、风味餐，赠送小纪念

品等物质补偿的办法。如果旅游团在当地的活动受到较大的影响，旅游者损失较大而引起旅游者强烈的不满时可请接待社领导出面表示歉意，并提出补偿办法。

(5) 若旅游团(者)提前离开当地，全陪应立即报告组团社，并通知下一站接待社。

(二)延长在当地的旅游时间

旅游者提前抵达当地，或推迟离开当地都会造成延长在当地的游览时间而变更游览日程。出现这种情况，地陪应该采取以下措施：

1. 落实有关事宜，与接待社有关部门或有关人员联系，重新落实旅游团(者)的用房情况，并及时落实离开当地的机、车票。

2. 迅速调整活动日程，适当地延长在主要景点的游览时间。经组团社同意后，酌情增加游览景点，努力使活动内容充实。

3. 提醒接待社有关人员通知下一站该团的日程变化。

4. 在设计变更旅游计划时，地陪要征求领队和全陪的建议和要求，共同商量，取得他们的支持和帮助。在改变的旅游计划决定之后，应与领队、全陪商量好如何向团内旅游者解释说明，取得他们的谅解与支持。

(三)在当地的旅游活动时间不变，但某一景点或活动被迫取消

出现这种情况，肯定是外界客观原因所造成的。但减少(超过半天)或取消一地的游览时间，全陪应报告组团社，由组团社做出决定并通知有关地方接待旅行社。如：大雪封山(无法去某一旅游景点)，因有重要的政治活动某景点关闭等。这时地陪应采取以下措施：

1. 实事求是地将情况向旅游者讲清楚，求得谅解。

2. 提出由另一景点代替的方案，与旅游者协商。

3. 以精彩的导游讲解，热情的服务激起旅游者的游兴。

4. 按照有关规定做些相应的补偿，如：用餐时适当地加菜，或将便餐改为风味餐，赠送小礼品等。必要时，由旅行社领导出面，诚恳地向旅游者表示歉意，尽量让旅游者高高兴兴地离开当地(旅游目的地)。

■小知识

1. 全程陪同导游人员核对日程工作的要求有哪些？

答：(1)全陪应认真与领队核对、商定日程；

(2)如遇难以解决的问题，应及时反馈给组团社，并使领队得到及时的答复。

2. 海外领队与旅游目的地接待方导游人员商定日程时应坚持的原则有哪些？

答：(1)接待方提出修改日程时，应坚持“调整顺序可以，减少项目不行”的原则，必要时报告国内组团社。

(2)当地导游推荐自费项目时，要征求全体团员的意见。

■思考与练习

一、知识思考题

核对日程是面向绝大多数旅游团队和散客旅游者的，而商定日程只针对特殊旅游团队、重点旅游团队或散客。

1. 地陪接待计划中旅游行程与全陪或领队手中行程有出入时如何处理?

(1)地陪应及时向地接社报告，查明原因，分清责任。

(2)如果是地接社的责任，地陪应实事求是说明情况，赔礼道歉，按正确的接待计划执行。

(3)如果是组团社或国外组团社的责任，而又不好向游客交待，在双方都能接受的基础上商定调整行程。

2. 旅游团提出小的修改意见或增加新的游览项目，导游应如何处理?

(1)及时向旅行社有关部门反映，对合理而又可能的项目，应尽力予以安排。

(2)需要加收费用的项目，地陪要事先向领队或旅游者讲明，按有关规定收取费用。

(3)对确有困难无法满足的要求，地陪要详细解释、耐心说明。

3. 提出的要求与原日程不符且又涉及接待规格时，导游应如何处理?

(1)一般应予婉言拒绝，并说明我方不便单方面不执行合同 。

(2)如确有特殊理由，并且由领队提出时，地陪必须请示旅行社有关部门，视情况而定。

二、能力训练题

情景模拟 1

旅游团参观完某一景点后，有位客人要求留在景点继续参观，第二天再与团队会合，导游员该如何处理?

情景模拟 2

因上一站飞机晚点 18 小时，为了保证后续计划正常实施，导游员在接团时如何与游客商定计划?

■参考文献

1. 王忠武主编．导游业务新编[M]．南昌：江西科学技术出版社。

2. 国家技术监督局发布．《导游服务质量》。

■相关链接

1. 百度博客 http://hi.baidu.com/yanll9999.

2. 其他网络资源。

第七章　导游讲解服务

◆ 本章学习重点

◇理解导游讲解服务的重要性。

◇了解导游语言的特点。

◇掌握导游词的创作方法。

◇学习鉴赏优秀导游词。

◇掌握导游讲解的基本方法。

◇能够总结提高导游讲解水平的途径。

【案例导读 7－1】

导游讲解的文化底蕴

一位旅游团领队曾说，他每次带团去苏州都要游览寒山寺。由于江南寺庙不少，总觉得这个寺没有特别之处，是一个可去可不去的景点。但有一次遇到了一位高素质的导游员，使他完全改变了过去的看法，觉得这是一个值得旅游团一游的好景点。这位导游员的语言流畅，幽默，善放善收，讲得头头是道。他以寒山寺的历史背景拉开“序幕”，讲了寒山寺的来历和趣闻，立刻将客人的注意力引入他的讲解之中。在趣闻赢得了客人的笑容之后，他很自然地带客人到张继名诗《枫桥夜泊》的古碑前。由于导游员非常贴切地把诗中人物景色和诗意融为一体，全团客人深深地被他的讲解所吸引，情绪随着他的讲解跌宕起伏。他带大家在一个不致使通道堵塞之处停下来。大家围着他纷纷提出各种问题。他回答问题机智、灵活，真是无懈可击。随后，该导游员又担当起摄影师的角色，并替客人选景。有的客人又问他是否可以买到一些有关寒山寺的纪念品。在他们购物之后，导游员很快把全团集中起来，带到钟楼，敲了三下钟(代表过去、现在、将来)。随着悠悠的钟声，旅游客人依依不舍地步行出寺，感到游兴未尽，欲离不能。大家都觉得不虚此行。毫无疑问，这位导游员的出色讲解与服务，使他们获得了精神上的享受。

请思考深厚的文化底蕴对导游讲解工作的积极影响有哪些？

【评析】

“文化是旅游的灵魂。”现代旅游现象，实际上是以精神、文化需求和享受为基础的。导游员工作的使命是通过其旅游接待活动，使旅游者在旅游活动中增长知识，陶冶情操，获得审美享受，同时使旅游者体验和感受到旅游地的精神风貌。讲解是导游工作中的一个重要环节，导游员讲解的过程就是审美信息的传递过程，优秀的导游讲解对导游员知识的要求比较全面，不但要具备景点知识，还需要具备历史、地理、文学、民俗、宗教、饮食、建筑等方面的知识，把景点的文化内涵生动活泼地介绍给游客，在满足游客求知需要的同时，引导游客发现美，使情景交融，获得愉悦的精神享受。

【案例导读 7－2】

“济南趵突泉名石——龟石”讲解示例

“凡名园必有名石”，上海豫园有玉玲珑，苏州留园有冠云峰，趵突泉公园也不例外。下面我们就去参观趵突泉公园的第一名石——龟石。

这块太湖石就是龟石了。大家看它像不像一只乌龟呢？——你看它探头探脑，正在欢迎大家呢！它高约4米，重约8吨，是济南的四大灵石之一，也是泉城的镇城之物。

石头吸日月之精华，蕴天地之灵气，自古以来就受到知识分子的喜爱，形成了我国独具特色的石文化。我国古代品石有五大标准，也就是“瘦、透、漏、皱、秀”。所谓瘦，指苗条多姿，风姿绰约；所谓透，是玲珑多孔，前后可透光线；所谓漏，是说孔穴相通，脉络相连；所谓皱，即起伏不平，明暗变化有节奏；所谓秀，则指俊秀清丽之美。大家仔细观察一下就会发现，龟石玲珑剔透，挺拔露骨，凹凸不平，空窍很多，筋络明显，符合以上标准，所以被称为济南第一名石。

相传这块石头原来是被宋朝徽宗皇帝选中，建造寿山艮岳用的，后来流落民间，被元代著名散曲家张养浩收藏在北园的别墅——云庄中。据考证，当时张家收藏有十大奇石，称为“十友”；其中的四块按其形状，取吉祥之意，分别命名为龙、凤、麟、龟，合称四大灵石，被誉为济南的镇城之物。现在龙石下落不明，凤、麟二石早已损坏，四大灵石只剩下这块龟石了。龟石原来存放于文庙中，1977年移到趵突泉公园，供大家观赏。

对我国历代文学成就有一句精辟的概括，叫“唐诗、宋词、元曲、明文章”。龟石的主人就是著名的元代散曲家张养浩。张养浩，字希孟，号云庄，济南历城人，作品有散曲集《云庄休居自适小乐府》《归田类稿》等等。张养浩小时候非常聪明勤奋，19岁的时候就以一篇《白云楼赋》一鸣惊人，做官最高至礼部尚书，后来不满官场黑暗，辞官回家隐居。“寄傲山林、纵情山水”，八年之间曾七次被朝廷征用，但是他都没有就任，所以他在省府前街的庄第取名为七聘堂。1392年，“关中大旱，饥民相食”，民不聊生，朝廷任命他为陕西行台中丞，主持救灾。这时张养浩认为救灾义不容辞，毅然不顾自己年老体弱，马不停蹄昼夜赶赴陕西，拯救灾民于水火之中。途中，他写下了著名的《山坡羊·潼关怀古》，其中两句是“兴，百姓苦；亡，百姓苦”，表达了他的忧国忧民、关心民众疾苦的思想感情。到任后张养浩夜以继日赈灾救民，不幸积劳成疾，到任仅仅4个月便与世长辞了。

“灵石必有灵气”。这块太湖石名为龟石，寄托着人们富贵、吉祥、长寿的愿望。以前，在济南流传着一句话，叫作“摸摸乌龟头，一辈子不用愁；摸摸乌龟颈，一辈子不生病；摸摸乌龟背，一辈子不受累”。我们本地人还相信在龟石前照相可以增寿延年，所以大家别忘了在这个地方照张相留作纪念。

【评析】

这篇导游词在介绍景点时，让人身临其境地跟着导游走进了趵突泉公园，走到了龟石面前，随着导游通俗的、生动的讲解，或观赏，或赞叹，或抚摸，或摄影，这样龟石就给我们留下了极为深刻、具体的印象。这样的文字就是一种具有现场感、口语化、形象生动的语言，也就是本章所介绍的导游语言。

【案例导读7-3】

把景点的文化介绍给游客

中国民俗学会副会长乌丙安教授曾在2005年9月指出，一些文物景点导游的最大职业缺陷是生硬、简单，对生动的历史知识知之甚少，不相干的闲话调侃讲得太多。他建议年轻的导游工作者多学一点儿历史知识，把景点文化内涵生动活泼地介绍给游客。

作为中国申报世界非物质文化遗产评审委员会委员，乌丙安教授近年来足迹遍布全国。他认为中国许多文物景点文化积淀厚重，游客也是慕名而来，但导游往往三五句话就介绍完了，很让人失望。乌丙安教授说，以沈阳故宫为例，它虽然比北京故宫要小得多，但满族风格很鲜明很独特。如果导游不在“大政殿”“十王亭”前介绍清初的八旗和硕贝勒共议国政的历史，游客就会懵懵懂懂觉得这几个亭子并不好看。而在“永福宫”内，如果导游不介绍庄妃历经三朝、辅佐二帝（顺治、康熙）的故事，游客也只能直观感觉这个空荡荡的大房子阴森森的。乌丙安教授曾开玩笑地表示，他很想当沈阳故宫的义务导游员，而且自信会讲得很精彩。“因为我知道‘清宁宫’院子里的‘索伦杆子’（神杆）是满族祭天用的，杆上的锡碗中装满供牲的碎肉是让神鸟喜鹊、乌鸦享用的，而且还知道当年为什么要祭祀和怎样举行祭祀仪式。”

【评析】

中国历史悠久，文化积淀深厚，人文旅游资源丰富，导游员在讲解这一类景点时要侧重对历史渊源、重大历史事件、重要历史人物、民族风俗等方面的介绍，只有掌握了必备的历史知识，包括我国及世界的发展简史、政治史、经济史、军事史、文化史、民族关系史、对外关系史、历史小常识等，才能把人文景点讲活、讲深、讲透，从而最大限度地满足旅游者求知的需要。

第一节 导游语言概述

导游语言是以口语表述为主，它最突出的特点是生动，俗话说：“舞蹈演员靠双腿，导游人员靠张嘴。”语言对导游是十分重要的。充满艺术性的导游语言能在短时间内抓住游客的心理，将游客带入一个充满诗情画意和人文气息的空间。正是由于导游语言的独特魅力，因此才成为导游员必须掌握的基本功。

一、导游语言的特点

导游语言不仅仅是导游员的职业语言，更是一种口头表达艺术。它不但要求导游员能够同游客交流感情、指导游览、讲解宣传、传播知识，还要求尽可能做到语言的艺术化，要能体现其美感。扎实过硬的语言功底、生动风趣的导游讲解，对创造和谐的旅游气氛、促进游客的消费行为以及旅游后的愉悦感都起到重要的作用。

导游语言最重要的特点就是准确性、生动性、口语化和现场感。

（一）准确性

导游员的口语质量如何，在很大程度上取决于遣词用语的准确性。讲解的用词必须以事实为依据，准确地反映客观事实，做到就实论虚，入情入理，切忌空洞无物，或言过其实的词语。导游语言的科学性越强，就越能吸引游客的注意，越能满足他们的求知欲，导游也会得到更多的尊重。如果讲解中出现错误，由于晕轮效应的影响，游客可能认为你的其他讲解也是错误的。例如，把历史年代表述错误，人物事迹张冠李戴，或是建筑物的数据随口编造，动辄就是“最高”“最大”“世界第一”等，这些没有依据的讲解会让游客产生反感。因此需要导游员对讲解要有严谨的态度，要注意词语的搭配、组合，才能准确地表达意思。

（二）生动性

旅游活动有求知的动机，也有求乐的动机，游客是在求乐过程中实现求知目的的。所以，导游语言一定要生动形象、幽默诙谐、妙趣横生、发人深省、引人入胜。

导游语言“要有小说的形象，讲到最典型的人物、最生动的事例、最感人的细节，要绘声绘色、细致刻画，使听众如临其境、如见其人、如闻其声”。导游员要善于恰当地运用一些修辞手法，如顺口、双关、对比、反语、顶真、回文、换算、夸张、比喻、借代、比拟等来美化自己的语言，才能把导游讲解的内容讲得生动有趣，以语言的艺术魅力吸引游客去领会讲解的内容，体验讲解的意境。

例如，在讲解济南概况中的泉水部分时：曲阜导游一张嘴，泰安导游跑断腿，济南导游讲泉水。

讲大明湖“蛇不见，蛙不鸣”：济南有句顺口溜，说“大明湖，明湖大，大明湖里有荷花，荷花下面有青蛙，青蛙一戳一蹦跶”，又说“大明湖，湖大明，大明湖里柳青青，柳树旁边蛇进洞”，这些说的就是大明湖的一大怪“蛇不见，蛙不鸣”。这又是为什么呢？下面就让我们一起来解开这个有名的自然生态之谜……

在曲阜孔庙：不知大家注意了没有，孔庙甬道两边大凡树龄在300年以上的老树，像刀削过一般，全都没有树顶。1952年10月28日，一代伟人毛泽东到曲阜视察，曾对这一奇观发问。这在曲阜叫作“聪明绝顶”，说这些桧树沾了孔子的灵气，都聪明绝顶了。

前面这座桥叫璧水桥，明代所建，因河中之水壅绕如璧而得名。桥的形状和北京天安门前的金水桥差不多，二桥合称“金碧（璧）辉煌”。璧水的长度正好和孔庙的宽度一样，也就是说河中之水只能在庙中流动，这叫作“肥水不流外人田”。

（三）口语化

导游讲解的内容主要靠口语来传达，口语声过即逝，游客不可能像看书面文字那样可以反复阅读。现场听得清楚，听得明白才能理解，所以要根据口语“有声性”的特点，采用浅白易懂的口语化讲解。口语化的句子一般比较短小，即使是长句，也要在中间分出几个小句子，表述起来不费劲，游客听着也轻松。

导游讲解内容多源于书面语言，这就要求导游员在讲解时要把它改说为口头语。有两种方法：

一是改变用词。用通俗的词语代替书面语，恰当地运用俗语、谚语、歇后语、惯用语，这些语言更生动灵活、也更贴近生活，容易被游客接受。

二是改变句式。将修辞工整的联句修改为通俗、生动的口头语言。例如，书面语：“千佛山山脉来自岱麓，它翠峰连绵，树木蓊郁，松柏满谷，楼台高耸，殿宇错落，为济南天然屏障。”口头语：“千佛山属于泰山的余脉，海拔258米。你看它东西横列，翠峰连绵，盘亘于济南市区的南面，被人形象地称为泉城的南部屏风。清朝著名文学家刘鹗在他的小说《老残游记》中，就有一段描述千佛山的话，他说从大明湖向南望千佛山，‘仿佛宋人赵千里的一幅大画，做了一架数十里长的屏风’。”这样的形容是非常贴切的。

（四）现场感

导游语言的另一个非常显著的特点就是它具有极强的现场感，它能给人一种如临其境、如闻其声、鲜明生动的感觉。这一特点是通过一系列表达手段实现的，主要有以下几种：

1. 使用具有鲜明现场感的词语

这主要包括两个方面：一是使用时间名词、副词，如：现在、此时此刻、正在、将要等；二是使用指示代词，如：这里、这样等等。

如讲解山东第一洞开元洞的洞中之洞景时：

朋友们，现在我们已经来到了洞中之洞。请您抬头向前看，这是洞中洞景，是开元洞比较老的一个支洞，长为30米，洞内钟乳石密布，色彩斑斓，虽然小巧但十分别致好看，可惜无路可通，我们只能远观，不过不要紧，我们将在第一厅和它再次见面。好，这儿路窄而陡，请您扶好栏杆，小心往下走。

2. 使用现场提示语

提示语如："请大家顺着我手指的方向看……""现在大家看到的/所在的位置是……""我们面前的……"等等。

例如，灵岩寺朗公石的讲解：

……那么，朗公和尚到底去哪儿了呢？好，让我们到殿外去看个究竟。现在我们所在的位置是千佛殿东南边。请大家顺着我手指的方向朝东面山腰上看，你会发现一位光头老者正行进在朗公山上。你看他身穿宽大长袍，手拄齐眉拐杖，老态龙钟，步履蹒跚，后面还跟着一群小和尚。这就是我们刚才所说的朗公石了。

传说朗公要到外地云游，弟子们送出山门不忍相离，又送到山坳，弟子们见老师就要离去，都流泪惜别，朗公为这种真挚情谊所感动，就化身为石，永远留在这里了……

3. 使用引导语

引导参与的语言如："……请大家试着……""现在请大家猜一猜……"等等。

例如，趵突泉公园漱玉泉的讲解：

漱玉泉采用"滞水明流"的手法，泉水从池壁上，慢慢渗出，最后从池中缓缓流到下面的池塘中。大家还可以看到，泉池底部有许多硬币在闪闪发光，这是为什么呢？据说，如果你能使硬币浮在水面上，那么证明你是有福气之人，硬币漂浮的时间越长，你也就越有福气。当然这需要耐心和技巧，大家不妨一试……

4. 提出疑问

如："来到这里，大家可能会问/一定会产生这样的疑问……""刚才有位朋友问……"

例如，趵突泉公园待月峰的解说词：

前面这座空窍通透、玲珑俊秀的太湖石就是著名的待月峰了，它是宋代遗物。每当皓月当空的时候，你如果来到这里，便会在水面上看到一个大月亮和许多小月亮。讲到这里，大家可能会问，怎么可能会有多个月亮呢？还是让我们从这块石头上找一下原因吧——对，刚才这位朋友说得好，原因就在于石峰上面这些月牙形小洞，皎洁的月光透过小洞，便在水面上形成无数个小月亮，变化多端，妙趣横生。还曾有人专门写了一首诗赞颂说："精灵俊逸玉玲珑，神斧鬼工浑然成。一年三十六轮月，变幻俱在此石中。"

5. 配合动作语言

在演讲学中，有一个著名公式："信息效果 = 7% 言词 + 38% 语调 + 55% 表情"，形象地说明了体态语言在信息传达中发挥的重要作用。

导游讲解也必须借助体态语言才能较好完成。讲解中要恰当运用眼神、手势、表情等身体语言，增强讲解的现场感，使讲解生动形象，提高讲解的效果。

例如，导游在讲解灵岩寺千佛殿的罗汉像时，讲到哪一尊，要走到哪一尊面前，手就应该指向哪一尊，同时面部表情也应随着讲解罗汉像的内容而变化。

二、导游语言运用的要求

（一）语音

俗话说：“锣鼓听声，说话听音。”由此可见，语音在讲解中的重要地位。对于语音的把握，可以从以下几个方面进行。

1. 音质

游客们都希望听到导游员婉转悦耳的声音，然而音质是很难在短时间内改变的。导游员只有立足于现有基础，充分发挥自身的特色，取长补短，形成自己的风格。在旅游旺季和高温天气讲解时，要适时适量饮水，注意保护嗓子。

（1）音量

音量是指声音的强弱。在导游过程中，如何调节好音量，是语言表达的另一种技巧。导游讲解时音量过高会造成噪声，特别是在空间狭小的场所、某些宗教场所，音量过大令人讨厌，说出外行话更让人瞧不起。音量过小，游客又听不清楚，同时也是没有把握的表现。“讲话的艺术在于适中”。导游员讲解时音量不可过高或过低，要以游客听清为准。

可以根据游客多少、导游场合和地点来确定音量。游客较多时，声音适当大些；游客较少时，可适当降低音量。室外讲解时，音量要大些；室内讲解要时，音量小些。

（2）语速

导游讲解还有一个语速的问题。如果讲得过快，游客听不清楚，降低游览效果同时精神高度紧张，容易引起疲劳。如果讲得过慢，又会耽误时间，影响游客观赏景物，让人感到不舒服，同时也可能被认为是不流畅、不熟练、不自信的表现。

正常的语速应该在每分钟200个字左右。这种语速被认为不快不慢，导游员也比较容易做到口齿清楚，游刃有余。讲解中还要注意适当停顿。停顿是指语音的暂时中断，能起到强调语义、加重感情的作用。

一般说来，需要特别强调的事情、容易招致疑惑误解的事情，重要的地名、人名、数字等应放慢语速；众所周知的事情、非重要的事情、故事进入高潮时要放慢语速。

当然，导游语言要讲究变化。“关于讲演速度，所应遵循的原则，就是随时注意变化”。语速恒定会让游客感到乏味。我们在导游讲解中要根据讲解内容，做到徐疾有致、快慢相宜。

2. 语调

任何一种语言都少不了用抑扬顿挫、起伏多变的声调和语调来表现和传达自己的思想和情感。在导游活动中，导游讲解也要讲究语调的节奏，也就是抑扬顿挫。因为“人的各种感官都喜欢变化，同样的，也都讨厌千篇一律。耳朵听到同一种连续的声调会感到不舒服”。抑扬顿挫的语调变化往往使语言具有音乐般的节奏感，使游客乐于倾听。

语调共有三种，即：升调、平调和降调，它们各有其用途。

例如，在讲解趵突泉公园趵突泉景区三股水“突字少点”时：

请大家看一下那块石碑上的“趵突泉”三个字——细心的朋友已经发现了，“突”字少了一点，这是为什么呢？——还是让我来告诉大家吧。据说当年趵突泉水汹涌奔腾，把那两点给顶走了……又有人说，那一点也向我们一样，喜欢旅游，所以它顺着趵突泉水溜走了……它到哪里去了呢？……这个等到下午我们游览大明湖的时候再告诉大家。

这段话中，使用到了三种语调。“这是为什么呢?”“它到哪里去了呢?”用的是升调；“还是让我来告诉大家吧”“这个等到下午我们游览大明湖的时候再告诉大家”使用的是降调；其他使用的是平调。

（二）逻辑

著名语言大师老舍曾经说过：“只有逻辑性强而又简练的语言才是真正的语言。”导游语言要想获得最佳表达效果，除了它生动活泼的外在形式外，其内在逻辑性也是特别重要的。

1. 符合逻辑规律

导游语言要符合逻辑规律。这里面包含的内容很多，比如：概念要明确、判断要恰当、推理要合理、要符合逻辑思维的基本规律等等。

2. 层次感

导游讲解内容往往较为庞杂，如果没有层次，就会乱作一团，要通过各种手段强化讲解的层次感。

（三）表达能力

表达能力对导游人员来说至关重要。同一导游材料，不同导游去讲解，收到的效果会有所差别，甚至有天壤之别，原因就在于表达能力有高有低。

对导游表达能力的要求，基本上有流畅、自然、条理三个方面。

1. 流畅

根据语言学的研究，导游语言是一种线性语言，一旦中断，就会影响意思表达，所以讲解一定要流畅，否则游客无法领会你想要表达的意思和感情，还会产生诸如你准备不充分等其他不好的想法，影响带团效果。

因此，在讲解之前，一定要把有关景点材料准备得滚瓜烂熟，并反复加以操练。同时，还要避免使用不良的习惯语，也就是通常所说的口头禅，例如，“这个……这个……”“嗯……嗯……”之类，非常影响讲解内容的连贯性。只有表达流畅，才能达到“黄河之水天上来，奔流到海不复回”的境界，取得庐山瀑布“飞流直下三千尺”的效果。

2. 自然

表达自然是指语言运用方面所表现的状态。如果讲解中过度使用书面语言，语速、语调配合不当，使用口头禅，就会给人以矫揉造作、不舒服的感觉。

如果音量过大或过小，音速过慢或过快，音调过高或过低，也会导致同样的问题，这些都是在导游讲解中所要避免的。

3. 条理

表达能力强的另一个方面是条理清楚。特别是对于内容丰富、复杂的景点，讲解必须要有条理。先讲什么、后讲什么、中间穿插什么，都要事先组织好，否则会让人不知所云。

在表达能力方面，导游员要克服一些不良的口语习惯。有的导游用语暧昧、含糊不清，有的解说反复啰唆、拖泥带水，有的讲解堆砌词藻、晦涩难懂等等。这些不良习惯都会影响导游员的表达能力，要设法克服。

第二节　导游词创作

一、导游词概述

导游词是导游员引导旅游者游览观光时的讲解词，是导游员提高讲解艺术的基础资料。导游词的作用有两点：一是引导旅游者观光游览，二是宣传旅游景点，二者密不可分。导游词的质量直接影响着旅游服务的质量。一篇内容丰富、妙趣横生的导游词不仅让游客了解更多的相关知识，对景点产生浓厚的兴趣，给游客留下深刻而美好的印象，同时也宣传了旅游景点的绝胜之处。

要写好导游词，最重要的是掌握丰富的资料，包括现实的、历史的各种信息资料。只有掌握大量的资料，导游员才能对其整理加工，去伪存真、去粗存精，进行再创造，编写成独具特色的导游词。书本知识和实际情况时有差异，因此需要导游员到实地考察，创造符合实际的导游词，并在以后的导游讲解过程中不断修改、完善。

完整的导游词一般由三部分组成：

1. 引言及惯用语。导游讲解中的辅助性常用语言，游览前的欢迎词，提醒注意事项的服务用语，结束时的欢送词等。虽然是导游词中的辅助性部分，但在与旅游者的沟通、展示导游员职业形象方面，这些习惯用语有着不可忽略的作用。

2. 整体介绍。首先，选用概述法对参观游览目的地的整体内容用简练的语言作介绍，让旅游者对景点有初步的了解，引起旅游者游览的兴趣；其次，对游览路线作介绍，对游览时间作安排，帮助旅游者合理调配体力，保持游兴。

3. 重点讲解。每一个游览地的景观要素组合都较为复杂，但都存在主次之分。导游员在带领旅游者游览的过程中，由于时间等客观原因，在游览和讲解中不可能面面俱到。因此在导游词中，对景点的介绍要有所取舍，重点介绍游览线路上的有代表性的景观。充分考虑旅游者的旅游动机和文化层次，设计编排好导游词，才可以取得好的导游效果。

二、导游词的写作要求

（一）强调知识性

导游词如果语言平淡、知识匮乏，就无法引导旅游者进入审美意境。一篇优秀的导游词必须要有丰富的内容，旁征博引、融会贯通，才能吸引旅游者的注意力，满足他们的求知欲。导游词不能只满足于一般知识的介绍，而要挖掘旅游景区景点深层次的内容，可以通过与其他事物的比较、同类事物的鉴赏标准和方法的讲解、诗词的点缀、自己的感受及他人评论的介绍来丰富导游词的知识信息等。按照上述方法来写作，导游词的水平必将得到大幅度提高，旅游者也喜欢听到这样的导游词。

导游词的内容必须正确无误，令人信服，切忌弄虚作假，张冠李戴。如果导游词传递了错误的信息，旅游者就会感到受蒙蔽、被愚弄，继而可能全盘否定某一地区甚至某一国家的旅游服务。

(二)讲究口语化

导游语言是一种具有丰富表达力、生动形象的口头语言，这就要求导游员在导游词的口语化方面下功夫。

口语化首先要求导游词写作过程中多用口语词汇，当然也可以选择通俗易懂的书面语词汇，但要避免深奥、冗长的书面语词汇和音节拗口的词汇；其次要求导游词的句式多用短句，少用或不用长句，以便说起来顺口，听起来易懂，容易吸引旅游者的注意力。

【示例】

"个园"导游词(节选)

朋友们:进入个园，不知大家有没有疑问？"是不是园主太有钱，园子是他个人的，叫个园?"不对，进入个园，映入大家眼帘的是什么？"竹子"，对了，是竹子。园主爱竹，种竹万竿。商人在古代尽管很有钱，但为世人所轻，不愿被人呼为商人，你硬要叫他商人也行，但要叫"儒商"。的确，扬州商系以徽商、晋商为主，为生活所迫背井离乡外出经商谋生，由于有一定的文化基础，所以做事大都事半功倍，成为清代影响最大的两个商帮。因为竹本固、心虚、体直、节贞，有君子之风，"未出土时便有节，至凌云处仍虚心"，极富君子风采，为文人自比，为文人所爱，苏东坡又曾说:"宁可食无肉，不可居无竹，无肉令人瘦，无竹使人俗。"那么就此叫"竹园"又略显俗气，因三片竹叶的形状似"个"字，个园道出了园主人以竹命名的本意。

这一段话用了很多的口语词汇、短句子，显得生动活泼，便于讲解，听起来效果很好。

而在另一导游词中出现如下句子，效果就截然不同:

"在假山以南绿树掩映下，有一方挺拔露骨、筋络明显，高近4米的太湖石，其形如龟，是元代著名散曲家张养浩之藏宝，喻为济南第一名石。"

这段导游词中夹杂了许多书面语词汇，导游员讲起来费劲，旅游者听起来也不轻松，容易分心，不足以吸引旅游者的注意力。

强调导游词的口语化，并不意味着可以信口开河，不要语言的规范化了。导游词写作过程中必须时刻注意语言的品位，使用规范的语言。

(三)突出趣味性

导游词应该生动形象、通俗易懂并能够多方面调动旅游者的注意力，激发旅游者的游兴。要做到吸引旅游者，激发他们的游兴，就要求导游员在导游词的创作上要突出趣味性。

1. 编织故事情节

景点讲解，不能只是援引几个枯燥的数字，或是书面上的程式化介绍，而是需要将书本知识进行消化，融会贯通后，用自己的表达方式将内容表述出来，并不失时机地穿插有趣的传说或是民间故事，以激起旅游者的兴趣和好奇心。

【示例】

……到了藏经阁，指着藏经阁上一组唐僧师徒的取经雕塑问客人，大家知道这是什么吗？(客人说是西游记)对了，这是唐僧师徒取完真经后回来的一组雕塑。唐僧师徒是经历了多少劫难才取到真经的？(客人说81难)错！是八十难。当年唐僧师徒取得真经走后，佛祖问观世音菩萨:唐僧师徒经历了多少劫难？观音回:八十难。佛祖曰:九九归一，还缺一难。于是作法。当唐僧师徒走到通天河时看到巨浪滔天，没有船可乘，正在为难之时，一只大乌龟出现在他们面前。大乌龟说:当年是我驮你们过来的，现在再让我把你们驮回去吧。师徒四人大喜，上了龟背，走到河中，大乌龟忽然问唐僧：圣僧，当年我驮你过去时曾托你向佛祖问问我能活多久，你帮我问了吗？唐僧面露尴尬，无言以对，原来唐僧只顾取经，竟然忘记了。大乌龟见唐僧无语，心中恼恨，于是沉入水中。等到师徒四人好不容易上岸，才发现经书已经被水浸湿，在翻晒经书之时发现少了一本长生不老经。那么这本书到哪儿去了呢？俗话说千年的王八万年的龟，看来这本书是被乌龟吃了，所以人世间才有生老病死，但和尚却认为经书被水里的鱼吃了，所以和尚在念经时都不忘敲鱼头，是希望它们把经书吐出来。（客人大笑）引自 http://www.hstoday.com

这一段传说使佛教景点的讲解增添了趣味性，更容易引发游客的联想。但是，选用的传说和故事必须是与景观密切相关，不得胡编乱造；使用时要灵活，要与讲解的内容紧密结合，切忌生搬硬套。

2. 语言生动形象，用词丰富多变

生动形象是导游语言美之所在。生动形象的语言可以将旅游者导入意境，给他们留下深刻的印象。生动形象的语言风格可以通过用词丰富多变来展示。词汇贫乏的导游词让人听了昏昏欲睡，而词汇丰富多变的导游词其效果则截然相反，它让旅游者感到优美动听，从而使旅游景点充满意境美。

3. 恰当地运用修辞手法

导游词中恰当地运用比喻、比拟、夸张、象征等手法，可使静止的化为活动的，使无生命的变为有生命的，使抽象的成为具体的，可使死的景观变为活生生的画面，从而产生浓厚的趣味性。请看实例：

“有人说三峡像一幅展不尽的山水画卷，也有人说，三峡是一条丰富多彩的文化艺术长廊。我们说，三峡倒更像一部辉煌的交响乐。它由‘瞿塘雄、巫峡秀、西陵险’这三个具有各个不同旋律和节奏的乐章所组成。”

这一段导游词中用三个生动的比喻表达了长江三峡的内在之美。

4. 幽默的表达

幽默风趣是导游词艺术性的重要体现，它可以使导游词锦上添花，可以使听者欢笑，轻松愉快，使气氛活跃，增强游兴。

5. 亲切的语言

导游词的语言应该是文明友好的语言、富有人情味的语言，应该言之有情、言之有礼，让旅游者听后赏心悦耳，感到亲切温暖。

6. 随机应变，临场发挥

导游员在导游讲解时要随机应变，临场发挥，要灵活运用多种导游手法，如问答法、引人入胜法，触景生情法、创造悬念法等，这样的导游讲解就会生动自然，趣味浓郁。

编写导游词，不仅要显示导游员的渊博知识，也应反映出他的导游技能。

（四）重点突出

每一个景点都有代表性的景观，每个景观又都有反映其特色的内容，导游词必须在照顾全面的情况下突出重点。面面俱到、没有重点的导游词是不成功的。在创作导游词时，应当有一根主线贯穿整篇讲解词，这样才能给游客一个鲜明的印象，并吸引游客的注意力，使他们从游览活动中获得知识并留下美好的回忆。

（五）要有针对性

在实地导游讲解时，导游员必须从实际出发，因人、因时而异，有的放矢，根据不同的游客、游览时的情绪以及周围的环境进行导游讲解，切忌不顾游客社会背景、职业背景、教育背景的不同，像背书一样，每次讲解都一样，令人乏味。

（六）重视导游词的品位

导游词作为一种旅游文化交流材料，需要重视其中的品位。

1. 讲究思想品位

导游词的写作需要讲究主题选择和立意，主题突出、立意高尚可以提高导游词的品位。导游讲解是向国内外旅游者介绍美丽的中国风景、勤劳的中国人民及其伟大创造；宣传古老的中华文明和多彩的民族风情；宣传改革开发和社会建设的伟大成就，帮助国内外旅游者更多地了解中国。因此，弘扬爱国主义精神和民族自豪感是导游员义不容辞的责任。比如，何琳的《郑州黄河游览区导游词》不但介绍了黄河源远流长的雄传壮丽，而且通过新旧社会对比，突出“制黄河者治国家”的主题。

【示例】

郑州黄河游览区导游词（针对日本游客）

何琳（中国国际旅行社郑州分社）

各位，今天请大家参观的是郑州市黄河游览区，这个游览区位于郑州市西北，距市内约三十公里，南依岳山，北临黄河。1970 年，为了解决城市用水和农田灌溉问题，在这里修建了提灌站，工程历时两年，后经八年的努力，终于在这里建成了一个占地面积十七平方公里的游乐场。今天主要请大家看一看滔滔的黄河、水宽阔的黄河床，以及这周围的景色。

据说，日本也有“人类起源于河流”的说法，黄河自古就被称为中华民族的母亲。她与悠久的历史同流至今，与中国人的生活密切相关，象征着中国的文化、政治和社会。历史上曾多少文人骚客以诗描写黄河的汹涌澎湃之势，唐朝诗人李白在他的《将进酒》一诗中以铿锵有力的句子这样赞誉黄河：“君不见黄河之水天上来，奔流到海不复回。”

在近代，日本人士非常熟悉的郭沫若先生曾留下了“黄河之水通江户，珠穆朗玛连富士”的名句，用以比喻中日两国之间的友好关系。另外，中国还有一个广为人们所使用的谚语，叫作“不到黄河心不死”。基于上述的意思，我想，今天务必请诸位到黄河边上一游，面对着气势磅礴的黄河，回想对比一下我们两国间过去那种关系和今日的友好关系，希望大家能从中汲取进一步发展我们之间友谊的力量。这样，我就安排了这个参观计划。

首先请看正面的这条河，这就是中国的第二条大河——黄河。众所周知，她发源于青海省巴颜喀拉山，在山东省注入大海，全长 5464 公里，流域面积 752000 平方公里。据说东京至博多的新干线长 1176 公里，那么请您记住：黄河的长约从东京到博多两个半来回的距离。黄河的源头是一股清泉，但是由于流经中游的黄土高原，大量的泥沙流入河中，所以到了下游时，竟成了世界上最混浊的河。“百年待河清”这一日本人也使用的中国谚语，就是比喻黄河水之混浊的。每年随黄河水流走的泥沙有 16 亿吨之多，水中含沙量年平均 37%，到了雨季，达到 60%。如果用这些泥沙修建一个高一米、宽一米的堤防的话，这个堤防可以绕地球 27 圈！这些泥沙的三分之二流入了大海，三分之一沉淀在下游的河床上，每年将河床抬高三到五厘米。所以，下游河床已高出堤外的地面，成了悬河。这就是洪水泛滥的原因，也就是说，下游是这条大河的薄弱环节，这一带的河床也比郑州市内的地面高出七米。

由于这些原因，过去的人们饱尝频繁泛滥的洪水之苦。据记载，历史上2000年之间，洪水竟泛滥了1500次，实际上是四年三决口。其中最惨无人道的是1938年国民党军队曾人为地决堤，引起洪水泛滥。历史上黄河曾多次像这样被充作战争的有力武器，难怪百姓常言道："乱世洪水多。"

1949年新中国成立后，在党和政府的领导下，黄河流域的人民群众在中、下游修建了1000多公里长的大堤，建起了水利发电站，进行了大规模的治理。因此，解放后的41年间，黄河从未泛滥过。而且，经过治理的黄河水被充分利用于城市用水、农田灌溉和发电，成了一条造福于民的河。

总之，这条大河对人类社会、对自然界既有破坏，也有创造，正是这条大河孕育了中华儿女。那边那个白色塑像，就生动地表现了这个主题。塑像高5米，重12.5吨，取名"哺育"。身着唐装，端庄贤淑的母亲慈爱地望着怀中的孩子，充分表达了中华民族与黄河之间的关系。

诸位请看周围的山，这一带的山称邙山，一直从洛延至郑州，过去是荒山秃岭，经过绿化，现已是绿荫覆盖。游览区的一些参观项目就掩映在这绿色之中。

先请看右面的山头，那里一些古象的雕塑，欢腾奔驰，妙趣横生。只是为什么在如此优美的地方不修一些外形美观的动物，而偏偏是古象呢？诸位能回答得出吗？好，请大家好好猜一猜。

诸位请往左边的山上看，那里有游览区的另一个重点项目——古代黄河治水传说中的大禹的像。耸立在黄河岸边峭壁上的这座石像，高10米，重150吨。左手握一像锄头似的工具，右手高举，目光炯炯凝视着河的远方。大禹的父亲鲧也曾治水，但最终失败。大禹治水时，总结教训，发明新方法，遂成功，并打下政治权力的基础，成为中国第一个王朝——夏朝之王。"制黄河者治国家"一语或许就由此而来。为治理这条暴虐的河，过去的民众用尽了智慧和体力，而人类的智慧又在治水中发展。因此黄河又被看作是智慧的源泉、中国文化的源泉。

为了继承和发扬优秀的黄河文明，现在山下正兴建一座将由三千块碑组成的黄河碑林。碑林集中了从唐朝至现代前来这里瞻仰黄河的诗人和文人们的作品，一旦完工，可与集中了历代石碑的西安碑林相媲美。

周围的山上还有一些亭台楼阁，均起眺望的作用。唐朝诗人王之涣在《登鹳鹊楼》一诗中这样写道："白日依山尽，黄河入海流。欲穷千里目，更上一层楼。"

这是一首脍炙人口的诗。正如诗中所描写的那样，登上高处，远眺黄河，更能领略其气势。如果可能，今天我想领诸位一直登上那个最高的亭子。

那么，在登山之前，让我们来听一听关于古象的答案吧。诸位猜到了吗？

看来答案各异，实际上四五十万年前的河南居于亚热带，当时有许多亚热带的动植物，其中就有古象。而且，据出土的甲骨文一人牵一象的象形文字证明，三千多年前还有古象存在。另外，古代中国分为九州，现在的河南省属豫州，豫即象很多之意。因此，"豫"这个字仍用作河南省的简称。山上的古象塑像显示了这个典故。

除了以上介绍的内容以外，还有公元前205年西汉时期，刘邦、项羽争霸的古战场；用砖雕来表现中国四大古典小说中故事的民间艺术馆；等等，由于时间关系，请恕不一一讲解了。

讲解肤浅，内容零乱，非常抱歉！只是今后每当诸位看见日本的江户桥时，请不要忘记我们的黄河，还有郑州和中国。

（第一届全国旅游业青工服务技能表演大赛参赛导游词）

2. 讲究文学品位

导游词的语言应该是规范的，文字是流畅的、结构是严谨的，内容介绍是符合逻辑的。这是导游词的基本要求。如果在导游词的关键地方适当地引经据典，得体地用上一两句诗词或名人的名言，将会使导游词的文学品位有所提高。旅游作为一种休闲的文化交流活动，游客总是希望在轻松的环境中接受导游讲解的信息。如果不适当地引用，满篇的古文典句，会使导游词变得高深莫测，游客听起来难以接受。因此在知识的选择和讲解上，要注意寓教于乐，在轻松休闲中传播知识与文化。作为书面导游词，在创作中要有必要描述性和抒发情怀的语句。

【示例】

导游词的魅力

（文章来源：中国旅游报）

……前段时日陪同几位专家游览了冠豸山下的南山书院，有幸遇上一位获得过省级大奖的导游，她摘引了朱大可和余秋雨先生的一段话："战乱与屠杀驱赶了他们，越过北方的广阔平原，客家人携带细软，向江南大规模逃亡，只有南方诸山收留了这些客人，为他们阻挡着北方统治者和南方土著的视线，在隐秘荒凉的山谷，客家人终止了踉跄的脚步。新的坟墓被痛切地打造起来，它们不仅要埋葬亲人的骨骸，而且还要埋葬流亡的使命……书院的出现实在是一批高智商的文化构想者反复思考、精心设计的成果，它既保持了一种清风朗朗的文化理想，又大体符合中国国情，上可摩天，下可接地，与历史上大量不切实际的文化空想和终于流于世俗的短期行为不一样，实在可说是中国文化史上一个让人赞叹不已的创举。"导游稍稍顿了顿，继续讲解道，"培田的客家先祖，就是在这种精神与理念的趋动下，把所有的耻辱与希望都委托给南山书院的，并且终于实现了他们的夙愿……"听了这样的解说，面对古老而沧桑的南山书院，专家们的心都战栗了，尽管有些苦涩，却是真真切切地体味到客家人逃亡的危险和创业的艰难。

这就是导游词的魅力，导游词必须要有这样的魅力。

【分析】

旅游发展到今天，已经成为一门与经济、文化、历史、地理、艺术、科技等密切相关的新型学科，在吃、住、行、游、娱、购的每一个环节都充满理论与科学和品位，游客对一个景点的旅游心态已不再是单纯的游览和参观，蹩脚的杜撰和嫁接都只能让游客无可奈何地苦笑。真正意义上的导游词就应该具备文学作品的那种神韵，可以通过某种力量打动游客的心灵。

三、导游词的编写方法

（一）精选素材，博采众家

编写导游词首先需要收集大量的与讲解对象有关的信息资料，做好知识储备，包括自然地理信息、历史沿革信息、文学诗词信息、民间传说典故等。导游员可以通过书籍、报刊、网站、现有的导游词来收集，也可以深入实地考察调研，掌握第一手信息资料。针对讲解内容所涉及的特定时间段的历史，进行广泛的史料阅读，精选出对讲解有帮助的资料，博采众长，不断丰富导游词的内容。

讲解素材的积累工作应该是做得越多越好，越深越好，这样可以保证讲解中有足够的材料。这一工作还应该坚持不懈地做下去，即使已经形成成熟的导游词，导游员也需要关注讲解对象的变化和建设新成就，不断地充实更新信息，使导游词与时俱进，不断完善。

(二)分析归纳，整理消化

导游员前期收集的素材内容涉及广泛，需要加以分类整理，为后期编写导游词奠定基础。可以将收集的资料分为历史类、自然类、地理类、文化类、建设成就类等等。经过归纳整理后的材料，在用于导游讲解时，需要结合景点实际情况、导游员的工作体会、旅游者的兴趣爱好等因素不断地调整完善，所以整理资料的工作要持之以恒。

(三)联系对比，突出主题

很多收集来的材料，在讲解的过程中，往往可以互相借鉴，将材料联系对比，按照景点讲解的需要，兼顾游客的喜好和个性特征，重新组合讲解内容，看到什么就讲什么，游客对什么感兴趣就讲什么，这些属于陈述式或借景发挥式的讲解。但是编写导游词时导游员需要根据收集到的资料和服务对象的特征确定讲解的主题，以突出讲解内容的重点，保证导游词的品位。例如，编写黄鹤楼的导游词，导游员可以选择黄鹤楼的建筑形制、相关文学作品、黄鹤楼的历史兴衰等不同类型的资料作为讲解主要内容，对比长江上“三楼一阁”的建筑背景、历史典故、诗词歌赋，立意可以确定为盛赞中国建筑艺术的辉煌，也可以是感慨古代诗词歌赋的博大精深和深远意义或是其他。这样的创作过程其实就是对前期收集整理的相关资料的融会贯通和联系对比。与导游词内容相关的信息要优先选入，并重点讲解；其他信息通过联系对比的方式进行酌情筛选，讲解中主要发挥辅助和补充完善的作用。

(四)发掘亮点，提炼升华

导游词创作中收集的素材，多种多样，看似杂乱无章，其实材料中蕴藏许多亮点，将这些亮点进行发掘整理，提炼升华后，得出自己独到的见解，导游讲解才能给游客留下难忘的印象。《百家讲坛》中多位学者专家对自己的研究领域都进行了深层次的发掘，每一次讲解都抓住一个或几个主题，给人耳目一新的感受，每次讲解结束之际，往往留下一个悬念，让人有继续听下去的欲望，观众的注意力也被牢牢地抓住。这样的设计方法非常值得导游员去学习。还可以通过历史典故来进行演绎。例如，在讲到“管鲍之交”时，可以通过演绎管仲和鲍叔牙之间的故事，来介绍安徽北部厚重的文化积淀；可以从老子、庄子的故事，解释道家清净无为的思想观点，并和儒家思想相对比，诠释中国文化中的核心价值观、道德观。

(五)确定游览路线，调整讲解顺序

导游词是为现场讲解服务的，因此内容的先后顺序应该与游览的先后顺序一致。编写之前，导游员应该掌握理想的游览路线，明确各个景点游览的先后次序，再组织有关信息，形成导游词讲解所需要的素材。对于游览路线，导游员应该做到谙熟在胸，信手拈来，这就是导游讲解的时间线索。有了这一线索，导游词就是“形散而神不散”，即使实际工作中有各种因素干扰讲解，导游员也可以熟练地将讲解内容拉回到既定的思路中来。如果是为应对考试而准备的导游词，那么这一步骤尤其不能省略。因为现场导游考试缺少真实环境，全凭抽象印象开始讲解，对考生的讲解思路清晰程度要求很高。考生借助游览路线来组织讲解的内容既符合实际工作情况，又可以提高自身对导游词内容的把握程度。

(六)编写导游词

最后一步即为组织语言，编写导游词。导游词中涉及的信息是固定的，但是在编写过程中导游员要注意使用自己熟悉的语言，展示自己独特的语言风格和语言魅力。切忌生搬硬套、照书全抄，这样就会失去了编写导游词的意义。无论是在考试中还是在实际工作中，只有自己亲自加工组合，编写出来的导游词，才可能在使用的时候得心应手，导游讲解的质量才有最基本的保障。需要注意的是，编写好的导游词在讲解中仍需要进行调整，根据游客的需要，有的内容可以删除不讲，有的内容则需要延长，进行补充。因此所谓的导游词创作或编写，不仅仅是为了把内容背下来，更确切地说是把平时所积累的材料按照讲解的需要，根据游客的爱好、现场的环境，进行重新组合后再用自己的语言表达出来。

第三节　提高导游讲解水平的途径

导游讲解是导游服务的重要内容，丰富的导游内容与生动的语言相配合，才能使导游讲解更加形象化。导游讲解是导游员以丰富的自然景观和人文景观为题材，针对旅游者的兴趣爱好、审美情趣，对自己掌握的各类知识进行整理加工和提炼总结，用导游讲解的语言进行一种意境的再创造。因此导游员要注意从多方面学习和积累，不断提高导游讲解水平，才能适应旅游业的发展要求。

一、导游讲解的内容

优秀的导游讲解对导游知识的水平要求高，不仅要熟知所导游的景点知识，还需要懂得历史、地理、文化、社会、政治、经济等多方面的知识，更要了解世界各国的风土人情，知晓不同民族和不同区域游客的生活习惯、饮食、禁忌等内容，才能够充分了解游客的需求和兴趣所在。

（一）历史知识

中国的旅游景点主要分为自然旅游景点和人文旅游景点，大多数景点都有着丰富的人文内涵，在讲解时，尤其是人文旅游景点更要侧重于讲解其历史渊源、历史上的重大事件、重要的历史人物、民族风俗等。导游员在讲解中要涉及各类的历史知识，如历史典故、历史事件、历史人物、典章制度等。导游员只有储备了一定的历史知识，才能把景点中包含的人文内涵讲清楚，最大限度地满足旅游者求知的需要。导游员必备的历史知识包括：中国及世界的发展简史、政治史、经济史、军事史、文化史、民族关系史、对外关系史、历史小常识等等。只有在宏观上掌握了这些历史知识，才能更好地了解和熟悉微观上各个景点的历史知识。

（二）地理知识

中国历史悠久、国土辽阔、文化灿烂，导游员有必要掌握丰富的地理知识。不仅要知道自然旅游资源和人文旅游资源的种类、特点、地理位置，还要详细了解景点地质类型的成因、特点，能够从科学的角度去分析景观形成的原因。例如：讲解“桂林山水”就一定要介绍岩溶地貌的成因和景观特点；讲解“张家界风景区”必然要介绍砂岩峰林景观的特色；游览“黄山风景区”不仅要分析花岗岩地貌景观的类型，还可以介绍遗留的第四季冰川遗迹。导游员对地理知识的了解和研究能增强讲解的科学性，让游客在游中学，对景点有更全面的认知，充分发挥导游员“游人之师”的作用。

（三）文学知识

中国的旅游景点文学知识主要是以传说逸事、神话典故、山水诗词、游记、楹联等形式出现的，它们从不同角度赞美了中国的自然风光和风土人情。我国很多风景名胜，由于同优秀的文学作品结合紧密，相得益彰。文学因山水之美激发文人敏锐的思维，留下千古名作；山水因千古名作而声名远扬；游人更因山水文学的导读，得到全方位、多角度了解自然之美，从而获得意味无穷的享受。

“山以贤称，境缘人胜。”利用山水文学的名人效应，扩大旅游地的影响力，塑造旅游品牌形象，在现代旅游开发中具有重要的作用，也是导游讲解的重要内容。一来可以利用名人的事迹、典故进行大力宣传，开展形式多样的、生动活泼的旅游活动，丰富旅游文化的内涵，提高旅游目的地的层次与品位。二来可以利用文学佳作独有的文学特性和巨大的影响力，对旅游景点进行渲染创造，突出旅游的文化氛围，提升景点的层次和品位。例如，寒山寺利用张继《枫桥夜泊》的意境营造出悠远的思古情怀。

（四）其他知识

导游讲解除了介绍景点的史地文学知识以外，其他诸如民俗文化、宗教信仰、古建园林、饮食文化、民间工艺等方面的知识也需要导游员能熟悉并灵活地运用到讲解中去。

【示例】

“海南通什黎族风情”导游词

黎族是海南岛上最早的先民。早在殷周时代，黎族人民已在海南岛这块热土上繁衍生息，他们有自己的语言，但没有文字，过去只能用结绳记数。现在，这里还仍然保留着一些传统的习俗。大家会问：黎族人家门前为什么挂有牛角呢？按照他们的习俗，黎家的生活离不开牛。因为牛是他们祖祖辈辈耕种和运输的伙伴，是财富的象征，黎家对牛非常爱护和崇拜。在门前挂上牛角，意在让牛魂永留人间，祈求一年四季财源富足，生活美满幸福。

狩猎是黎族人民的一种生活方式。打猎时，男人上山，老人、妇女和小孩都在村外等候。打到猎物，领队者（黎话叫“俄巴”）得兽头，猎手得后腿，其余按人头均分，猎狗也不例外。

过去，黎族有绣面文身的习俗。对于这种传统习俗，民间流传着动人的传说：在远古时代，洪水泛滥，在一个南瓜里坐着兄妹两人，他们从遥远的地方漂到海南岛的五指山上。当时兄妹两人走遍全岛都看不到人影。为延续后代，妹妹把脸文黑，使哥哥不能辨认。于是，兄妹俩结为夫妻，传宗接代直至如今。

据说，黎族绣面文身，一是为了美化自己，能吸引异性的追求；二是表明自己的归属和身份；三是防止汉族官吏抢婚；四是妇女不文身，怕死后祖先不认领。因此，受文时要选择良辰吉日，杀鸡摆酒祭拜祖宗，以保文身成功；文身成功后，要用龙眼叶煮水洗澡，以确保今后生活平安。

……

“三月三”是黎族人民一年一度的盛会日子，成为黎族青年寻觅爱情的盛典之日。每年农历三月初三，各村寨的未婚男女青年身穿新装，手拿竹筒饭、山兰酒，集中在一起欢歌劲舞。在对歌的过程中，双方如情投意合就互赠情物，届时，你会看到一对对情人含情脉脉地向山林走去……朋友们，希望你来参加“三月三”活动，亲临其境，你会赏心悦目，其乐无穷。（资料来源：罗健. 走遍中国——中国优秀导游词精选[M]. 北京：中国旅游出版社，2000）

【分析】

“海南通什黎族风情”导游词向人们展现了黎族人民的传统风俗：绣面文身，祖先崇拜、牛崇拜，狩猎习俗、“三月三”重大节庆。这是黎族人民在长期的历史过程中所形成的民俗文化，反映了黎族人民的最基本的生活状态。

民俗与旅游是一对孪生兄弟。绚丽多姿的民族服饰、琳琅满目的特色美食、各具地域特色的民间建筑、繁复多样的礼仪礼节、丰富多彩的民间娱乐活动等民俗文化内容，可以直接运用到旅游活动各个环节当中，以满足游客“求新、求异、求乐、求知”的心理需求。在民俗旅游中，导游员的讲解应挖掘出深刻的民俗文化内涵。同时，还要注意突出不同民族的特点。

二、常见的导游讲解方法

成功的导游员在于不断学习众家之长，将各种导游手法融会贯通并结合自身的特点，扬长避短，形成自己的导游风格。即便是自己擅长的导游方法，也要注意灵活运用，才能在提高导游讲解水平的同时，获得非凡的导游效果。国内外总结的导游讲解方法有很多种，各有特色，现介绍以下几种：

（一）分段讲解法

所谓“分段讲解法”，就是将一处大景点分为前后衔接的若干部分来讲解。也就是说，在参观一个大的、重要的游览点之前，先概括地介绍此游览点的基本情况，包括历史沿革、占地面积、欣赏价值等，使游客对即将游览的景点有个初步的印象。然后，导游人员再带团顺次参观，边看边讲，将旅游者导入审美对象的意境。如介绍杭州西湖时，一般先从其概况、传说、成因开始讲起，继而带出“一山、二堤、三岛”，“西湖新旧十景”等具体景点的讲解，旅游者边欣赏沿途美景，边倾听导游员有声有色、层次分明、环环相扣的讲解，定会心旷神怡，获得美的享受。

（二）突出重点法

突出重点法就是导游讲解时避免面面俱到，而是着重介绍参观游览点的特点和与众不同之处的方法。一处景点，往往内容很多，导游人员必须根据不同的时空条件和对象区别对待。做到轻重搭配，详略得当，必要时去粗取精，去伪存真，由此及彼，由表及里，并着力从以下几个方面把握其脉络。

1. 突出大景点中具有代表性的景观

大的游览景点，导游人员必须根据这些景点的特征，进行重点讲解。如去花港观鱼的游览，主要是参观红鱼池和牡丹园，并加以重点介绍，不仅能让旅游者了解景点全貌，还能使他们领略公园的园林艺术和花卉知识，从中得到美的享受。

2. 突出景点的特征及与众不同之处

旅游者在游览过程中会发觉很多同类的东西，如同样的园林建筑，同样的佛教寺院，俗话说：“内行看门道、外行看热闹。”即使是同一佛教宗派的寺院，其历史、规模、结构、建筑艺术、供奉的佛像也各不相同，导游人员在讲解时必须讲清其特征及与众不同之处，才能使游客避免枯燥乏味的游览，增加知识情趣，提高旅游兴趣。

3. 突出旅游者感兴趣的内容

旅游者来自各个层面，兴趣各不相同，但有一点是相同的，即大家出来旅游都是为了寻找快乐，如导游人员能对他们的背景有所了解，认真研究游客的喜好，努力做到投其所好，便能博得大多数游客的青睐。

突出旅游者感兴趣的内容就是要提高讲解层次，吸引旅游者注意力，如介绍建筑，仅仅讲其布局、特征往往觉得很抽象。如果能引经据典加以比较，就会显得层次丰富，内容厚实，因为建筑的外表不仅是房屋或办公场所，一幢漂亮的建筑其造型本来就是“凝固的音乐”，反之，不讲设计的幢幢高楼就会变成“水泥森林”。导游员只有将其丰富内涵介绍给游客，才能使游客叹服。

4. 突出“……之最”

对于某一景点，导游人员只要根据实际情况，介绍这是世界（中国、某省、某市、某地）最大（最长、最古老、最高甚至可以说是最小）的…… 因为这也可以说是景点的特征，就能加深旅游者的兴致，有时在讲解一个景点时也要避轻就重，如杭州飞来峰，洞窟岩壁上分布着五代到宋、元时期的石窟造像338尊，导游人员不可能面面俱到，只能择其重点，将“最大，最早，雕刻最细致”的三处佛像详述，其余概述即可。

（三）触景生情法

“触景生情法”就是见物生情、借题发挥的导游讲解方法。在导游讲解时，导游员不能就事论事地介绍景物，而是要借题发挥，利用所见景物创造意境，情景交融，引人入胜，使旅游者产生联想，从而领略其中之妙趣。

触景生情贵在发挥，要自然、正确、切题地发挥。导游员要通过生动形象的讲解、有趣而感人的语言，赋予固定的景物以生命，注入情感，引导旅游者进入审美对象的特定意境，从而使他们获得更多的知识和美的享受。

例如：（旅游者登上长城，举目远眺，对长城的雄伟壮观叹为观止时导游员抒发情感）古代人民修建长城时劳动工具十分简陋，没有现代化的机械设备，全凭肩挑手提。正是凭借劳动人民的勇敢、勤劳、智慧，万里长城才得以建成，并延续使用了2000多年，保障了中原农耕文明的发展，促进了中华民族的繁荣昌盛。有这样的劳动人民，中华民族一定能在建设自己国家的事业中创造出新的奇迹来。

（四）虚实结合法

虚实结合法中的“实”是指景观的实体、实物、史实、艺术价值等，而“虚”则指与景观有关的民间传说、神话故事、趣闻逸事等。所谓“虚实结合法”就是导游员将典故、传说、逸闻趣事有机结合，设计讲解情节的导游手法，即导游讲解故事化。虚实结合法可以产生艺术感染力，避免平淡的、枯燥乏味的、就事论事的讲解方法。但二者必须是有机结合，以“实”为主，以“虚”为辅，“虚”为“实”服务，以“虚”烘托情节，以“虚”加深“实”的存在，努力将无情的景物变成有情的导游讲解。运用虚实结合法需要注意“虚”的内容要精、要活，不能随心所欲，更不能胡编乱造。所谓精，就是所选传说是精华，具有代表性，与讲解的景观密切相关；所谓活，就是讲解时要活，见景而用，即兴而发。

例如：（讲解巫峡中的神女峰）神女峰位于巫山县城东约15公里处的长江北岸，是巫山十二峰中最著名的一峰，每天第一个迎来灿烂的朝霞，最后一个送走绚丽的晚霞，因此，又叫望霞峰、美人峰（实）。相传神女峰是西王母幼女瑶姬的化身，曾帮夏禹治水。水患消除后，瑶姬毅然决定留在巫山，为行船保平安，因而博得后人尊敬和奉祀。《巫山县志》中记载：“赤帝女瑶姬，未行而卒，葬于巫山之阳为神女。”神女峰对岸飞凤峰下现存授书台，相传是瑶姬授书夏禹处(虚)。三峡地区山高峰秀，壁陡峡窄，三峡水库蓄水以后，峡谷风光犹存，又添平湖景色。神女峰海拔高922米，水位升至135米后，人们仍须仰视才能一睹“神女”的风采(实)。

(五)问答法

问答法就是在讲解中导游员向旅游者提出问题或启发他们提出问题的导游方法。使用问答法的目的是活跃游览气氛，激发旅游者的想象思维，促使旅游者和导游员之间产生积极的思想交流，使旅游者获得参与感、自我成就感；也可避免导游员唱独角戏，灌输式讲解所带来的乏味无趣，加深旅游者对所游览景点的印象。

问答法的具体形式主要有以下几种：

1. 自问自答法

导游员自己提出问题，并作适当停留，让旅游者猜想，但并不期待他们回答，只是为了吸引他们的注意力，促使他们思考，激起兴趣，然后作简洁明了的回答或作生动形象的介绍，还可借题发挥，给旅游者留下深刻的印象。

例如：女士们、先生们，我们现在已经来到了长城脚下，稍后我们便去爬长城。现在请允许我向大家提三个问题：第一，中国的长城是何时开始修建的？第二，中国的长城到底有多长？第三，为什么中国的长城在世界上这么有名气？（略作停顿）看来大家对这三个问题都有所了解，但还不全面，现在就由我来给大家做详细的介绍吧。

2. 我问客答法

导游员提出问题，要求旅游者开动脑筋，积极作答，导游员在旅游者的答案中引申讲解。其关键在于善于提问，要从实际出发，适当运用。希望旅游者回答的问题要提得恰当，不致于使游客一无所知、一头雾水，同时也要估计到可能出现的不同答案，要事先准备对不同答案的评价。导游员要诱导旅游者回答，调动其积极性，但不要强迫他们回答，以免使旅游者感到尴尬或产生心理压力。旅游者的回答不论对错，导游员都不应打断，更不能笑话，而要给予鼓励和引导。最后由导游员引申讲解，并带出更多、更广的话题。

例如：（讲解园林中的木雕图案）导游员提问：“大家现在看到的蝙蝠、桃子和灵芝图案有什么寓意呢？”（稍作停顿，等待旅游者的回答，但时间不宜过长）导游接着评价旅游者的答案并引申讲解：“大家说得很对。蝙蝠因为谐音，在我们的传统文化中象征着福，桃子和灵芝也是吉祥的象征，分别代表着寿和如意。三者合而为一就是福寿如意！在这里，我也祝大家福寿如意！”

3. 客问我答法

导游员要善于调动旅游者的积极性和他们的想象思维，欢迎他们提问题。旅游者提出问题，证明他们对某一景物产生了兴趣，进入了审美意境。对他们提出的问题，即使是幼稚可笑的，导游员也绝不能置若罔闻，千万不要笑话他们，更不能显示出不耐烦，而是要善于有选择地将回答和讲解有机地结合起来。不过，对旅游者的提问，导游员不要他们问什么就回答什么，一般只回答一些与景点有关的问题，注意不要让旅游者的提问冲击了讲解主题，打乱讲解计划。导游员要学会认真倾听旅游者的提问，善于思考，掌握旅游者提问的一般规律，总结出一套相应的“客问我答”的导游技巧，以求满足旅游者的好奇心理。

（六）类比法

就是以熟喻生，达到类比旁通的导游讲解方法。导游员在导游讲解过程中用旅游者熟悉的事物和眼前的景物相比较，会使旅游者感到亲切，便于他们理解，从而达到事半功倍的导游效果。类比法分为同类相似类比和同类相异类比两种。

1. 同类相似类比，将相似的景物进行比较。如把三清山比作“黄山的姊妹山”。

2. 同类相异类比，将同类的景物比出规模、质量、风格、水平、价值等方面的不同。如与其他名山相比，三清山兼有“泰山之雄伟，华山之险峻，衡山之烟云，匡庐之飞瀑”。

3. 类比法除了可以在景物之间比较外，还可在时代之间进行对比。导游如果说三清山地质史的第一次大海浸发生于中元古界，第二次大海浸发生于震旦末期一直延续到奥陶纪末期，第三次大海浸发生于志留纪早期直到侏罗纪晚期与白垩纪。这对于没有多少地质知识的旅游者来说恐怕很难理解。但如果导游这样说：第一次大海浸发生于14亿年前的中元古界，在距今6亿年前的震旦末期，发生第二次大海浸，海水浸没达1.6亿年之久，一直延续到奥陶纪末期，在距今4.4亿年前的志留纪早期，直到1.8亿年前，侏罗纪晚期与白垩纪。这就很好理解了。

正确运用类比法，可以加深旅游者对景物、人物的认识，提高导游讲解的层次。

（七）制造悬念法

制造悬念法是导游人员在讲解时提出令人感兴趣的话题，但又故意引而不发，激起旅游者急于知道答案的欲望，使其产生悬念。这种方法就是俗称的“卖关子”。卖关子必须找到恰当的关口，即时机。悬念制造以前应有铺垫，即先有引人入胜的讲解，足以引发旅游者强烈的兴趣和愿望。

制造悬念的方法很多，如问答法、引而不发法、分段讲解法等都可能激起旅游者对某一事物的兴趣，引起遐想，急于知道结果，从而收到制造悬念的良好效果。

例如，少林寺的导游，在介绍少林寺塔林时说：“当年乾隆皇帝游历少林寺时带了500名侍从也没能查清楚少林寺到底有多少座塔！”说到这里，停下来，给旅游者留下一个问号，大家在想：到底多少塔呢？为什么500人也没有数清楚呢？塔林游览完毕导游员问：“大家数清楚了吗？现在塔林有255座塔。当年乾隆皇帝来时这里古木参天、野草丛生，皇帝让一人抱一塔，有的两三人抱的是同一座塔却不知道，所以贵为天子也没弄清楚有多少座塔。”导游员用制造悬念来吸引游客的注意力，最后才把悬念揭开，使旅游者由衷地发出“原来如此”的感叹。

（八）画龙点睛法

画龙点睛法即用凝练的词句概括所游览景点的独特之处，使旅游者领略其中的奥妙，留下鲜明的印象。画龙点睛法可用于总结语，也可用于引导语，贵在突出景观的精髓。如上海的导游人员曾用“大、洋、挤、全”四个字作为游览上海的点睛之笔；云南的导游人员用“美丽、富饶、古老、神奇”来概括云南的美丽风光。河南总结出“山、古、河、拳、根、花”的旅游特色，这几个字可以说是河南旅游资源的点睛之笔。“山”是指五岳之中的嵩山；“古”是指河南的悠久文化历史，在中国5000年的文明史中，中国的政治、经济、文化、军事中心有4000多年时间都基本上在中原地区；“河”是指黄河，它被称为中华民族的母亲河；“拳”是指少林拳和太极拳，它们是中华武术的两个最有影响力的流派，是河南得天独厚的旅游产品；“根”是指河南是中华姓氏的主要发源地，在全国100个大姓中，有73个姓源于河南或部分源头在河南；“花”主要指洛阳牡丹和开封菊花，每年一度的牡丹花会和菊花花会，正在越来越多地吸引着四方宾朋。

三、提高导游讲解水平的途径

（一）知识是导游讲解的基础，学习是提高讲解水平的关键

俗话说：“巧妇难为无米之炊。”导游工作亦是如此。如果导游对讲解景点知之甚少，没有足够的材料来进行艺术的介绍，则很难给游客讲出多少内容。因此丰富讲解内容，提高讲解水平的唯一途径就是学习，“处处留心皆学问”，每个导游都有自己的讲解风格，但对知识面和综合素质的要求都是一样的，而这些则要通过平时的点滴积累来获得。

例如：（冠云峰导游讲解词）有人把冠云峰比作一幅立体的山水画，那么，我们眼前的冠云峰就是这幅山水画的画龙点睛之笔。冠云峰高6.5米，重5吨，与留园的大理石座屏、鱼化石并列为“三宝”，同苏州第十中学的瑞云峰、上海豫园的玉玲珑、杭州西湖的绉云峰并称为江南四大奇形石。

那么，为什么叫冠云峰呢？《水经注》中有“燕王仙台有三峰，为崇峻，腾云冠峰，高霞云岭”一说。所以叫冠云峰。还有人说从侧面看这座湖石假山就像一位婷婷玉立的少女，远观像观音菩萨，取其谐音叫冠云峰。

这么精致的一块湖石是怎么来的呢？据说是宋朝花石纲的遗物。花石纲是中国历史上专门运送奇花异石以满足皇帝喜好的特殊运输交通名称。在北宋徽宗时，“纲”是指一个运输团队，往往是10艘船称一“纲”。当时指挥花石纲的有杭州“造作局”，苏州“应奉局”等，奉皇上之命对东南地区的珍奇文物进行搜刮。这便是“花石纲”的由来。

冠云峰的美可以用四个字来概括“瘦、皱、漏、透”。瘦就是棱角突兀，形体苗条纤细；皱是纹理清晰，明暗有致；漏是石峰内孔连接，关窍相通；透为玲珑多孔，光透迷离。这四个字是后人评价石头的鉴赏标准，冠云峰则兼而有之。

对园林景点的介绍，要特别注意使用生动形象的语言，通过补充相关的背景知识，才能让游客听得明白，懂得欣赏。

（二）归纳总结使导游讲解有层次，比较分析让导游讲解充满吸引力

景点的讲解内容，往往涉及各个学科，历史、地理、民俗、文化、美学、心理学、生物、自然等都会有所包含，如此繁杂的内容需要围绕讲解的主题进行归纳总结和比较分析，整理出适合自己讲解风格的讲解思路，并根据讲解对象做适度的调整，或严谨，或诙谐，或朴素，或典雅。

以中国的古典园林为例，园林中所营造的淡泊、隐逸，远离世俗尘嚣的居住环境，使得来自欧美国家的客人，看到中国园林总觉得有一种说不出的美，这时的讲解就可以结合中西方不同的文化背景进行对比分析。例如，苏州园林中的山景、水景、树木花草、园林建筑仿佛就是自然山水的浓缩，所有的一切都似乎是园林主人随心所欲的摆设，然而又是非常和谐地统一在一起。中国园林这种顺应自然、表现自然的构成方式，是受中国传统文化，尤其是老庄“天人合一，顺应自然”的文化哲学的影响，表现出了与西方文化以征服自然为特征的不同表达方式。那么，为什么会有这样的差异呢？中华文明起源于江河文明，中国自古就有“知山乐水”的文化渊源，园林艺术具有悠久的历史，蕴含着丰富深厚的人对自然的追求和向往，对

山林野趣的理解和诠释，对美好环境美好生活的构筑和建造，体现在园林中则是园林景观布置与自然环境的和谐统一，多用静态的水、人工堆砌的假山、具有象征寓意的花草树林、点缀其间的各式建筑等；西方文明起源于海洋文化，园林的发展深受地域文化的影响，奉行的是“天人对立，改造自然”的哲学观。因此在园林建筑中表现出完全排斥自然，力求体现严谨的理性。因而园林建造中的基本原则是“强迫自然接受匀称的法则”。表现在西方园林中的则是多用动态的水景、喷泉瀑布、铺展的大草坪、经过修剪的花草树林、图案式的花坛形成规则的几何图形、开放式的园林风格。

（三）针对旅游者的心理活动，灵活地运用导游讲解方法

导游讲解方法和技巧是导游艺术的重要组成部分，只有针对旅游者的心理活动，灵活地运用各种导游讲解方法，才能把旅游者吸引在自己的周围，有效地提高导游讲解效果。导游员要熟练运用导游讲解的方式方法，要善于编织讲解的故事情节，结合游览活动的内容，创造悬念，引人入胜；要有选择地进行介绍，有的放矢，通过与旅游者的互动交流，启发联想，触景生情；可以采用有问有答的交流对话方式，营造意境，使旅游者与导游之间达到心灵上的默契，留下难忘的旅游经历。

（四）勤学苦练，发展创新，形成适合自己的导游讲解风格

高水平的导游讲解往往体现在优秀的导游员根据自身的个性特点所形成的导游讲解风格上。所谓大家，多是个性鲜明又富有创造力，导游讲解亦是如此。导游讲解风格是导游员在导游语言中所表现的具有个性特征的语言风格。导游员的语言风格有很多种，有的导游语言诙谐机智而富有情趣；有的导游语言丰富知识渊博颇有学者风范；有的导游语言朴素生动具有亲切感；有的导游语言流畅明快富有激情。导游讲解风格是高水平导游讲解所追求的艺术境界，也是一名导游员进入成熟期的标志。

导游讲解风格的形成往往要经过学习模仿、成熟稳定、发展创新三个阶段。学习模仿是导游讲解风格形成的第一阶段。在这一阶段中，看导游书、背导游词、跟老导游上团学习，是所有导游员初走上工作岗位的必修课。有些认真的导游还会将讲解资料与所讲解景点进行对照，逐个背熟。然而不少导游对讲解中所涉及的一些具有人文内涵和历史背景的内容，不求甚解或忽略不说，甚至少数导游还会加上自己的主观臆断。因此在初学的第一阶段必须勤学苦练，通过记忆背诵，为以后的逐步理解、领会提高、融会贯通打下基础，这一阶段的导游讲解主要是“讲自己知道的”，通常不能顾及旅游者的心理，只有在不断的导游讲解实践中对导游词进行一遍遍的筛选和领悟，才能进入导游讲解风格形成的第二阶段。

成熟稳定期的导游员已经具备了熟练控制导游语言的能力，根据时间、地点、不同的游览对象，对语言收放自如；通过对导游语言的控制，精彩的导游讲解会对旅游者产生吸引力，从而加强对导游员的信任感，真正体现导游员“游客之师”、“游客之友”的形象。成熟期的导游员有着较高的导游讲解技巧，能够做到各有侧重，善于比较，前后呼应。

发展创新阶段是导游讲解风格最终形成的阶段。导游讲解风格没有固定的模式，最重要的是要有属于自己的特色。很多导游员在长期的实践过程中灵活地运用了很多讲解技巧，介绍历史，虚实结合；描述传说，创造情境；讲解时间，对照类比；运用数字，翔实具体。这样的讲解生动有趣可以让旅游者印象深刻，达到了事功半倍的效果。导游员不是专家，但在实践中，也可以发表比较专业的意见去提醒游客深入思考，从而达到更高的讲解境界。因此导游讲解是需要导游员对讲解材料比较分析，见仁见智，重要的是讲出自己的想法，创作自己的导游词。

每一位导游员都应该根据自己的特点，勤学苦练，发展创新，成为具有个性风格的导游人才。可以说只有符合自己的个性，符合旅游者心理需求的导游讲解才是高水平的导游讲解。

■思考与练习

(一)知识思考题

1. 导游语言的特点是什么?

2. 导游词的创作要求有哪些?

3. 导游讲解方法有哪些?

4. 如何提高导游讲解水平?

5. 导游词的编写方法有哪些?

(二)能力训练题

1. 选择几篇优秀的导游词，让学生思考导游词的主题是什么? 并上网查找相关资料，自己提炼主题并创作导游词。

2. 以本地区的著名景点为例，让学生尝试用不同的导游讲解方法去进行导游讲解。

3. 邀请优秀的导游员为学生做关于提高导游讲解水平的专题讲座，请学生思考并提出自己的观点。

4. 到景区进行模拟导游讲解，安排学生分角色扮演地陪及游客，选择不同类型的游客作为讲解对象，并分析如何为游客提供满意的导游讲解服务。

■参考文献

1. 王连义. 幽默导游词[M]. 北京:中国旅游出版社, 2003.
2. 马树生, 许萍. 模拟导游[M]. 北京:旅游教育出版社, 2008.
3. 江波. 模拟导游[M]. 长沙:湖南大学出版社, 2009.
4. 王琦. 导游岗位实训[M]. 上海:上海财经大学出版社, 2007.
5. 魏星. 实用导游语言艺术[M]. 北京:中国旅游出版社, 2002.
6. 刘爱月. 导游讲解[M]. 北京:中国林业出版社, 2008.
7. 刘国强, 张辉. 导游业务实训教程[M]. 北京:科学出版社, 2008.
8. 宋志方, 汪洪斌. 导游文化[M]. 北京:中国林业出版社, 2009.
9. 尹华光. 旅游文化[M]. 北京:高等教育出版社, 2003.

■相关链接

1. 中国同程网 http://WWW. 17u. net.
2. 中国导游吧 http://WWW. daoyou8. com.
3. 中国旅游网 http://WWW. cnta. gov. cn.
4. 导游栖息地 http://WWW. dy7cd. com.
5. 导游资格考试网 http://WWW. 100daoyou. com.
6. 三清山旅游网 http://WWW. sqs373. com.

第八章　景观导游技巧

◆ 本章学习重点

◇了解和掌握各种景观中所要涉及的导游技巧和方法；

◇使学生理解地质、地貌，江、河、湖、海、泉、溪等水体，以及生物、天体、天象、古建筑、宗教景观、园林、博物馆、风俗民情等景观导游的重要性，并掌握做好各种景观导游所必须的特殊技巧。

【案例导读 8－1】　　**一问三不知的导游员**

小王是某某旅行社新招聘的导游员，对所在城市游览点的导游词背得滚瓜烂熟，对自己的工作充满信心。

一天，他带领游客去游览岳王庙。在正殿，小王讲解道："这天花板上绘的是松鹤图，共有 372 只仙鹤，在苍松翠柏之间飞翔，寓意岳飞精忠报国精神万古长青。"一位游客听了后，就问小王："为什么是 372 只仙鹤，而不是 371 只或是 373 只？这有什么讲究吗？"小王倒是很爽快，回答说："这个我不清楚，应该没什么讲究吧！"

来到碑廊区，小王指着墙上"尽忠报国"四个字，说这是明代书法家洪珠所写。团中一位年青人不解地问小王："为什么前面正殿墙上写的是'精忠报国'，而这儿却写成'尽忠报国'呢？"小王考虑了一会儿，吱吱唔唔道："这两个字没什么区别，反正它们都是赞扬岳飞的。"那位游客还想说些什么，小王却喊道："走了，走了，我们去看看岳飞墓。"

到了墓区，小王指着墓道旁的石翁讲解道："这三对石人代表了岳飞生前的仪卫。"游客们没有听懂，要求小王解释一下"仪卫"是什么，小王犯难地说："仪卫吗，就是为岳飞守坟的。"游客反问道："放几个石人在这儿守坟有什么用呢？"小王说："这个，我不知道。"

评析：

导游员是做什么的？能带路，能讲解，远远不够。导游员应是游客的老师，游客的朋友，游客的楷模……所谓老师就要能做到韩愈《师说》中所说的："传道、授业、解惑。"导游工作是一项与人打交道的工作，中国人、外国人，老年人、年轻人，男人、女人，各种各样的人，会提出各种各样的问题。一问三不知，何谓导游员？有人说："导游，导游，上知天文，下知地理，无所不晓。"又有人说："在导游员的'词典'里，是找不到'不'这个词的。"可见，对导游员，知识面的要求有多高。当然，导游员不可能做到行行通，成为一个全能人物。但多看书，从人家那儿学，不懂就问，使自己具备相当广的知识面，却是导游工作对导游员的一项特殊要求。愿我们的导游员不要像本案例中的小王。

【案例导读 8－2】　　导游员讲解，游客却在聊天

小徐是位刚跨出旅游学校校门的导游员，这次他带的是来自 T 地区的旅游团。上车后，与前几次带团一样，小徐认真地讲解了起来。他讲这个城市的历史、地理、政治、经济，他讲这个城市的一些独特的风俗习惯。然而，游客对他认真的讲解似乎并无多大兴趣，不但没有报以掌声，坐在车子最后两排的几个游客反而津津乐道于自己的话题，相互间谈得非常起劲儿。虽然也有个别的游客回过头去朝那几位讲话的看一眼以表暗示，但那几个游客好像压根儿没有意识到似的，依然我行我素。看着后面聊天的几个游客，再看看一些在认真听自己讲解的游客，小徐竭力保持自己的情绪不受后面几位聊天者的影响。但是他不知道怎样做才能阻止那几位游客的聊天。

评析：

在一个旅游团中，导游员不能期望所有的游客都依照你的愿望去行事，都像小学生似的专心致志地听你讲解。作为导游员，当发觉旅游团中有游客不爱听自己的讲解时，首先应该反省自己：是自己讲解的内容游客不能听懂吗？是自己的讲解缺乏吸引力吗？……如果说，自己在讲解的语言、内容、趣味性、技巧上都无懈可击，而仍有个别游客在其中干扰的话，则应该拿出良好的对策，而不该视而不见。因为放任这种干扰，且任其蔓延，将会影响到整个旅游团的旅游气氛。用什么办法呢？你不能当着全团游客的面用指责性的语气说："请后面的几位先生别再讲话，以免影响其他游客的听讲。"类似的命令性的口吻或其他强制性措施不但无助于问题的解决，反而会令那些游客觉得你让他们在其他游客面前丢面子，伤了自尊心而对你表示不满甚至愤怒。你只能用友好的、委婉的、商量的语气，加大嗓门跟那几位讲："对不起，刚才可能我讲话的声音太小，所以使得后面的游客不能听清楚。接下来，我把声音讲大一些，请问后面的游客能听到吗？"你也可以边微笑边说："对不起，可能刚才我的讲解有些游客不感兴趣，这样吧，接下来，我讲一些大家都感兴趣的内容。"顿一顿再加大嗓门说："哎，后面的几位游客希望我讲些什么内容呢？"这样说话，一箭双雕，既没有损害游客的面子，又可以阻止他们干扰导游讲解。

【案例导读 8－3】　**多征求客人意见**

一散客旅游者去某旅游景区旅游，因对该景区不熟，所以聘请了当地一家知名的旅行社的一位导游小姐，一路上导游小姐带领他参观游览，兴致颇高，他对这位导游小姐的讲解艺术甚为满意。可是当他要离开某风景区时，听到旁边有游人谈论起某景点，于是产生疑虑，后来一打听才知道，那是一个一般旅游团必去的重要景点，导游小姐却没带自己去！该导游和其旅行社的信誉在他心里大打折扣。

评析：

此案例中的导游小姐真是得不偿失，尽管她讲解的导游语（词）不错，但是她实际上并没有很好地掌握导游艺术和技巧，从而导致客人的不满意。

从另一个角度说，该导游小姐没有带游客参观一般旅游团必去的景点，属于其职业道德方面的问题，没有真正的从游客的立场出发为游客服务。有些游客可能一生就来该地旅游一次，结果连最重要的标志性景点都没有目睹，不免为一大遗憾！导游应该对该景点进行介绍，如果要另外收费，可以明说，如果时间上实在来不及，还有其他更重要的景点要参观，至少应该给游客一个解释。

当然此案也有可能是旅行社收了该景点的钱却不让导游带领游客去参观以增加"利润"等等的短视经营行为。

第一节　自然景观导游技巧

自然景观是自然景物在一定的时间、空间条件下，或单体，或组合，或原始自然，或人文点缀自然而呈现的，具有旅游吸引功能和游览观赏价值的自然风光景象。是旅游者享受自然美的主要景观。

一、自然景观的分类

大自然赐予我们的自然景观十分丰富多彩，它包括山地景观、水体景观、动植物景观和气候景观等。

1. 山地景观是我国野外旅游的重要场所，分布最广，占我国国土面积的43%。崇山峻岭，千姿百态，旅游价值较高。山地景观包括花岗岩景观、岩溶山水景观、丹霞山地风光以及火山地貌景观。

2. 水体景观包括江、河、湖、海、瀑布、温泉。婀娜多姿的河流，青山、绿水交相辉映的湖泊，广阔无垠的海滨、壮观的瀑布、丰富多彩的温泉都给人们留下了许许多多美好的回忆。

3. 动植物景观，古老的森林，珍稀树种，奇花异草，珍禽怪兽给人们的旅游生活，为无数旅游者带来了无限的乐趣。

4. 气候景观包括日、月、星辰、积雪、冰川、雾凇、佛光等。差异万千的气温，变幻莫测的云海，沁人肺腑的空气赐给了人类无限的美。比如，泰山看日出，芦沟赏月，庐山夕观晚霞，黄山"一切均在烟雾中"。又比如四季如春的昆明，冰天雪地的北国，天苍苍，地茫茫的大草原，碧海蓝天的海滨……旅游者根据季节、气候的变化南来北往，追寻大自然的美，陶醉在大自然美的怀抱中。

二、自然景观的特征

导游人员是美的传递者，把握住自然景观美的特征，是搞好导游讲解工作的基本要求，也是对导游人员的审美能力和导游技巧的检验。自然景观的特征包括形态特征和内涵特征。

(一)自然景观的形态特征

自然景观的形态特征指的是山水所特有的形态和态势。黑格尔说过："美是形象的体现"。

如山的雄伟或秀丽、水的浩瀚或蜿蜒，草原的辽阔或葱绿，峡谷的幽静或翠绿，石洞的奇异或独特，动物的凶猛或驯服，花的奇艳或芬香。

1. 山地景观的形态和态势表现在雄、险、秀、幽、奇

泰山的雄、华山的险、青城山的幽、峨眉山的秀、黄山的奇。又如弋阳的龟峰、三清山的三绝等(巨莽出山、观音听琵琶、神女峰)。

2. 水体景观的形态和态势表现在倒影美、色彩美、声音美、奇特美、水味美

水体景观的讲解需要将自然美与人文美结合起来。如"水底有明月，水上明月浮"的桂林山水，"云在天上游，鸟在水底飞"的九寨沟内镜湖；呈黄色的渤海、黄海，呈蓝色的东海，呈深蓝色的南海以及九寨沟的五彩池；"声音高低不同"的赣州安远的知音泉，"远若素练横江，

声如金鼓，近则亘如山岳，声如 雷霆”的钱江潮，安徽寿县的“喊泉”，四川广元的“含羞泉”，云南大理的“蝴蝶泉”等。

3. 植物景观的形态和态势表现在色彩、神态

植物讲究花姿花形，叶有单叶、全叶、裂叶之别，树有挺拔雄伟、婀娜多姿之分。色彩是植物的基本属性，对人的感官最富刺激性，不同的色彩，能使人产生不同的物质的心理反应。植物的茎、叶、花、果色彩斑斓，美不胜收，像云南的荷花、盘山的梨花和杏花都是以其色彩美闻名于世的。而植物的叶随着季节的变化有着色彩的变化。深秋，北京西山“层林尽染”，“霜叶红于二月花”；春天，井冈山是杜鹃花的海洋；夏天，荷花红遍广昌；冬天，梅花争香斗艳的无锡梅园。植物的茎、叶、花、果不仅以其斑斓的色彩装饰了自然景观，有的还发出沁人肺腑的芳香，给人以无限欢乐的嗅觉美。如武夷山的石蒲，清香阵阵，令人陶醉；庐山植物园芳香甜润的空气，无不让游客感到欢乐；九寨沟原始森林中的特异芳香，令人流连忘返。

4. 动物景观的形态和态势表现在奇特、逗乐和表演性

我国生活和栖息在森林、草原、荒漠和水体中的野生动物有两千多种，这些动物特别是珍稀动物是人们旅游观赏的重要对象。如四川的国宝熊猫，云南的金丝猴，东北的麋鹿（尾巴似马、角似鹿、蹄似牛、颈似骆驼），武夷山的“角怪”，峨眉山的“弹琴娃”，东北虎、四不像、野象、云南的长臂猿、海南的坡鹿。爬行类的像龟、扬子鳄等都因其长相各异、奇特、稀有而具有极高的观赏价值。同时，在人工饲养和训练下，不少动物能模仿人类动作或在训兽师的指挥下，表演各种各样的技艺。对游人，尤其是对青少年旅游者有着极大的吸引力。如斗鸡、耍猴、耍蛇、驯鸟、驯熊、赛鸟、海豚表演等都极具表演性。让旅游者进入野生动物园，与狼、虎、狮等猛兽仅隔一层玻璃几乎零距离的接触，使旅游者能感觉到这些野生动物的本性，获得更大的刺激性。

（二）自然景观的内涵特征

自然景观美除形态、态势之外还表现在物象所表现出来的人类文明的程度，这种程度越高，物象的审美价值就越大。它包括：自然景观的地质构造、寓意、时代变迁、资源分布、历史文化价值、各种景观的相互配合，各种景观与人的因素的配合以及美丽动人的神话故事等等。

1. 从地质构造讲解山地景观的成因

同为山地，山景因山而异，构成山地的地层不同呈现的景观也不尽相同。导游人员在向旅游者介绍山地景观时，了解地质结构因素十分重要。

花岗岩名山：花岗岩属侵入岩，是由地幔上部的酸性岩浆，侵入地壳内部的破裂层上面，经冷却凝结后而形成的岩石。花岗岩形成后又受地壳上升运动的影响，使花岗岩地层和它原有的地层上升成山，当它上面的原有地层被全部风化侵蚀以后，便成为单一的花岗岩山体。（如江西省的庐山、三清山等）

丹霞风光：它是在第三纪的陆相红色砂砾岩的基础上发育而成的地貌风光。具有“色渥如丹，灿若明霞”的特点。（如江西省的龙虎山、龟峰等）

岩溶山水景观：它是由石灰石、白云岩等碳酸盐类的岩石，经过溶蚀作用以及侵蚀作用而形成的一系列独特的景观，其特点是山地高度不大，石峰林立，地下溶岩遍布，钟乳石、石笋、石柱、石幔、石花等千姿百态。（如江西省彭泽的龙宫洞、萍乡的义龙洞、乐平的洪崖洞等）

砂岩峰林峡谷景观：砂岩峰林峡谷地貌发育在纯石英砂岩构成的山区。其特点是奇峰林立，造型生动，沟岩纵横，植被茂密。（如湖南武陵源景区等）

火山地貌景观：火山地貌是由火山喷发后所形成的自然景观。有的由于火山喷发，岩浆直接喷出地表，冷却后凝结而成致密坚硬的火山体，称为流纹岩（如浙江的雁荡山、天目山等）；有的火山喷发后，火山口的岩浆冷却凝结，积水成湖，称为火山湖，并形成温泉。（如黑龙江省五大莲池、云南腾冲等）

2. 从时代变迁讲解江河景观

讲解江河景观不仅要联系除水之外的各种自然造景因素，还应从时代变迁讲解其作用，恰如其分地反映其内在的本质的联系。比如讲到新余仙女湖。仙女湖得名于东晋文学家干宝《搜神记》中记述的"毛衣女"下凡的故事。1958 年，新余市政府在江口修建水库，用来发电、防洪、灌溉，之后，随着旅游事业的蓬勃发展，市政府拨巨款，将仙女湖赋予新的活力，现仙女湖水面约 50 平方公里，景区面积 179 平方公里，自西向东划为三大景区。上游湖面烟波浩渺，水天一色；中游有三公里多的高山峡谷，峡谷呈弧形弯曲、宛如玉带；下游湖湾岛屿星罗棋布。景区内树丛荫翳，郁郁葱葱，如风镜宝珠，光气四达，沁人心脾。经过多年的开发建设，仙女湖融自然风光，人文胜迹，产业景观为一体。如今仙女湖已是闻名全国的国家级风景名胜区。

3. 从资源分布讲解动植物景观

我国从南到北跨有热带、亚热带、暖温带、中温带和寒温带共五个热量带，从沿海到内地跨有湿润地区、半湿润地区、半干旱地区、干旱地区共四类干湿地区，不同的地区有不同的海拔高度和山脉走向，形成了不同的气候垂直地带。因此，我国气候类型复杂多样，从而导致我国植物资源丰富多样。有乔木、灌木、草本植物，有开花结种子但不结果的裸子植物和既开花也结果的被子植物，更有许多珍稀树种，如银杏、银杉，还拥有一批被称为"世界化石植物"的孑遗树种，如水松、珙桐、银杏等。

4. 从历史文化价值上讲解自然景观

例如，峰岭绵延的庐山，峻伟诡秘，气势雄伟，峭壁挺耸，壑深谷幽，自然景色壮观，是保存在我国东部第四纪冰川遗迹中最典型、最集中的一个山体。庐山又是一座源远流长的千古名山，庐山的历史积淀丰厚，各种文化现象交融，纷繁杂沓，中国历史文化上所有文化现象都可在庐山的史册上觅到蛛丝马迹。

5. 从各种景观相互配合上讲解自然景观

山地与水、与气候、与动植物等自然因素协调地配合，就能产生一种协调美。"山无云则不秀，无水则不媚"，山地与水体的配合，就能产生"山因水而奇""山得水而媚"；山地与气象，气候的配合，就可以使"山因云而神秘""山得水而秀"；山地与植物的配合，就能使山体"得草木而翠、而秀、而华"；山地与动物的配合，可以使山得异兽而富有生机和情趣。

水与地形的配合，构成了奇妙雅致的美景。如长江三峡的江面与两岸的山地、峡谷以及远山的配合，造就了闻名世界的典型的河川峡谷景观。

水与动植物的配合能产生更高的景观意境，"疏影横斜水清浅"讲的是桃花的遒枝在水中的倒影。如西湖的花港观鱼，构成了西湖著名的景观之一。水与天气、气候的配合，"落霞与孤鹜齐飞，秋水共长天一色"，是滕王阁绝好景色的写照，而"三潭印月""断桥残雪"等是水与天气、水与气候所构成的西湖又一名景。山无水不灵，水无山不秀。水与山一样，是自然景观的构成要素。我国主要的自然水体景观有海洋、江河、湖泊、泉水和瀑布等。做好水体景观的介绍讲解，能增强景观的自身美感，丰富游览情趣。

■阅读资料 8－1

水体景观导游技巧：从景观类型讲解其特色

(1) 海滨景观:伟岸辽阔

(2) 江河景观:多姿丰富

(3) 湖泊景观:文蕴深厚

(4) 泉水景观:幽雅秀丽

(5) 瀑布景观:三态变化

从时代变迁讲解其作用,从历史和现实的状况加以分析,揭示其历史文化内涵,丰富原有水体景观,成为旅游者新奇的审美对象;从时代变迁讲解,可使旅游者全面了解有关人文造景因素,体现人与自然的完美结合、和谐统一。

■阅读资料 8－2

水体景观导游词范例——黄河壶口瀑布导游词

各位游客,这就是闻名中外的壶口瀑布。

滔滔黄河,自青海源头东流经甘肃、宁夏,在内蒙古河口镇受吕梁山脉阻挡,转南进入秦晋峡谷。黄河流域到此似乎厌倦了一路的平缓,突然敛水成束,一头扎进这深深的形似壶口的石槽中,刹那时这汹涌的急流,怒吼的洪波撞开了一幕千古奇观。这水,势如排山倒海,疾如万马奔腾,状如千堆白雪,柔如缕缕琴弦。在这里,黄河与惊涛的撞击犹如蛟龙深渊、龙斗峡谷,这就是英雄交响曲,这就是雄壮的《黄河大合唱》。

壶口瀑布景色四季各异。春季,冰河解冻,河水一变温柔为怒颜,狮吼虎啸,咆哮如雷,成群冰块接踵而下,时而结队成行,时而垒筑成山,如千军布阵,万马奔腾,变幻无穷。夏天,流量变小,落差加大,水柱冲天,气势宏伟,若遇下雨水涨,河槽会被淹没,这时,站在远岸观壶口,更有一番情趣,一片汪洋中一柱烟雾如一处仙境矗立在河中心,烟雾随风摇曳,仙境随雾变化,真好似一幅壶口"海市蜃楼"。金秋,千溪万壑之水汇聚,流量骤增,主瀑、支瀑不但依然携手倾泻,而且瀑布宽、粗、大。河谷中习习秋风扑面而来,与雄浑的瀑布咆哮交织在一起,奇妙无穷。寒冬,冰封河面,瀑布失去了往日的狂奔怒号的野马性格,变成了一座冰清玉洁的水晶宫,岸崖上,挂满了长短不齐、粗细各异的冰溜溜,晶莹剔透,玲珑奇巧,在阳光的照耀下,呈现出五光十色的异彩,色彩斑斓,此时的壶口瀑布银妆玉砌,细流涓涓,给人以圣洁高雅的境界。

除了这些景色外,壶口瀑布还有一些你想不到的奇景:烟从水底生,船在旱地行,晴空雨蒙蒙,旱地雷声鸣,海立山飞舞。有诗赞道:"水底云烟障秦晋,陆地行舟罕古今,霓虹戏水天无霁,晴空洒雨地绝尘,旱田雷鸣穹宇震,山飞海立惊鬼神。"

水底冒烟,是壶口瀑布的独特景观,滚滚黄河流到壶口,骤然收束,扑入深潭,在深潭中上下翻卷,只卷得天昏地暗,一片"烟雾"从深潭中轰然而起,在空中飘逸,迷罩两岸,人称其景为"水底冒烟"。似云似烟的雾气好像给壶口瀑布披上了件薄如蝉翼的衣裳,游人透过这层"烟雾"看壶口瀑布,如进入一个梦幻世界,神秘多彩令人遐想万千。

旱地鸣雷,壶口雷声,分秒不断,方圆十里均能听见,不论烈日当空,还是寒风凛冽,细雨蒙蒙,不分昼夜,轰鸣不断,这一奇特景观被称为"旱地鸣雷"。壶口瀑布入壶时,河水由于落差高,流量大,悬流激荡,发出阵阵轰鸣,犹如万鼓齐鸣,似惊涛滚滚,而且激起百丈水柱，数十里外可闻其声。

霓虹戏水，是壶口瀑布的又一奇观。壶口瀑布跌入龙槽后，飞流直下溅起水珠四射，升腾的水雾经阳光照射，便可看到一道轮廓清晰、五彩缤纷、绚烂夺目的七彩虹在瀑布之上。据说，这彩虹就是龙的化身，谁看到壶口彩虹，谁就能够生活美满。于是一旦彩虹浮出，游人便欢呼雀跃，争相留影，把对五彩斑斓的幸福生活的憧憬记录下来。相传，古代有一对青年男女隔河相恋而不能相会，龙王被感动便化作一道彩虹，架起一座彩桥，成就了一段美丽的姻缘。

山飞海立，滔滔黄河，滚滚而来，到宜川龙王山这个地方，河床由300多米骤然收束为50米，形成了一个壶嘴状。站在低处，仰望壶口瀑布，只见滚滚黄河水从天际涌来，飞流直下，势如千山飞崩，四海倾倒，异常壮观，于是就有了“山飞海立”的雄伟景象。在这里，黄河好像受到了极大的虐待，她要反抗，发出阵阵怒吼，激起百丈巨浪，翻江倒海，惊涛拍岸，似乎是狂放的群龙失去了约束，张牙舞爪，昂头翘尾，大起大落，腾云覆雨，摇天捍地，轰轰隆隆坠入龙潭，摇头摆尾直达龙门。

晴空洒雨，眼前红日当空，确实细雨纷纷，原来是瀑布激起水柱水雾四溅，随风飘舞，好像毛毛细雨从天际而来，给壶口瀑布的壮丽增添了几分柔美景色。

当你静静坐在瀑布旁，看着惊涛拍岸的急流，听着雷霆万钧之鸣，沐浴着绵绵细雨，浮想联翩，领悟真谛。在这里，倾听那惊天动地，震慑魂魄的贯耳雷鸣，你能体会到我们中华民族在强敌入侵，受到欺凌压迫时的那种愤怒咆哮；能体会到炎黄子孙为国家强盛人民富足全力拼搏时的那种气吞山河，欲与天公试比高的气魄；也能体会到我们众多的海内外华人到这里来寻根问祖，探索中华民族血脉传承奥秘的心境。在这里你能真正领悟到壶口瀑布被视为中华民族自强不息的精神，被誉为“中华魂”的缘由。

黄河是中华民族的母亲河，是中华民族自强不息的象征，站在壶口瀑布面前，谁听懂了这如雷贯耳的涛声，谁领悟了这搏击不息的巨浪，谁就会在这波涛中弄潮，谁就会拥有壮美的今朝和灿烂的明天。

6. 从自然景观与人文因素的配合来讲解自然景观

我国的名山很少是纯自然景观的，由于绝大多数拥有悠久的开发历史和文化遗产，因而形成了人工点缀自然美的景色，中国多名山，名山多古寺。我国素有“天下名山僧占多”之说，因此在我国旅游必要游山，游山又往往要游寺，寺因山而雄、而险、而奇、而幽，山因寺而气象高古。

水与历史文化因素配合，形成了许多富有文化内涵的自然景观和新奇的旅游资源，如导游讲解900多年前苏东坡和其长子苏迈轻舟泛湖，出没于石钟山的绝壁深潭间，为揭开石钟山之迷，而亲自进行实地考察时，就必须讲到石钟山历来是江湖锁钥为兵家必争之地，讲兵家必争之地就自然讲到三国东吴名将周瑜，曾在这里操练水兵；就自然讲到元朝末年朱元璋和陈友谅在这里大战争雄；就自然讲到太平天国时，石达开在此指挥作战，取得了有名的“湖口大捷”。

7. 从自然景观讲解美丽动人的神话故事

导游人员在讲解任何自然景观的自然美时，要正确而恰当地穿插一些有关的神话传说。一则好的神话传说能够帮助人们加深对自然美的认识，使自然景物经过神话传说而富有美的魅力，从而加深对神秘美的认识与欣赏。如导游龙虎山仙水岩时就必须生动讲解仙女岩十个“十不得”的神话故事。

第二节 人文景观导游技巧

一、人文景观分类

人文景观，指古今社会人类活动所创造的具有旅游价值的物质和精神财富，它是历史、现实与文化的结晶。其内容十分广泛，主要包括文物古迹、民俗风情、宗教文化、文学艺术等四大类。

1. 文物古迹，数量极多，种类丰富，是人文景观中最为博大精深的一种旅游资源。它包括古都名城、古建筑、园林、石窟、石刻、古墓葬、古遗迹、近现代重要史迹等。

2. 民俗风情，是人文景观旅游资源中最活泼、最生动和最富有特色的内容。它包括节事庆典与民间歌舞、民居建筑、民族服饰、生活习惯与风味饮食、民间工艺等。

3. 宗教文化，是指一切与宗教直接有关的文化现象。古今中外的宗教文化向来与旅游开发密切相关，所以，毋庸置疑，宗教文化是一种充满魅力的重要人文旅游资源。它包括宗教建筑、宗教活动、宗教艺术等。

4. 文学艺术，是人类精神文明的重要组成部分，其内容十分丰富，是具有广泛的群众性、鲜明的地域性和强烈的招徕力的高品位旅游资源。它包括文学名作与神话传说、楹联与书法绘画、园林艺术与戏曲等。

二、人文景观特征

这里撷取的是在导游过程中主要接触到的中国古建筑导游、园林艺术导游加以阐述，旨在使导游人员熟悉掌握这些知识，并把这些知识介绍给旅游者，从而使旅游者欣赏美、享受美并懂得乐趣。

(一)中国古建筑导游

中国古建筑以其宏伟的规模，惊人的数量，绚丽多彩的风姿，鲜明的地域性、民族性、时代性、科学性和艺术性，屹立于世界建筑艺术之林。中国古建筑是中华民族历史的极为珍贵的遗迹，是最能形象而又具体地表明中华民族的历史和文化的标志，是我国劳动人民丰富智慧的结晶。中国古建筑构成了我国独特的旅游资源，是有高度的审美观赏价值，并以其特有的魅力吸引着无数的中外旅游者。

中国古建筑丰富多彩，按材料结构分有土石建筑、木构建筑、砖石建筑等，按建筑物的性质和功能分有宫殿衙署、城防桥梁、陵寝、坛庙祠堂、古代水利工程等等。

下面就古建筑的导游讲解的内容加以概述。

1. 从时代性和民族特色上讲解古建筑

一个时代、一个民族都有其各自的建筑风格和建筑特色。中国的古建筑是以梁柱结合、斗拱支撑的木构框架为主要结构体系。采用大屋顶和飞檐(挑檐)而显得十分轻盈优美。

导游人员在导游讲解古建筑时，要注意时代特征。如唐朝建筑，色调简洁明了，屋顶舒展平远，门窗朴实无华，给人以庄重、大方的印象。而明清建筑色调华丽浓重，屋顶高耸，屋脊华丽，挑檐飞腾，画栋雕梁，给人以严谨稳重而又富丽华贵的印象。如:滕王阁，是仿宋建筑，正面造型分为四段，第一段为下部高台，用须弥座栏杆，第二段为底层抱厦及回廊，第三段为中部两层平坐及回廊，第四段为顶部重檐。屋面是以该阁核心正方形殿堂之歇山重檐与西部龟首之歇山重檐屋面相连成主屋面。南北挟屋之单檐歇山屋面由两侧插入，出檐深远，檐角按宋式生出，檐椽及飞子在檐角斜出。瓦件是唐宋时常用的碧色琉璃。鸱吻高达三米。勾头、滴水为特制瓦当，勾头为“滕阁秋风”四字，而滴水为“落霞与孤鹜”图案。滕王阁的色彩是宋式彩画，秀丽而绚烂。

2. 从艺术性讲解古建筑

导游人员讲解古建筑的建筑艺术和装饰特色，以及由此创造的气氛和意境。

皇家宫殿建筑是以朝仪庆典、起居游乐、礼神拜佛三种功能设计建造的。因而采用“前朝后寝”“左祖右社”的礼制，中轴对称，居中面南的布局。寺庙建筑则是以苦度修行，礼神供佛之功能设计建造的。因此，山门肃穆，晨钟暮鼓，法殿森严，佛阁森森，僧舍寂寂。布局中也多是中轴对称，层进闭和，步步登高。如六朝古刹九江的能仁寺，占地20余亩，依坡就势，布局规整恢弘，寺院宽敞幽深。整个寺院以天王殿为首，以大雄宝殿等为主体建筑，组成纵横轴线，中院建有铁佛殿，两侧对称配有禅房等，后院是藏经楼、祖堂、法堂。

民居建筑是唯一没有建筑师的建筑，具有鲜明的区域性和历史文化性，是在当地特有的自然环境中，受社会因素的制约，因地制宜，就地取材，构造合理，功能齐全，具有浓郁的地方特色和民族特色。如婺源李坑村，村民沿涧（溪）散居，宅院建筑翘角飞檐，粉墙黛瓦，映于青山绿水之中，旖旎的水乡风光，淳朴的乡间风情，具有中国水乡的“小桥、流水、人家”的独特风貌。

我国的古建筑往往集造型、雕刻、绘画、装饰、建筑等多种艺术于一体，因而古建筑均具有较高的艺术欣赏价值。如江西省赣州的通天岩。现有石刻97品，题刻字体繁复，刻工精致。其文体形式有题名、题记、诗词、造像记、吉祥文字等。其内容涉及政治、历史，宗教文化等各个方面。通天岩又以江南最大的石龛造像而著称。岩区布满了自唐宋以来的各种石龛279座，石刻造像348尊。通天岩是我国古建筑杰出的代表作之一，是研究宗教建筑艺术的瑰宝。

■阅读资料 8－3

江西婺源徽派建筑汪口俞氏宗祠的导游词

俞氏宗祠位于婺源县江湾镇汪口村，它建于清朝，占地大约一亩左右。宗祠内部雕刻十分精细，是我们欣赏木雕精华的地方。为什么它的木雕下了这么大的工夫呢？这是因为当时俞氏族人在建此宗祠时，附近的江湾村也建造了一座宗祠，规模比较大，占地十亩。于是族人语出惊人：不与江湾比大小，只在细处下功夫。所以整个宗祠内部的雕刻前后花了20年才完工，由此我们可以想象出它的精细。

各位游客，宗祠的山门被称为“五凤门楼”。“五凤门楼”在宫廷建筑中较为常见，而在民间却很少。听村中的老人说，这是由于村中曾有一文人担任过太子的老师，此人叫俞杲，字心远，所以特批了俞氏宗祠可以将山门建成“五凤门楼”。我们现在看到的两面木鼓，俗称“抱鼓石”，学名“避面”。它的作用不仅是装饰，还有一种很有意思的说法：婺源十分盛行朱子之理，进出祠堂时，辈分低的人遇见辈分高的人要行礼。但也有这样的情况出现，那就是胡子一大把，但辈分却很低的老人遇见辈分比他高的年纪小的人，此时他就可以躲入“避面”之后回避一下，所以民间又将“避面”称为“遮羞鼓”。从侧门进入后，院子里面左右两边各种植了桂树。左边的为银桂，每年开白色的小桂花；右边的是金桂，开淡黄色的花，树龄已有百余年。

各位游客，顺着我手指的方向，我们看到的正门上方的木雕。看到中间的凤凰了吗？正中的是太阳，这叫“双凤朝阳”，往上一层是大象，这叫“万象更新”，再往上一层是浪花，叫“风平浪静”，浪花的上面是倒挂的蝙蝠，寓意着“福到”，全图又称“福如东海”。门楼上提写着四个字“生聚教训”，这源于春秋战国时期，越王勾践的故事。勾践被吴王夫差俘虏后，每日卧薪尝胆，并定下了“十年生聚，十年教训”的计划，也就是用十年的时间使人口多起来，并教育训导人民提高素质，使国力强大起来，从而一举复国。因此这四个字用在这儿，是代表俞姓人希望自己的子孙兴旺，繁荣富强的一种美好愿望。

我们再抬头看看门楼上翘角的动物，它叫鳌鱼，是龙的九子之一，也叫“吻”，龙头鱼身，生性喜食火，所以在这里它起到避火的作用。现在，我们来猜一猜这鳌鱼那翘起来的须是用什么制成的？——我们想想如果也是用木头制成，它经过风吹雨打一定会慢慢腐烂。如果是铁的或铜的，那也会生锈。其实它是用石头磨制而成，磨的又细又滑，这可是花了十年的工夫才磨好的，两百年来丝毫也没有磨损。天井廊上的雕刻，以卷云花草、亭台楼阁、小桥流水为内容，层次鲜明，形态逼真，立体感很强。我们再看看支撑长廊的吊柱，原本两边各雕刻一石狮子，狮子的头部顶住花托，支撑起长廊与屋檐的重量。很可惜，这狮子的头部在文革时被砍坏了，砍下的狮子头有50斤重，被当作柴火给烧掉了。

我们再来看看享堂，享堂一贯是宗族商议大事，制定乡规民约和祭祖仪式的重要场所。享堂顶部的两根梁上各有一个“福”字，一个“寿”字，因此被称为福寿双全。两边的侧梁上“驼峰”的雕刻以“瓜果延绵”为主，果实累累，象征着宗族的兴旺。我们再欣赏一下上面的这些牌匾，“乡贤”就是俞氏族人中出现了许多有道德，有才能的人；“父子柱史”是指出了父子俩记载重要史事的官，即俞杲父子；“程朱一脉”，指的是程颢、程颐和朱熹，史学界称为“程朱理学”，他们对系统理学是非曲直是一脉相承的。宗祠的后面部分称为寝堂，有两层结构，以往高高坐在上面的是宗族中的族长或辈分很高、声望很高的老者。楼上部分供奉宗族列祖列宗的牌位，楼下有两幅画像，这就是俞杲夫妇二人的画像。台几上的三个牌位是俞杲自己和他的爷爷与父亲三代人。

3. 从历史观方面讲解古建筑

古建筑是我们祖先留下来的极其珍贵的遗产，其形成及兴衰史都有一定的社会、历史和经济原因。例如，九江的白鹿洞书院，创建于晚唐，鼎盛于盛唐，沿袭到明清，有1100多年历史，是我国古代学术讨论和教育研究中心，负笈来书院读书者最多时竟达500余人，素有“天下书院之首”之美誉，在中国教育史和思想史上占有极为重要的地位，直到清末废科举，这所显赫了几个朝代的书院才荒废下来。建国后经抢修，古老的书院“呦呦鹿复鸣”。1998年，书院被国务院定为国家重点文物保护单位。今天，这里不仅是个旅游胜地，也是进行学术活动，开展文化交流的理想场所。

4. 从民俗观方面讲解古建筑

由于生活习俗和社会风尚与人们在不同历史时期的审美标准有着密切联系，因此，生活习惯在建筑上也有不同的反映。

如甘肃敦煌莫高窟，是我国现存规模最大、内容最丰富的艺术宝殿，保存了自前秦至元朝各代壁画和塑像的洞窟492个，壁画4.5万多平方米。这些壁画彩塑内容有狩猎、耕作、纺织、交通、旅行、作战、婚丧、佛教传说、音乐舞蹈、房屋建筑等等，是人们长期以来的生活、生产和社会活动的真实写照，从中可以窥见各个历史时期人民的生活习俗和社会风俗。

(二)园林艺术导游

中国是世界园林艺术起源较早的国家，至今已有三千年的历史。其登峰造极的艺术成就举世公认。素有“世界园林之母”的美誉。园林有着巧妙精致的构造和博大精深的内涵，导游人员要懂得中国园林的艺术和技巧，把中国园林的特点和诗情画意有声有色地介绍给旅游者。并使旅游者情景交融地领略山水情趣，体验园林美感。

1. 从自然美讲解园林艺术

中国人自古热爱大自然，崇尚大自然，以天地之美，主张“天人合一”，着力表现的是人与自然之间的和谐与协调。为此，造园时，最求自然野致，旷达风流，师法自然。强调自然、质朴、旷达、开涧植林、聚石引泉，最大限度再现自然山水。总体布局、组合要合乎自然，山与水,假山中的峰、涧、坡、洞等各景点的组合，要符合自然界山水生成的客观规律，各个山水景象的形象组合要合乎自然规律。花木布置疏密相间，形态天然,乔木灌木错杂相间，追求天然情趣。楼、台、亭、阁、榭与舫、廊、桥、围墙、窗、铺地等各项建筑装点有序，有巧夺天工之美。

2. 从文化知识讲解园林艺术

园林艺术是一种特殊的造型艺术，是“立体的画，无声的诗”。

园林导游讲解往往不仅涉及一些园林建园背景、历史事件、历史人物,还会涉及诗、文、书画、音乐等。导游人员要有一定的文化底蕴，对园名的来历、诗文书画在环境中所起的作用深入浅出地解释。如苏州留园，原是明朝嘉靖年间徐泰时的东园，清朝嘉庆时刘恕改建成塞碧庄，称为“刘园”。太平天国后，苏州阊门外许多建筑被毁，独留此园，谐“刘园”之音，便改名为“留园”。又如，云南昆明大观公园的大观楼前门柱上刻有古今第一长联。长联共180字。上联为:“五百里滇池，奔来眼底。披襟岸帻，喜茫茫空阔无边。看东骧神骏，西翥灵仪，北走蜿蜒，南翔缟素。高人韵士，何妨选胜登临;趁蟹屿螺洲，梳裹就风鬟雾鬓，更苹天纬地，点缀些翠羽丹霞。莫辜负四周香稻，万顷晴沙，九夏芙蓉，三春杨柳。”下联为:“数千年往事，注到心头。把酒凌虚，叹滚滚英雄谁在?想汉习楼船，唐标铁柱，宋挥玉斧，元跨革囊。伟烈丰功，费尽移山心力;尽珠帘画栋，卷不及暮雨朝云，便断碣残碑，都付与苍烟落照。只赢得几杵疏钟，半江渔火，两行秋雁，一枕清霜。”如果不深入研究其中的内涵是很难进行正确的导游讲解的。

3. 从意境美讲解园林艺术

中国园林除了表现真山及其野趣的自然美的“生境”外，往往还要表现出高于自然美的“画境”，以寄托诗情画意理想美的“意境”。楼、台、亭、阁、榭与舫、廊、桥、围墙、窗、铺地装点有序，景物与情感的融合，景物形象的生气与艺术家审美意趣的相互渗透，小桥流水，尽显幽意，奇峰怪石，不无象征，楹联碑刻，花草树木，棂台山水，实景虚景，往往都是物我统一，情景交融。

(三)博物馆的导游与讲解

1. 突出重点讲深讲透

博物馆的展品数量大、种类多，导游不可能面面俱到地逐件讲解到，这时就应从每个展室繁多的展品中挑出几件有代表性的精品来讲深讲透，以便通过这些重点展品的深入讲解，给旅游者留下较深的印象。

2. 快慢得当闹中取静

博物馆中团队多，地方小，常常几个导游员各讲各的，声音互相干扰很大。怎么办？这时就要掌握好快慢，尽量避免跟相邻的导游人员靠得过近。如你的时间多，你就适当多讲点，让你前面的导游员和团队走得离你远些。如你的时间少，你就稍微走快些，超过你相邻的导游员和团队，以此闹中取静。

3. 半圆形人墙避免干扰

有时你正在给旅游者讲解，突然从后面钻出几个人来，插在你和橱窗前面，挡住了旅游者的视线，使你无法讲解。这时，你不妨利用你的团队人多的优势，在某一重点展品前围成一个半圆形的包围圈，这样外面的散客就插不进来，你就可以尽情地展示自己的讲解才能了。

■小知识

1. 景观导游讲解的基本内容有哪些?

答:(1)历史背景;

(2)景观位置;

(3)景观特色;

(4)景观地位;

(5)景观价值;

(6)名人评论。

2. 宗教寺院导游讲解的基本内容有哪些?

答:(1)寺庙和宫观的布局与建筑艺术;

(2)寺庙和宫观装饰的文化意蕴,各种佛像和神像的来源探究和文化剖析;

(3)宗教仪式及过程和宗教法器等。

3. 古建筑讲解的基本内容有哪些?

答:(1)古建筑的周围环境与意境;

(2)古建筑的物质与精神功能;

(3)古建筑陈设与装饰的含义;

(4)各种艺术珍品及其价值;

(5)古建筑体现的礼制思想与等级文化;

(6)相关的其他文化底蕴及内容。

■思考与练习

一、实训项目:定点景点服务训练(2 学时)

(一)自然风光讲解训练

1. 山地景观导游讲解

2. 水体景观导游讲解

3. 动植物景观导游讲解

(二)人文景观讲解训练

1. 古建筑导游讲解

2. 广场导游讲解

3. 博物馆导游讲解

4. 古代军事设施导游讲解

二、实训项目:定点景点讲解训练(4 学时)

实训形式:以小组为单位，进行实景教学

实训重点：不同景观的讲解方法和要领

实训任务(一)：山水景观导游讲解(实景教学，以学生讲解为主，教师适当点评)

1. 以当地的自然景观资源为例实景模拟讲解，掌握自然景观中山水景观导游服务。

2. 教师点评，突出导游讲解服务中的一些细节问题。

实训任务(二)：生物景观导游讲解(实景教学，以学生讲解为主，教师适当点评)

1. 以当地植物园、森林动物园为例进行实景模拟讲解，掌握自然景观中生物景观导游服务。

2. 教师点评，拓展介绍相关动植物知识。

实训任务(三)：建筑和设施导游讲解(实景教学，以学生讲解为主，教师适当点评)。

1. 以当地古建筑为例实景模拟讲解，重点介绍古建筑景观特征。

2. 以当地广场为例实景模拟讲解，掌握人文景观中广场导游要领。

3. 以当地公园为例实景模拟讲解，掌握人文景观中公园导游要领。

4. 教师点评，突出导游讲解服务中的一些细节问题。

实训任务(四)：民俗风情导游讲解重点介绍当地的节庆活动。

实训任务(五)：

1. 教师指定若干所在地的著名景点，要求学生运用所学的导游方法进行模拟导游讲解。可以将教学班学生分成若干组，每组讲解一个景点，分工协作完成。

2. 在条件许可的情况下，教师可带领学生到附近著名的旅游景点，组织学生进行现场导游讲解。一名学生充当地陪，一名学生充当全陪，其他学生充当游客，进行模拟导游练习。

■参考文献

1. 王忠武主编．导游业务新编[M]．南昌：江西科技出版社，2008.

2. 国家技术监督局发布．《导游服务质量》.

■相关链接

1. 百度博客 http://hi. baidu. com/yanll9999.

2. 网络资源。

第九章 参观游览服务

◆ 本章学习重点

◇了解旅游资源的概念，分类和要求。
◇了解旅游线路的设计要求和原则。
◇掌握在参观游览中的服务技能。
◇熟悉特殊团队导游服务中导游人员应掌握的服务程序和要领。
◇重点掌握导游过程中常见突发事件的处理原则和办法。

【案例导读9-1】 对旅游过程中突发疾病的处理

在陕西某旅游有限责任公司工作的朋友，告诉我一件在她带团游览过程中发生的意外事件。她带团去华东“五市”（即南京、上海、杭州、苏州和无锡）旅游，团队共有72人，其中有22个孩子，规模是比较大的。当到达第三站杭州准备外出游览时，发生了意想不到的事情，游客中有一位六十多岁的老人突然发病，送医院检查诊断是癌症晚期，随时都有死亡的可能，医院要求通知其家属。面对这突如其来的变故，她当机立断，要求医生照顾好病人，等待其家属的到来。每天她与另外一人共同取药、换药，从未单独一个人照顾病人，直至家属赶来。经过精心治疗，病情稳定后由其家属接回。对在治病过程中病人的怒骂，她丝毫不介意，因为为游客服务是第一位的，更何况游客得了绝症。同时也没有耽误其他游客的旅游，使这次旅游圆满结束。后来当病人去世后，公司还特意去慰问，病人家属十分感激，使得公司与客户之间建立了良好的关系。

案例导读9-1评析：

从此事件处理过程中不难看出，当游客生病或发病后要及时送医院治疗，并要求游客中留1~2人与导游共同照顾病人，千万不能单独一人去取药或照顾病人，若有问题出现就说不清了。另外要与旅行社联系通知其家属，病情严重的可让其家属亲自照顾。同时与地接社商量不能中止旅游活动，可让其他游客继续旅游。旅游活动结束后，对旅游活动中不幸死亡的游客，应及时去死者家中表示慰问，这也是旅行社售后服务的体现，有利于密切旅行社与客户之间的合作关系，从而稳定客源市场。本例中上述处理办法及时妥当，不仅使旅游活动圆满结束，而且还加强了旅行社与客户之间的关系，提高了旅行社的声誉。

【案例导读9-2】 旅游车在水中熄火

浙江天台的国清寺是佛教天台宗的祖庭，在日本有一定的影响，每年都有相当数量的日本天台宗信徒前来参拜。1996年7月的一个阴天，导游员小郑带着一批日本天台宗信徒从杭州乘大三菱旅游车前往。当车子驶入天台县界时，因发大水，前面较长的一段地势较低的路面已被大水淹没，司机驾车紧跟着前面的车辆，慢慢地在水中行驶。大水刚好淹没大半个车胎。起初一段路还好，但开了一会儿后，可能是三菱旅游车底盘较低，发动机进了水，结果车子熄了火，抛锚在水中。任凭司机怎样想办法，车子就是动不了。离前面没被水淹没处大约还有四五十米远，司机是没有办法了。让游客涉水而过，水深近膝盖，大家又都不知道淹没的路况，且还有行李，无疑不是好办法。怎么办呢？

突如其来的难题没有把小郑吓倒。小郑把日本随员（日本人称领队为随员）和司机叫到一起，他要求司机和日本随员配合，在车子上照顾游客，自己则下车涉水而过，到附近的村子里向渔民去租小木舟。办法拿出来后，小郑就来到附近的村庄，他和村里的渔民商量，请他们划小木舟，将游客、行李接到没水的道路上。然后他又请几个渔民把车子推出了水面。经过一个多小时的忙碌，日本游客又坐上了三菱旅游车。大家都夸小郑有办法。

案例导读 9－2 评析：

这样的突发事件，是放在导游员面前的一个棘手问题，能否果断、迅速地采取有效的措施，体现了导游员处理事情的能力。本案例中，导游员小郑处惊不变，有条不紊地将事情处理得圆圆满满，体现了较强的处理问题的能力，也赢得了游客的赞誉。

【案例导读 9－3】　　旅游线路设计要随时监控

1. 国庆期间，某旅行社组织一个旅游团游览神农—三峡，途经江城武汉，顺便游览市内著名景点。下午，旅游团游览武汉归元寺，从寺里出来后，游客便被一群算命先生围住。这群人能言善辩，且强拉游客算命，他们事先说算命不要钱，可是算完后却非收钱不可，甚至伸手去游客兜里掏钱，弄得游客游兴全无，纷纷指责导游小姐，说旅行社不应该安排这样的景点，表示要投诉。

2. 旅游者患一般疾病时，导游人员须及时探视，并表示慰问。导游人员在征得患者、患者亲属或领队同意后，要帮助旅游者叫出租车，并向司机做必要的交待（去何医院，是否需要出租车在医院等候）。如有全程陪同，可请全陪协助陪同患者前往医院。但是，无论导游人员是否陪同病人去医院，都必须及时了解患者的病情和医生的诊断结果，并告知旅游团领队。

3. 旅游者如患急病或重病时，导游人员应该做到：第一，及时与医院联系，并向旅行社报告，在主管部门指导下，及时组织医务人员进行抢救。在抢救的全过程中，旅游团领队与同行的患者亲属必须在现场，旅行社方面亦应派人到现场照看。第二，向与患者同行的其他旅游者详细了解患者发病前后的身体、病史、症状及治疗等情况，最好有详细的文字记载，以备医院方面参考。患者病危而其家属又不在场者，应尊重医师和旅游团领队的意见，由领队出面与患者家属联系，敦促其家属火速赶来。第三，患者需要住院手术时，应征得患者亲属或领队同意，患者经抢救脱离危险但仍须住院治疗时，导游本人或旅行社方面均应前往探视，帮助患者解决生活上的问题，并帮助患者办理有关手续及其他有关事宜。通常情况下，患者住院及医疗费用，由病人自理。

案例导读 9－3 评析：

1. 现代社会，旅行社经营的旅游线路也要受到社会环境的影响，像案例中的算命先生骚扰游客就属此例。对此旅行社在安排旅游时，一定要先进行调查研究，掌握现状，以便妥善安排。同时旅行社也应将旅游实际中碰到的情况，及时反映给旅游行政管理部门，以便及时有效地对旅游市场环境进行整顿，让游客玩得高兴。

2. 旅游线路途经旅游点的各种服务设施必须得到保障。这一般是指向旅游者提供旅游服务的物质保证，但游客的身心健康方面更不应忽视，要避免游客接触不健康的活动，加强精神文明建设。在强化物质保证的同时，更应创造一个使旅游者身心健康的旅游环境。

3. 旅游产品投放市场并非产品设计过程的终结，旅行社还应对产品进行定期的检查与评价，对产品进行必要的修订和改进，并广泛搜集各种反馈信息，为进一步开发产品提供依据。

第一节　调查主要旅游资源的分布

一、旅游资源的概念与特点

旅游资源是指在人类社会和自然界，凡能激发旅游者旅游动机的，同时又能为旅游业所利用的，并由此而产生经济效益、社会效益和环保效益的一切条件与因素。旅游资源是一个发展的概念，旅游资源的范畴还在不断扩大。

旅游资源的特点，既有与其他各种资源所共有的属性，又有许多它自己所独有的特性。

1. 区域性：旅游资源存在于特定的地理环境中，是地理环境的重要构成要素。

2. 观赏性：旅游资源与其他资源最主要的区别，就是它有美学特征，具有观赏价值。

3. 独立性、垄断性：旅游资源的区域差异，意味着资源的可模仿性极差，它难以模仿或复制。

4. 文化属性：旅游资源除有美学观赏性外，还具有丰富的文化内涵。

5. 不可再生性：旅游资源，除人工可以栽培与繁殖的动植物外，可以说是一种不能再生的资源，一旦破坏将不复拥有。

6. 整体性：孤立的单个景物，往往很难作为一种旅游资源加以开发利用。

7. 时限性：时代的变迁，季节的变化，都会促使旅游资源的含义、特性、吸引力大小等产生影响或变化。

二、旅游资源调查

以江西省旅游资源为例：江西素有“物华天宝，人杰地灵”的美誉，自古以来旅游资源就十分丰富。它不仅拥有像庐山、三清山这样风光秀美的奇特山水，井冈山、瑞金这样独具特色的红色摇篮，瓷都景德镇这样独步天下的“千年瓷都”，龙虎山和阁皂山这样久远、神奇的道教文化名山，庐山净土宗和自唐代以来佛教中禅宗的曹洞宗、沩仰宗、临济宗的杨岐派和黄龙派的祖庭与祖山等这样品位高的佛教历史文化，客家民俗、鄱阳湖渔俗等丰富独特的民俗风情资源等，更是在旅游发展的过程中形成了“红色摇篮、绿色家园”这样特色鲜明的主题形象。江西丰富的旅游资源具有数量多、分布广、类型全、品位高的显著特点。

1. 奇特山水：江西三面环山，一面临水。境内拥有多种多样的地质地貌旅游景观，如第四纪冰川运动形成的庐山、花岗岩名山三清山、丹霞地貌名山龙虎山、岩溶地貌景观龙宫洞等。江西水资源更是十分丰富，境内不仅拥有大小河流2400余条，更有中国最大的淡水湖——鄱阳湖。山水间草本繁茂，动物多样，环境优良。同时，江西自古人文昌盛，名胜古迹遍布山山水水，吸引了大量的游客前来参观访问。

2. 红色摇篮：在中国近现代革命史上，江西不仅是中国共产党独立领导武装革命斗争的策源地，而且是土地革命时期全国革命的中心区域。辉煌的历史造就了江西数量多，种类全，而且品位极高，保存完好的红色旅游资源。江西拥有“军旗升起的地方”——英雄城南昌、“红色故都”——瑞金、“革命摇篮”——井冈山、“中国工人运动发源地”——安源等一批在中国革命史上具有重要意义的红色旅游地。同时，江西红色旅游资源还具有分布集中，重点突出，与其他旅游资源有机联系度高，互补性强的特点。因此，21世纪初江西提出“红色摇篮，绿色家园”的旅游形象促销口号。

3. 陶瓷艺术:瓷器是中国的三大物产之一，在海外，瓷器与中国同名，自唐宋以来，江西瓷器的发展代表中国陶瓷艺术的最高水平。中世纪的景德镇瓷器价比黄金，欧洲贵族们以拥有一件景德镇瓷器为荣。“CHINA”又与景德镇古称“昌南”谐音，因此可以说，“瓷器从这里流向欧美，中国从这里走向世界”。除景德镇外，江西还有丰城洪州窑、吉安吉州窑、赣州七里镇窑等一批著名产瓷地，它们生产的瓷器也各有特色，远销世界各地。

4. 佛教文化:江西是中国道教的发祥地之一，东汉时期张道陵曾在龙虎山炼丹传道。他创立的“五斗米道”又称“天师道”，是中国最早的道教组织之一。后来张道陵的曾孙张盛来到龙虎山定居嗣教，“天师道”的弟子便把龙虎山作为本教的祖山。江西不仅道教林立，诞生了许多道教派系，而且名道辈出，这些人在江西修道的过程，对道教在江西的传播和发展产生了重要的影响。江西还拥有很多道教名山，如九江庐山、南昌西山、樟树阁皂山、上饶三清山、南城麻姑山、峡江玉笥山、萍乡武功山等。江西也是佛教文化的滥觞之地，庐山东林寺是佛教净土宗的祖庭，宜丰的洞山和宜黄的曹山是佛教禅宗曹洞宗的祖庭，宜春的仰山是沩仰宗的祖庭，萍乡的杨岐宗是临济宗的杨岐派的祖庭，修水的黄龙山是临济宗黄龙派的祖庭，马祖以南昌为中心传播的“洪州禅”等声名远扬。

5. 赣鄱风情:江西拥有客家民俗、鄱阳湖渔俗、江西灯彩、江西傩舞、樟树药俗、婺源茶俗、莲乡风情、畲族风情等丰富独特的民俗风情资源。

附表:

江西旅游风景区名录

(1)江西省会城市

南昌市

(2)江西主要旅游资源区(11处):九江庐山 、吉安井冈山、上饶三清山、鹰潭龙虎山、新余仙女湖、赣州三百山、南昌梅岭—滕王阁、上饶龟峰、景德镇高岭—瑶里、萍乡武功山、云居山—柘林湖 。

(3)国家级风景名胜区(11处)

庐山风景名胜区 、井冈山风景名胜区 、三清山风景名胜区 、龙虎山风景名胜区 、仙女湖风景名胜区 、三百山风景名胜区 、梅岭—滕王阁风景名胜区 、龟峰风景名胜区 、高岭—瑶里风景名胜区、武功山风景名胜区 、云居山—柘林湖风景名胜区。

(4)世界遗产

庐山、三清山。

(5)AAAAA级旅游景区(2处)

九江市庐山风景旅游区、吉安市井冈山风景旅游区。

(6)国家自然保护区(8处)

江西鄱阳湖候鸟自然保护区 、江西桃红岭梅花鹿自然保护区 、江西九连山自然保护区 、江西武夷山自然保护区 、江西井冈山自然保护区 、江西官山自然保护区、江西南矶山自然保护区、江西马头山自然保护区。

(7)国家森林公园(28处)

三瓜仑国家森林公园 、庐山山南国家森林公园 、梅岭国家森林公园 、三百山国家森林公园 、马祖山国家森林公园 、灵岩洞国家森林公园 、明月山国家森林公园 、翠微峰国家森林公园、天柱峰国家森林公园、泰和国家森林公园、鹅湖山国家森林公园、龟峰国家森林公园、上清国家森林公园、武功山国家森林公园、铜钹山国家森林公园、鄱阳湖国家森林公园、三叠泉国家森林公园、阁皂山国家森林公园、永丰国家森林公园、梅关国家森林公园、阳岭国家森林公园、天花井国家森林公园、五指峰国家森林公园、柘林湖国家森林公园、陡水湖国家森林公园、万安国家森林公园、三湾国家森林公园、安源国家森林公园。

(8)历史文化名镇

浮梁县瑶里镇、鹰潭市龙虎山风景区上清镇等。

(9)历史文化名村

乐安县牛田镇流坑村、吉安市青原区富田镇陂下村、婺源县沱川乡理坑村、高安市新街镇贾家村、吉水县金滩镇燕坊村、婺源县江湾镇汪口村等。

(10)国家矿山公园

江西景德镇高岭国家矿山公园。

(11)国家水利风景区(12处)

上游湖风景区、景德镇市玉田湖风景区、贵溪白鹤湖水利风景区、井冈山市井冈山湖水利风景区、南丰潭湖水利风景区、乐平市翠平湖水利风景区、麻源三谷水利风景区、泰和县白鹭湖水利风景区、宜春市飞剑潭水利风景区、上饶市枫泽湖风景区、赣州市三江水利风景区、景德镇市月亮湖水利风景区。

(12)重点文物保护单位(52处)

八一起义指挥部旧址，井冈山革命遗址，瑞金革命遗址，安源路矿工人俱乐部旧址，景德镇湖田古瓷窑址，宁都起义指挥部旧址，通天岩石窟，星子观音桥，白鹿洞书院，景德镇祥集弄民宅，上饶集中营旧址，樟树吴城遗址，丰城洪州窑遗址，赣州城墙，庐山会议旧址及庐山别墅建筑群，永新湘赣省委机关旧址，横峰闽浙赣省委机关旧址，万年仙人洞——吊桶环遗址，樟树筑卫城遗址，瑞昌铜岭铜矿遗址，吉安吉州窑遗址，龙虎山仙水岩崖墓群，抚州流坑村古建筑群，龙南关西新围、燕翼围，樟树樊城堆遗址，新干牛头城遗址，泰和白口城址，进贤李渡烧酒作坊遗址，景德镇御窑厂窑址，高安朱轼墓，永修真如寺塔林，赣县大宝光塔，赣州佛塔，樟树鸣水桥，婺源清华彩虹桥，宜春袁州焦楼，铅山鹅湖书院，婺源宗祠，婺源理坑村民居，大余梅关和古驿道，进贤陈氏牌坊，南昌青云谱，星子秀峰摩崖，永丰泷冈阡表碑，安福大智彭氏家族石刻，九江美孚洋行旧址，兴国革命旧址，新余罗坊会议和兴国调查会旧址，万载湘鄂赣革命根据地旧址，于都中央红军出发地旧址，南昌新四军军部旧址。

(13)AAAA级旅游景区(31处)

鹰潭龙虎山风景旅游区、南昌滕王阁、南昌八一起义纪念馆、上饶三清山风景区、赣州通天岩景区、上饶弋阳龟峰景区、景德镇陶瓷历史博览区、婺源江湾景区、新余市仙女湖风景旅游区、景德镇市浮梁古县衙景区、景德镇市高岭—瑶里风景名胜区、婺源县大鄣山卧龙谷旅游区、南昌市天香园景区、庐山天沐温泉度假村、庐山龙湾温泉度假村、婺源灵岩洞旅游区、上饶市上饶集中营、上饶婺源文公山景区、上饶市婺源鸳鸯湖景区、赣州宝葫芦农庄、赣州市崇义县阳岭国家森林公园、赣州市客家文化城、赣州市九曲度假村、赣州市瑞金叶坪红色旅游景区、宜春三爪仑国家森林公园、明月山温泉风景名胜区、明月山天沐温泉度假村、景德镇得雨生态园、景德镇市洪岩仙境风景区、景德镇中国瓷园、吉安市渼陂古村。

(14) 国家地质公园(4 处)

庐山第四纪冰川国家地质公园、龙虎山丹霞地貌国家地质公园、三清山国家地质公园、武功山国家地质公园。

(15) 国家历史名城

景德镇市、南昌市、赣州市。

(16) 国家非物质文化遗产(33 项)

传统音乐:兴国山歌、于都唢呐"公婆吹"、万载"得用鼓";

传统舞蹈:傩舞(南丰跳舞、婺源傩舞、乐安傩舞)、永新盾牌舞、吉安鲤鱼灯舞、丰城岳家狮;

传统戏剧:弋阳弋阳腔、湖口青阳腔、广昌孟戏、婺源徽剧、宜黄宜黄戏、赣南采茶戏、万载傩戏;

民间美术:婺源徽州三雕、萍乡湘东傩面具、湖口草龙、南昌瓷版画、瑞昌剪纸、瑞昌竹编;

传统手工技艺:景德镇手工制瓷技艺、景德镇传统瓷业营造技艺、铅山连史纸制作技艺、婺源歙砚制作技艺、星子金星砚制作技艺、万载夏布制作技艺、万载花炮制作技艺、萍乡烟花制作技艺;

民俗:修水全丰花灯、石城灯会、樟树药俗;

曲艺:萍乡春锣、武宁蔣草锣鼓。

(17) 中国红色旅游经典景区(5 处)

南昌市红色旅游系列景区(点)(南昌八一起义纪念馆、方志敏纪念馆)、萍乡市红色旅游系列景区(点)(萍乡市、铜鼓县、修水县秋收起义纪念地系列景点,萍乡市安源区安源路矿工人运动纪念馆)、井冈山红色旅游系列景区(点)、赣州市—吉安市—抚州市中央苏区政府根据地红色系列景区(点)、上饶集中营烈士陵园。

三、旅游景区

据不完全统计,目前,江西省已建成各级各类对外开放风景名胜区(点)400 多处。截止到 2008 年底,江西拥有世界遗产两处:世界文化景观——庐山、世界自然遗产——三清山;拥有世界地质公园两处:庐山、龙虎山;拥有国际重要湿地 1 处——鄱阳湖;另外还有国家重点风景名胜区 11 处、AAAAA 级旅游景区 2 处、AAAA 级景区 31 处、国家地质公园 4 处;全国工农业旅游示范基地 20 处、国家水利风景名胜区 12 处、国家自然保护区 8 处、国家历史文化名城 3 处、全国重点寺观 5 处、国家级森林公园 38 处、中国历史文化名村名镇 15 个、全国重点文物保护单位 52 处、国家非物质文化遗产 33 项等重要旅游资源。

2006 年,由中共江西省委宣传部、省建设厅、省旅游局、江西日报社联合主办"百姓喜爱的江西百景暨新赣鄱十景"评选活动,经过景区(点)报名和读者推荐、公民投票、专家委员会评审、组委会讨论并经过向社会公示,确定庐山风景区、井冈山风景区、三清山风景区、龙虎山风景区、婺源景区、武功山景区、瑞金红色故都景区、九江云居山—柘林湖风景区、景德镇高岭—瑶里风景区、资溪大觉山风景区为"新赣鄱十景"。南昌"八一起义"纪念馆、南昌滕王阁、赣州宝葫芦农庄、井冈山荆竹山、安远三百山、乐安流坑古村、弋阳龟峰、鄱阳湖候鸟自然保护区、万载竹山洞、龙南关西客家围屋为"江西十大特色美景",并推出"江西百景",使江西旅游景区加强了宣传,扩大了影响,提升了形象。

为加强区域间旅游协作与联合,按照区域联动、信息互通、资源共享、优势互补的原则,主动对接与融入东南沿海经济发达地区的旅游市场,加快与周边省市旅游协作建设步伐,江西省旅游局一方面同中共江西省委宣传部、省广电局联合制作了《美丽的江西》《走遍江西》等旅游风光片进行广泛宣传，另一方面还重点打造了五大旅游区：

以徽文化为结合点，与安徽联合打造“景婺黄徽文化旅游区”；

以红色旅游为纽带，与广东、湖南及闽西联合打造“红色文化旅游区”；

以客家文化为支点，与广东、福建联合打造“客家文化旅游区”；

以高速公路为桥梁，与浙江打造“浙西、赣东北风景休闲旅游区”；

以长江黄金水道为纽带，与湖北、安徽、江苏、上海联合打造“长江黄金水道山水风光旅游区”。

旅行社：截止到2008年底，全省共有旅行社707家，其中国内旅行社673家，国际旅行社34家，出境组团社20家，全省共有导游15490人。而到了2011年，江西旅游接待人数已达到1.6亿人次，比2010年增长47.8%，增幅居全国首位。

江西还高标准建设了南昌—九江（庐山）—景德镇—婺源名山名村文化游；南昌—井冈山—赣州—瑞金名山名城红色文化游；南昌—龙虎山—龟峰—三清山风景名胜生态文化游；南昌—新余（仙女湖）—宜春（明月山）—萍乡（安源、武功山）赣西生态文化游等精品旅游线路，形成了江西完整的旅游线路网络体系。

第二节　设计旅游线路

一、旅游线路（routing of travel）的概念

关于旅游线路的概念，众说纷纭，内容大同小异，其中最令人赞同的是马勇先生在《区域旅游线路设计初探》中的解释：“旅游线路是指在一定的区域内，为使游人能够以最短的时间获得最大观赏效果，由交通线把若干旅游点或旅游市区域合理地贯穿起来，并具有一定特色的路线。”

旅游产品是一个整体概念，简而言之，旅游产品是旅游者旅行过程的综合感受：吃的感受、住宿的经历、交通的感受、旅游景点观赏的感受、购物的满足、娱乐的感受。它的实现条件之一便是旅游线路，一条旅游线路就是一件旅游产品，任何景点、服务方式等发生变化，旅游产品就会随之发生变化。

二、旅游线路设计应遵循的基本原则

旅游线路是旅行社为旅游者服务的旅游产品，旅行利用旅游交通，将若干旅游景点串联起来，并提供全程的服务，在市场上以包价的形式推出，获取经济利益。然而，人们外出旅游时，往往受到金钱和时间的制约，在有限的资金和闲暇的条件下，旅游者总是希望游览更多的景点，感知更丰富的信息，获得更大的收益，但又不能太过紧张疲劳。因此，需设计科学合理的旅游线路，才能做到景点众多，内容丰富，游览紧凑，松紧结合，又能充分展现各景点的特色风貌。旅游线路设计应遵循以下几个基本原则：

（一）有利于充分展现旅游线路上各景点的特色风貌

一条旅游线路上串联着若干个景点，每个旅游景点自身的构景特征不同而各有其不同的最佳观赏时间。一般来说，主景为水景的景点以安排在清晨游览为佳。这时风平浪静，水面如镜，

岸边景物，倒映水中，宁静秀丽。若值冬天，清晨的水面还会呈现出水汽蒸发，薄雾轻曼，景色朦胧，别具韵味。若是以观赏植物为主的景点，则以下午游览为佳。午后风起，花瓣纷飞，清香远播；柳枝摆动，松涛万里……呈现出植物景观的“香”“声境”和富于变化的动态美。而以山体为主的景点，一般又以傍晚游览较好。黄昏夕阳的映照，能勾勒出山峰起伏连绵的线形；山后余辉散射的云天，更加显出山体的雄浑气势。以上仅为风景观赏的一般规律，至于每个具体的景点在何时游览效果最佳，则需要根据具体情况作具体的探究。我们在做旅游线设计时，应当认识到由于每个景点不同时辰的观赏效果都是不一样的，所以，其中总有某个时辰是观赏的最佳时间，应注意尽量在景点呈现其最佳景色的时候，将游人安排到该景点游览。

（二）有利于充分发挥游线上各旅游点的功能

一条游线上的若干旅游点各有其不同的旅游功能，而每个旅游点的旅游功能又各有其不同的最佳发挥时间。譬如，江河湖海等天然水体浴场的主要旅游功能是让旅游者游泳，发挥天然浴场游泳功能的最佳时间当然是在午后水温升高之后。因此，如果游线上有天然水域、浴场之类的景点，做游线设计时，就应当尽量将游客旅游该点的时间安排在下午为妥。而登山攀岩类参与性的活动，由于其运动量大，游客自身产热耗能多，这类活动则最好安排在上午进行。因为经过一夜的休息，人们上午的体力较好；另外，上午比较凉爽。如果是在下午，气温升高了，加上大运动量，会使游客感觉太热、不舒适，严重的甚至出现中暑等病症。

（三）有利于节省途中时间，避免走回头路

旅游者的游览活动其实并不仅仅限于在旅游景点上，在旅途中沿线的景观也是旅游观赏的对象。在游览过程中，如果出现走回头路，就意味着游客要在同一段游路上重复往返，相同的沿路景观，游客要再游览一遍。这种重复，对旅游者来说，便是一种时间和金钱的浪费，是旅游者不乐于接受的。因此，游线设计中要坚决避免，应当使所有的景点串联成环行游线。这样不仅满足游客希望尽量多地感知异国他乡的环境信息的心理需求，还有利于节省旅途时间。

（四）有利于旅游购物活动的实现

购物活动是一个完整的旅游过程所不可缺少的重要环节，旅游购物的完满实现，不仅能给旅游地带来丰厚的经济收益，还能让旅游者的外出旅游获得心理上全面的满意；而且，当地的旅游纪念品被游客带回其常住地后，又能成为旅游地的“无声的义务宣传员”。所以，设计路线时，对旅游购物应予以充分的关注。在线路设计时，应注意将线路上旅游商品最丰盛、购物环境最理想的景点，尽量安排在游线所串联景点的最后。这是因为：在旅游活动即将结束、要返家之前，游客的购物欲是最强烈的。而在旅游刚开始的时期，游客一是对所需购买的物品要多看几处，比较之后再选定；二是如果在旅游才开始就买物品，提着这些物品很不方便；三是旅游之初，游客带出来的钱不敢多用，需准备后面有急用……总之，游客一般在旅游活动之初是不太想购物的。如果我们不根据旅游者的这一心理，而将主要的购物点安排在旅游线路的初始部分，就会给游客的旅游活动留下缺憾。

（五）旅游节奏的松紧、景点游览的动静应有适当的交错

我们设计的游线所组织的旅游过程，要注意使整个旅游活动的节奏适宜，有紧有松。游览的节奏太松，游客觉得时间没有充分利用而不满意；节奏太紧，则不仅游览效果不佳，且容易出现各种事故。游线设计中，旅游活动不能只紧不松，一紧到底。因为旅游活动的日程一般都安排得比较紧凑，每天早出晚归，有时夜晚还有娱乐活动。每大的旅游时间一般都超过

平时工作的八小时，只是因为人在旅游活动中有兴致，所以不大觉得疲乏，其实每天的活动量是相当大的。因此，在游线设计中，需要有意安排一点放松缓冲的游览过程。另外，游线上各景点的游览，所需要游客付出的体力也不一样。有的景点游客主要是通过乘船、坐缆车或坐下来观看各种表演等方式游览，其自身处于相对静止的状态中。而有些景点的游览则要全靠游客步行，或是划船、登山、滑雪、参与民族舞蹈等等一些参与性的体验项目。游览这些景点，游客自身基本上处于"动"的状态中，所需付出的体能消耗较大。对于这两类景点，在进行游线设计时，应尽量使两者交错安排，以使游客的体力既有积极的支出，又有休养恢复的时间，而不致于过于劳累或过于闲散，过劳或过闲都是旅游者所不喜欢的。

（六）景点游览的顺序在总体上应符合"越来越好"的趋向

一条游线的各个旅游景点，在风格、质量、品位等方面总有差异，不会是同一的水平。如果游线设计是把质量品位高的景点安排在前，相对较差的景点安排在后，那么，游客在游览时，虽然获得的第一印象颇好，但随后他在旅游的过程中不断地付出了更多的时间、体力和金钱，却因前面有高质量的景点做参照，而感到后面游览的景点不如最初的景点，就会产生一种得不偿失的"失望感"，进而对整条游线的游览不满意。倘若游线对景点的串联组合是把越好的景点越放在后面，那么，游客在其旅游进程中，随着他的时间、体力和金钱的不断付出，就能看到一个比一个更好的景点，这在其旅游心理上就会产生一种选择该次旅游的成功感，确认这条游线是值得花钱、花时间、花体力不断深入游览的，并且会形成对这条游线的好印象——认为它是一条内容丰富多彩的高质量的游线。由此可见，同样的景点，由于串联组合的方式方法不同，最后给游人形成的游览感受是大相径庭的。以上主要是从有利于旅游者游览观光的各种角度，对串联景点、设计旅游路线、组织游览提出了若干应注意的原则。这是游线设计者应当考虑的最主要方面。当然，旅行社在做游线设计时，还要考虑如何推出具有不同的旅游时间、不同的价格档次的游线来适应和满足各种不同需求的旅游者，如何使游线的运作有利于食、宿、行等接待工作的安排等等一些实际操作上的问题。只有通过对上述所有方面的认真研究，综合考虑，才能设计安排出比较理想的、具有最佳旅游效果的游览路线，才能使旅游地的所有景观和各种旅游资源发挥出最大的综合效益。

三、旅游线路设计的依据

客源市场是旅游线路设计的依据。旅游线路作为商品市场中一种特殊产品，具有无形性、综合性、不可转移性、不可贮存性、易损性等特质，但它作为市场产品的一员，其生产与销售应按市场规律操作。

传统的旅游线路设计，仅针对团队旅游者，忽略了个体旅游者（散客）需求，虽然个体旅游者的旅游线路多由旅游者本人做出选择，但专业部门设计线路对他有直接的影响。此外，部分旅游者在购买旅游产品时，在现有的经营旅游线路中，只选择其中的一部分或一些环节，其余项目则自我服务。

针对以上问题与现象，更加明确了旅游线路设计中的市场重要性，虽然它给旅游业的服务（产品销售）带来极大的难度，但我们应充分理解，这就是市场。旅游线路如果失去了满足旅游者需求的功能，就失去了市场，就是失败的产品。成功的旅游线路设计，必须对市场需求进行充分的调研，以市场为导向，根据旅游者的需求设计出旅游线路。

四、旅游线路设计应遵循的原则

1. 旅游市场需求导向原则

满足并符合旅游者的需求意愿和行为法则是旅游线路设计的前提，对于已经发育成熟的以市场为导向，以需求为中心的旅游市场环境中，任何没有市场意义的旅游线路产品是毫无价值的。在旅游线路设计中，要根据市场需求不断地更新换代旅游线路来适应旅游者的需要，这样才能对旅游者有持续的吸引力。

2. 遵循旅游者心理活动原则

旅游线路设计是否合理最终是由旅游者的旅游体验来检验的，旅游者在旅游过程中的心理活动有高峰低谷之分，并且是相互交错的，因此，在旅游线路设计的时候要注意不同类型资源点以及冷、热点的交叉组合，将旅游节奏的松紧、景点游览的动静适当的交错，这样，才能使旅游者的旅游经历更加丰富。

3. 主题突出原则

旅游线路的设计是在符合特定主题的条件下开始的，在旅游线路设计中要突出该区域旅游发展的主题，只有这样才能突出该区域的地方特色、民族特色。富有个性的旅游产品，才能使旅游者感到新奇，具有特色并充满魅力的旅游线路才有强大的竞争力和生命力。

4. 最大效益原则

旅游者在出游时都希望通过最小的旅游时间和成本来获取最大的旅游经历。时间上，考虑安排多长时间最佳和具体活动日程安排的合理性，重点考虑节省在途时间；在空间上尽可能使整条线路有最便捷的走向，全程不走回头路，并且能够串起较多的旅游点，要求在不影响线路特色和不降低线路质量的前提下，根据旅游线路的主题和市场需求，有针对性地进行适当冷、热点组合，以拉动整体区域旅游的发展。

5. 机动灵活原则

旅游线路的设计在很大程度上应该对旅游者进行大体上的安排，但应该注意根据旅游者不同的兴趣爱好留有一定的空间可以自由发展。

6. 不断更新原则

任何产品都要经历投入到衰退的阶段，旅游线路也要遵循这一规律，因此，旅游线路的设计在适应旅游产品不断变化的情况下要不断更新，对传统线路应该有所改进和突破，可以对旅游资源点进行新的组合，以期可持续的发展。

五、加强旅游线路的设计、定价、营销的监管

旅行社被公认为是旅游线路设计者，同时又是旅游线路(旅游产品)的经营者。就同一条旅游路线而言，由于旅行社提供硬件服务差别较大，一般销售价格差别也较大；其次是市场销售的旅游线路千差万别，缺乏真正意义的市场竞争。此外，在旅游线路营销中，过分强调“硬件”服务，而关于旅游线路要素之一的“软”服务内容，则少有说明。价格制定自由化，缺乏市场对比性和竞争性，诸多旅游投诉，都发生在这方面。鉴于此，旅游行业应对旅游线路的设计、价格制定和旅游线路的营销加强监管。

1. 旅游线路设计，可以是：由管理部门制定，旅行社公开销售，保证公平竞争；由旅行社与管理部门共同设计，各旅行社均可经营；由旅行社设计，但需由管理部门审批，方可经营；

由管理部门组织，请专家根据定期和不定期的市场调研设计，由旅行社经营。

2. 在旅游线路营销活动中，除对旅游景点、旅游时间和提供的“硬件”旅游设施做出说明外，还应该明确旅游线路四大要素之一的“软”服务，说明该旅游产品所提供服务内容和形式，将无形的服务内容以一定的文字表述，尽量减少买卖双方的纠纷。

3. 有关部门加强价格的监督，避免不公平竞争，减少旅游投诉。旅游线路的价格标定应充分反映旅游线路四要素的内容与档次，一系列的旅游投诉多因经营者不明确旅游消费者权益，或因消费者不清楚旅游服务环节引起。监督部门应加强这方面的管理。

六、注重旅游线路的层次性

旅游线路如串珠，交通是线，旅游资源(景点)和城市如珠，设施与服务如加工装饰，这几方面协调地组合在一起，才能显现串珠的美丽。从某种角度讲，旅游线路是旅游资源的组合，线路上的资源应以游客旅游心理状况和体能而设计，考虑资源类型组合、资源顺序组合、线路上的核心资源(目的资源或景点)的出现，使旅游者的兴奋度逐步增强，在核心景点的旅游活动达到兴奋顶点为最佳方案。

七、注意旅游线路的区域性与特色性

要有区域协作的思想。区域协作日益受到人们重视，每一个区域都不是孤立的，都需要和周边地区进行交流和协作，但在旅游业的发展中，这种跨区域的协作显得尤为重要。周边地区旅游业的发展对本地区有促进和提携作用，而本地区可以对周边地区有依附性，正由于两者的相互作用，从而增强两个或多个区域的总体实力，起到 1 + 1 > 2 的效果。多个区域的协作在资源上能够互补，并且可以相互输送客源，旅游线路设计的时候要有“大环线”的思想，使具有同质特性的一定区域进行整合，显示出强大的合力。

综上所述，针对目前旅游线路的问题，设计者和经营者应充分注重旅游客源市场，以市场为导向，尽量保证旅游线路的科学合理性、时效性和经济性;充分突出线路特色，并注重线路(产品)的营销活动与营销管理。

第三节　参观游览中的服务技能

导游服务技能:是指导游人员运用所掌握的知识和经验为游客服务的方式和能力。俗语说:“熟能生巧。”导游人员通过不断学习和实践，其掌握的知识的广度和深度会不断延伸，实践经验会越来越丰富，为游客服务的方式就会越来越多，服务能力就会越来越强。

在景点和去景点途中的地陪服务，应努力使旅游团全过程安全、顺利，使旅游者详细了解景点对象的特色、历史背景及其他感兴趣的问题。

一、做好去景点前的各项准备

(一)准备好小旗、导游证和必要的票据

(二)督促司机做好各项准备工作

(三)核实餐饮落实情况

(四)出发前，地陪应提前10分钟到达集合地点(带散客应为15分钟)

提前到达不仅为了在时间上留有余地，以身作则遵守时间，应付紧急突发的事件，也是为了礼貌地招呼早到的旅游者，询问旅游者的意见和建议，同时有一些工作必须在出发前完成。

(五)核实、清点实到人数

若发现有旅游者未到，地陪应向领队或其他旅游者问明原因，设法及时找到；若有的旅游者愿意留在饭店或不随团活动，地陪要问清情况并妥善安排。

(六)提醒注意事项

地陪要向旅游者预报当日天气和游览点的地形、行走路线的长短等情况，必要时提醒旅游者带好衣服、雨具、备换鞋等。

(七)准点集合登车

早餐时向旅游者问候，提醒集合时间和地点；旅游者陆续到达后，清点实到人数并请旅游者及时上车；地陪应站在车门一侧，一面招呼大家上车，一面扶助老、弱者上车；开车前，再次清点人数。

二、途中导游

(一)重申当日活动安排

(二)风光导游

导游应介绍旅游车所走线路上沿途的风光风情，可以穿插当地的民风民情，当地的特产特色等。

(三)介绍游览景点

简要介绍，尤其是景点的历史价值和特色，激起游览景点的欲望。

(四)活跃气氛

如旅途长，可适当地搞些娱乐活动活跃气氛。

三、景点导游

(一)景点中

1. 交待游览注意事项。

2. 进行游览中的导游讲解做到讲解与引导游览相结合，集中与分散相结合，劳逸适度，并应特别关照老弱病残的旅游者。

3. 留意旅游者的动向，防止旅游者走失。

4. 参观活动旅游团的参观活动一般都需要提前联络，安排落实并有主人接待。一般是先介绍情况，然后引导参观。

(二)返程途中的工作

1. 回顾当天活动。

2. 进行风光导游。

3. 宣布次日活动日程。

4. 安排叫早服务。

游览景点过程中的地陪服务，应努力使旅游团全过程安全、顺利。应使游客详细了解参观游览对象的特色、历史背景及其他感兴趣的问题。

■阅读资料9-3-1

参观游览途中发生交通阻塞时应该怎样处理

1. 立即与司机商量，估计恢复交通的时间和到目的地的距离，采取绕道行驶或步行前往；

2. 若阻塞的时间较长，立即请示领导，另外在靠近目的地的一方派车来接旅游团；

3. 做好旅游团全体成员的安抚工作。

■阅读资料9-3-2

导游员与领队、司机及其他旅游接待单位的合作

1. 导游员与领队的合作

导游人员在旅游团整个旅游过程中，与领队搞好关系，得到领队的理解、合作和支持是导游人员带好旅游团的一个重要方面。这是因为：第一，导游人员与领队之间的关系实质上是接待旅行社与组团旅行社之间执行合同的关系。在带团过程中，导游人员取得领队的理解、合作与认可是十分重要的。第二，领队在旅游途中是游客的代言人，负有维护游客合法权益的责任，导游人员在率领游客旅游的过程中，若得不到领队的协作，就可能处处受制，很难将旅游团带好。因此，导游人员应设法与领队搞好关系，争取领队的合作与支持。

(1) 尊重领队权限，支持其工作。

(2) 多同领队协商，主动争取其配合。

(3) 多给领队荣誉，调动其积极性。

(4) 坚持有理、有利、有节，避免正面冲突。

2. 导游员与司机的合作

(1) 如果接待外国游客，在旅游车到达景点时，导游人员用外语向游客宣布集合时间、地点时，要记住用中文告诉司机。

(2) 旅游线路有变化时，导游人员应提前告诉司机。

(3) 与司机研究日程安排，征求司机对日程的意见。

(4) 导游人员要协助司机做好安全行车工作。

3. 导游员与其他旅游接待单位的合作

(1) 尊重相关旅游接待人员。

(2) 多与旅游接待单位沟通，及时了解信息。

(3) 工作上相互支持。

■阅读资料9-3-3

处理好一些关系

(1) 强和弱的关系

处理这一矛盾的原则是：使强者的充沛精力有发挥的余地，又不使弱者疲于奔命。

(2) 多数和少数的关系

一般情况下，大家本着求同存异的原则，通过协商解决矛盾。导游人员处理这一矛盾时要谨慎，避免给游客留下偏袒一方的感觉。此外，实事求是地讲明情况，请领队做统一意见的工作，力求找出能兼顾各方的办法，争取让各方都得到部分满足，但也各做出一些让步。如无法统一，导游人员应寻找合理而可能的变通方法。

(3)劳和逸的关系

导游人员在安排游客的活动日程时，在现场导游讲解中，一定要遵循劳逸结合的原则，掌握好导游节奏，处理好导游讲解的快、慢关系，游览活动中的张、弛关系，行进速度的缓、急关系等。

第四节　旅游行程中突发事件的处理

任何事故一旦发生，都是令人不高兴的，都是不幸的。所以导游人员在带团过程中，要尽量避免事故或减少事故的发生。虽然很多事故的发生与导游人员无关，但导游人员身在第一线，是不能回避的，也是回避不了的，必须参与事故的处理，事故处理的好坏不仅影响到旅游服务质量和旅游者利益，也是衡量导游人员素质和独立工作能力的标尺。为了把事故发生的可能性减少到最小限度或者把事故发生后造成的影响或损失减少到最低程度。导游人员带团过程中不仅要热情服务，认真工作，而且要熟悉旅游服务的各种政策方针，事先做好预防的准备及处理事故的能力，以免临时措手不及。

一、事故的分类

旅游服务中发生的事故，是指阻碍旅游活动继续进行或给旅游者带来烦恼，损失甚至生命危害的严重事件。

(一)按事故程度分有一般事故和严重事故

1. 一般事故是指旅游服务中偶尔发生的一次小差错，如旅游活动项目的顺序变更，旅游者丢失证件、物品，旅游者患病等。

2. 严重事故是旅游服务中发生的危害性严重事件。如发生交通事故，参观游览中导游人员游而不导。旅行社或饭店不按旅游合同提供标准服务，导游人员擅自改变甚至取消某一旅游项目，导游人员在旅游车上经常打瞌睡或与司机聊天而不理睬旅游者等。

(二)按事故发生的原因分有责任事故和非责任事故

1. 责任事故：是指人为造成的，旅游服务人员责任心不强，不尽职或因经验不足处理事故不当而引发的。

2. 非责任事故：是指由非旅游企业运行机制的原因或自然灾害等不可预测或不可抗拒的因素而造成的。如公路塌陷，交通运输部门来不及修复或交通堵塞，交警人员一时疏散未果而致使行程受阻，气候骤变造成航班改期，洪水暴涨航道不畅或旅游者突发急病须立即暂停旅游活动等等。

■阅读资料9－4－1

旅游者行李遗失、损坏的处理

旅游者行李的丢失，一般都是运输过程中或搬运途中发生的。无论是外国旅游者还是中国旅游者，行李的丢失都会给他们的旅游生活带来极大的不便，并严重地影响了旅游情绪。因此，导游人员应该急他们所急，尽快设法解决。

一、入境旅游者丢失行李

有时海外旅游者一入境就告诉导游人员其行李丢失。显然不是我方导游人员的责任，而应由其所乘飞机的航空公司负责。这时，导游人员不能袖手旁观，应积极协助旅游者追回行李：

1. 带领失主到机场行李查询登记处办理行李丢失认领手续，出示机票和行李牌并填写丢失行李登记表(始发站、中转站，行李件数、大小、形状、颜色、标记、特征等一一填写清楚)。

2. 将失主下榻饭店的名称、电话号码、房间号(如果已知道)留给登记处，同时将登记处的电话、联系人，有关航空公司办事处的地址、电话等一一记下，一式两份，一份交给失主，一份导游人员自己留下，以备联系。

3. 游览期间，导游人员要随时与机场行李登记处或航空公司办事处电话联系，询问寻找行李的情况。

4. 如果一时无法找到行李，导游人员应关心失主的生活，要协助失主购置必要的生活用品。

5. 若离开前仍没找到行李，导游员就应帮助失主将全程旅游路线、抵达各地的时间、各接待社的名称、各地下榻饭店的名称、失主所在旅游团代号等相关情况转告有关航空公司，以便找到行李后能及时运往最相宜的地点交给失主。

6. 如果行李确系丢失，失主可按照航空公司有关规定向有关航空公司索赔，或按照国际惯例赔偿。

二、在中国境内丢失行李

旅游者在我国境内旅游期间丢失行李，一般是在三个环节上出了差错，即：交通运输部门、饭店行李部门和旅行社的行李员。导游人员必须认识到，不论是在哪个环节出现的问题，都是我方的责任，应积极设法负责查找。

1. 仔细分析，找出差错的线索或环节：(1)如果旅游者在机场领取行李时找不到托运行李，则很有可能是上一站行李交接或机场行李托运过程中出现了差错。这时，全陪应马上带领失主凭机票和行李牌到机场行李查询处登记办理行李丢失和认领手续，并由失主填写行李丢失登记表。地陪应立即向接待社领导或有关人员汇报，安排有关人员与机场、上一站接待社、有关航空公司等单位联系，积极寻找。(2)如果抵达饭店后，旅游者告知没有拿到行李，原因则可能是本团旅游者误拿，饭店行李部投递出错，旅行社行李员与饭店行李员交接时有误。在往返运送行李途中丢失。出现上述情况时，地陪应立即与全陪、领队一起先在本团内寻找；如果不是本团内的原因，应立即与饭店行李部取得联系，请其设法查找；如果仍找不到行李，地陪应马上向接待社领导或有关部门汇报，请其派人了解旅行社行李员有关情况，设法查找。

2. 做好善后工作。主动关心失主，对因丢失行李给失主带来的诸多不便表示歉意，并积极帮助其解决因行李丢失而带来的生活方面的困难。

3. 与有关方面联系，询问查找进展情况。

4. 若行李找回，及时将找回的行李归还失主。若确定行李已丢失，由责任方负责人出面向失主说明情况，并表示歉意。

5. 帮助失主根据有关规定或惯例向有关部门索赔。

6. 事后写出书面报告(事故的全过程：行李丢失的原因、经过、查找过程、赔偿情况及失主和其他团员的反映)。

三、行李的损坏

旅游者在整个旅行中，往往要经过多个城市和地区，有时在提取行李时发现托运的行李有破损甚至面目全非。行李破损是由多方面造成的，如行李传送机械的原因，行李装卸人员操作不当或“野蛮装卸”，以及行李箱自身的质地等多种原因。发生行李被损坏时，导游人员应采取以下措施：

1. 全陪应带行李破损的旅游者到机场行李查询处填写“行李运输事故记录”。如果当时由于时间关系或其他原因未能及时到机场行李查询处填写事故记录，行李破损的旅游者应按《航空法》有关规定：最迟应当自收到行李之日起七日内向承运人或代理人提出行李破损问题。

2. 帮助行李破损者根据《航空法》中有关规定，向承运人索取一定的赔偿。赔偿方式有：现金赔付；以坏换新(航空公司准备新箱)；退旧买新，凭发票报销；修理后凭票报销。

■阅读资料9－4－2

旅游者患病、死亡的处理

导致旅游者在旅游期间患病的主要原因是由于长途旅游劳累、气候冷暖变化、起居习惯的改变、水土不服等多种原因造成的，尤其是年老体弱的旅游者更会常常感到身体疲惫。在旅途中，旅游者突然患病、患重病、病危甚至死亡的事情时有发生。因此，为了避免或减少此类的事情发生，导游人员应做有心人，安排活动时要考虑到旅游者的年龄、体质等方面的因素，做好预防工作。

一、旅游者患一般病的处理

经常有旅游者在旅游期间感到身体不适或患一般疾病，如感冒、发烧、水土不服、晕车、中暑、失眠、便秘、腹泻等，这时导游员应该及时予以妥善处理。

1. 劝其及早就医，注意休息，不要强行游览

在游览过程中，导游人员要观察旅游者的神态、气色，发现旅游者呈病态时，应多加关心，照顾其躺在较舒服的座位上，或留在饭店休息，但一定要通知饭店给予关照，切不可劝其强行游览。旅游者患一般疾病时，导游人员应劝其及早去医院就医。

2. 关心患病的旅游者

对因病没有参加游览活动，留在饭店休息的旅游者，导游人员要主动前去问候身体状况，以示关心。必要时通知餐厅为其提供送餐服务。

3. 需要时，导游人员可陪同患者前往医院就医，但应向患者讲清楚，所需费用自理。提醒其保存诊断证明和收据。

4. 严禁导游人员擅自给患者用药。

二、旅游者突患重病的处理

遇到旅游者在旅途中、在饭店、在旅游车上突然患病或突患重病时，导游人员应全力以赴，采取措施积极抢救。

1. 在前往景点途中突然患病

(1)在征得患者、患者亲友或领队同意后，立即将患重病旅游者送往就近医院治疗，或拦截其他车辆将其送往医院。必要时，暂时中止旅行，用旅游车将患者直接送往医院。

(2)及时将情况通知接待社有关人员。

(3)一般由全陪、领队、病人亲友同往医院。如无全陪和领队，地陪应立即通知接待社，请求帮助。

2. 在参观游览时突然患病

(1)不要搬动患病旅游者，让其就地坐下或躺下。

(2)立即拨打电话叫救护车(医疗急救电话:120)。

(3)向景点工作人员或管理部门请求帮助。

(4)及时向接待社领导及有关人员报告。

3. 在饭店突然患病

旅游者在饭店突患重病，先由饭店医务人员抢救，然后送往医院，并将其情况及时向接待社领导汇报。

4. 在向异地转移途中突患重病

在乘飞机、火车前往下站的途中旅游者突患重病：

(1)全陪应请求乘务员帮助，在乘客中寻找从医人员。

(2)通知下站旅行社做好抢救的各项准备工作。

5. 处理要点

(1)旅游者病危，需要送往急救中心或医院抢救时，需由患者家属、领队或患者亲友陪同前往。

(2)如果患者是国际急救组织的投保者，导游人员应提醒其亲属或领队及时与该组织在北京的代理机构联系(亚洲急救中心电话:0086－10－64629100)。

(3)在抢救过程中，须有领队或患者亲友在场，并详细记录患者患病前后的症状及治疗情况，并请接待社领导到现场或与接待社保持联系,随时汇报患者情况。

(4)如果需要做手术，须征得患者亲属的同意，如果亲属不在，须由领队同意并签字。

(5)若患者病危，但亲属又不在身边时，导游人员应提醒领队及时通知患者亲属。如果患者亲属系外国人士，导游员要提醒领队通知所在国使、领馆。患者家属到京后，导游人员要协助其解决生活方面的问题;若找不到亲属，一切按使、领馆的书面意见处理。

(6)有关诊治、抢救或动手术的书面材料，应由主治医生出具并签字，要妥善保存。

(7)地陪应请求接待社领导派人帮助照顾患者、办理医院的相关事宜，同时安排好旅游团继续按计划活动，不得将全团活动中断。

(8)患者转危为安但仍需要继续住院治疗，不能随团离开继续旅游或出境时，接待社领导和导游人员(主要是地陪)要不时去医院探望，帮助患者办理分离签证,延期签证，以及出院、回国手续和交通票证等事宜。

(9)患者住院和医疗费用自理。如患者没有钱看病，请领队或组团社与境外旅行社、其家人或保险公司联系解决其费用问题。

(10)患者在离团住院期间未享受的综合服务费由中外旅行社之间结算后，按协议规定处理。患者亲属在此期间的一切费用自理。

三、旅游者因病死亡的处理

旅游者在旅游期间不论什么原因导致死亡，都是一件很不幸的事情。当出现旅游者死亡的情况时，导游人员应沉着冷静，立即向接待社领导和有关人员汇报，按有关规定办理善后事宜。

1. 如果死者的亲属不在身边，应立即通知亲属前来处理后事;若死者系外国人士，应通过领队或有关外事部迅速与死者所属国的驻华使、领馆联系，通知其亲属来华。

2. 由参加抢救的医师向死者的亲属、领队及好友详细报告抢救经过，并出示“抢救工作报告”“死亡诊断证明书”，由主治医生签字后盖章，复印后分别交给死者的亲属、领队和旅行社。

3. 对死者一般不做尸体解剖，如果要求解剖尸体，应由死者的亲属或领队，或其所在国家使、领馆有关官员签字的书面请求，经医院和有关部门同意后方可进行。

4. 如果死者属非正常死亡，导游人员要保护好现场，立即向公安局和旅行社领导汇报，协助查明死因。如需解剖尸体，要征得死者亲属和领队或所在国驻华使、领馆人员的同意，并签字认可。解剖后写出《尸体解剖报告》(无论属何种原因解剖尸体，都要写《尸体解剖报告》)。此外，旅行社还应向司法机关办理《公证书》。

5. 死亡原因确定后，在与领队、死者亲属协商一致的基础上，请领队向全团宣布死亡原因及抢救、死亡经过等情况。

6. 遗体的处理，一般以火化为宜，遗体火化前，应由死者亲属或领队，或所在国家驻华使、领馆写出“火化申请书”并签字后进行火化。

7. 死者遗体由领队、死者亲属护送火化后，火葬场将死者“火化证明书”交给领队或死者亲属；我民政部门发给对方携带骨灰出境证明。各有关事项的办理，我方应予以协助。

8. 死者如在生前已办理人寿保险，我方应协助死者亲属办理人寿保险索赔、医疗费报销等有关证明。

9. 出现因病死亡事件后，除领队、死者亲属和旅行社代表负责处理外，其余团员应由代理领队带领仍按原计划参观游览。至于旅行社派何人处理死亡事故，何人负责团队游览活动，一律请示旅行社领导决定。

10. 若死者亲属要求将遗体运回国，除须办理上述手续外，还应由医院对尸体进行防腐处理，并办理“尸体防腐证明书”、装殓证明书、“外国人运送灵柩(骨灰)许可证”和“尸体灵柩进出境许可证”等有关证件，方可将遗体运出境。灵柩要按有关规定包装运输，要用铁皮密封，外廓要包装结实。

11. 由死者所属国驻华使、领馆办理一张经由国的通行证，此证随灵柩通行。

12. 有关抢救死者的医疗、火化、尸体运送、交通等各项费用，一律由死者亲属或该团队交付。

13. 死者的遗物由其亲属或领队、死者生前好友代表、全陪，或所在国驻华使、领馆有关官员共同清点造册，列出清单，清点人要在清单上一一签字，一式两份，签字人员分别保存。遗物要交死者亲属或死者所在国家驻华使、领馆有关人员。接收遗物者应在收据上签字，收据上应注明接收时间、地点、在场人员等。

处理要点提示：在处理死亡事故时，应注意以下问题。

1. 必须有死者的亲属、领队，使、领馆人员，及旅行社有关领导在场，导游人员和我方旅行社人员切忌单独行事。

2. 在有些环节还需公安局、旅游局、保险公司的有关人员在场，每个重要环节应经得起事后查证并有文字根据。

3. 口头协议或承诺均属无效。事故处理后，将全部报告、证明文件、清单及有关材料存档备查。

■阅读资料9-4-3

旅游安全事故的处理

国家旅游局颁布的《旅游安全管理暂行办法实施细则》中规定：凡涉及旅游者人身、财产安全的事故均为旅游安全事故。在旅游接待工作中，主要有以下几种旅游安全事故容易发生：

一、交通事故

交通事故是属于事先无法预料的突发事故，事故一旦发生，后果往往不堪设想。轻者有惊无险，重者人员伤亡，给旅游者带来极大的损失和伤害。所以，尽量避免或减少交通事故的发生，保障旅游者的安全，是导游人员的责任。

一旦交通事故发生了，只要导游人员没有负重伤，神智还清醒，就应立即采取各种有效措施，冷静、果断的处理，尽最大努力减少人员伤亡和财物损失，并积极做好善后工作。

1. 立即组织抢救

导游人员应立即组织现场人员迅速抢救受伤的旅游者，特别是抢救重伤员，并尽快让旅游者离开事故车辆。立即打电话叫救护车(医疗急救电话:120)或拦车将重伤员送往距离出事地点最近的医院抢救。

2. 立即报案，保护好现场

事故发生后，不要在忙乱中破坏现场，要设法保护现场，并尽快通知交通、公安部门(交通事故报警电话:122)，争取尽快派人来现场调查处理。

3. 迅速向接待社报告

地陪应迅速向接待社领导和有关人员报告，讲清交通事故的发生和旅游者伤亡情况，请求派人前来帮助和指挥事故的处理，并要求派车把未伤和轻伤的旅游者接走送至饭店或继续旅游活动。

4. 做好安抚工作

事故发生后，交通事故的善后工作将由交运公司和旅行社的领导出面处理。导游人员在积极抢救、安置伤员的同时，做好其他旅游者的安抚工作，力争按计划继续进行参观游览活动。待事故原因查清后，请旅行社领导出面向全体旅游者说明事故原因和处理结果。

5. 做好保险索赔工作

请医院开出诊断和医疗证书，并请公安局开具交通事故证明书，以便向保险公司索赔。

6. 写出书面报告

交通事故处理结束后，需有关部门出具有关事故证明、调查结果，导游人员要立即写出书面报告。内容包括:事故的原因和经过;抢救经过和治疗情况;人员伤亡情况和诊断结果;事故责任及对责任者的处理结果;受伤者及其他旅行者对处理的反映等。书面报告力求详细、准确、清楚、实事求是。最好和领导联署。

二、治安事故

在旅游活动过程中，遇到坏人的骚扰、行凶、抢劫、偷盗、诈骗，导致旅游者身心健康及财产受到不同程度的损害，统称治安事故。

此类事故一旦发生，轻者使旅游者损失钱财，重者会殃及旅游者的生命。因此，导游人员在陪同旅游团(者)参观游览的过程中，遇到此类治安事件的发生，必须挺身而出，全力保护旅游者的人身安全。决不能置身事外，更不能临阵脱逃。发现不正常的情况，立即采取行动。

1. 全力保护旅游者

遇到歹徒向旅游者行凶、抢劫，导游人员应该做到临危不惧，毫不犹豫地挺身而出，奋力与坏人拼搏，勇敢地保护旅游者。同时，立即将旅游者转移到安全地点，力争在在场的群众和公安人员的帮助下缉拿罪犯，追回钱物，但也要防备犯罪分子携带凶器狗急跳墙。所以切不可鲁莽行事，要以旅游者的安全为重。

2. 迅速抢救

如果有旅游者受伤，应立即组织抢救，或送伤者去医院。

3. 立即报警(电话:110)

治安事故发生后，导游人员应立即向公安局报警，如果罪犯已逃脱，导游人员要积极协助公安局破案。要把案件发生的时间、地点、经过,作案人的特征,受害人的姓名、性别、国籍、伤势,以及损失物品的名称、数量、型号、特征等向公安部门报告清楚。

4. 及时向接待社领导报告

导游人员在向公安部门报警的同时要向接待社领导及有关人员报告。如情况严重,请求领导前来指挥处理。

5. 妥善处理善后事宜

治安事件发生后,导游人员要采取必要措施稳定旅游者情绪,尽力使旅游活动继续进行下去。并在领导的指挥下,准备好必要的证明、资料,处理好受害者的补偿、索赔等各项善后事宜。

6. 写出书面报告

事后,导游人员要按照有关要求写出详细、准确的书面报告。

■小知识

1. 参观游览出发前,地陪须做好哪几个方面的工作?

(1)做好出发前的各项准备工作;

(2)客人上车时,地陪应恭候在车门一侧,热情地招呼客人;

(3)待旅游者上车后,地陪应礼貌地清点人数(切忌用手指指点客人);

(4)开车出发前,地陪要做好提醒预报工作。

2. 在车上,清点人数有何技巧?

(1)用目点,切忌用手指指点;

(2)点车上的剩余空位。

3. 地陪应如何做好游览途中的导游讲解?

(1)在沿途风光讲解中,要不失时机地有选择地介绍沿途景物、回答提问,做到同步讲解;

(2)在到达景点前,要介绍所参观游览景点的概况,包括历史沿革、艺术价值、形成原因、景观特色等,以满足旅游者见树先见林的心理需求;

(3)若路途较长,可讲长话题,组织讨论或娱乐活动等。

4. 抵达景点后,在进入景点前,地陪如何交待游览注意事项?

(1)地陪应向旅游者讲清在该景点停留时间及参观游览结束后的集合时间和地点;

(2)提醒旅游者记住旅行车的型号、颜色、标志、车牌号;

(3)在进景点门前,地陪应向旅游者讲解游览线路,提醒游览注意事项。

5. 地陪应如何做好游览中的导游讲解?

(1)在景点导游过程中,地陪应保证在计划时间和费用内,使旅游者充分地游览、观赏,做到导和游相结合、适当集中和分散相结合、劳逸结合;

(2)为防止旅游者在游览中走失,除了做好上述提醒工作外,还必须做到时刻不离旅游者,并注意观察周围环境,与领队、全陪一起密切配合,随时清点人数,特别关照老弱病残的旅游者;

(3)地陪在景点讲解时,要做到心中有数,先讲什么后讲什么,中间穿插什么典故和趣闻故事都要预先设计;

(4)讲解内容翔实,语言流畅;

(5)讲究讲解方法和技巧,并观察旅游者的反应,灵活调整讲解内容和速度;

(6)力求做到有声有色、情景相融、详略得当、有虚有实，给旅游者以生动、形象、具体、亲切灵活的感受。

6. 游览服务

(1)旅行社应科学合理安排游客游览活动内容、线路、时间。

(2)导游人员应严格按照旅行社确定的接待计划，安排游客的旅行、游览活动，不得随意减少或增加旅游项目。

(3)遇有特殊情况确需改变旅游线路时，导游人员应请示旅行社同意后，对日程安排予以调整，并及时做好各环节的衔接工作。

(4)导游人员应利用就餐时间了解游客身体状况，向游客重申出发时间、乘车或集合地点，提醒游客带好手提包、摄像机、照相机等随身物品。

(5)游览出发前，导游人员应提前10分钟恭候在车门旁，照顾游客上车。赴景点路途中，应向游客问候，告知当天行程、天气情况、重要新闻和有关注意事项，简要介绍参观景点的情况，并根据游客特点、兴趣或要求，穿插介绍有关历史典故、风土人情等，热情回答游客提问。

(6)到达景点下车前，导游人员应向游客宣布集合时间、地点、车牌号以及参观游览中须注意事项等。集合后发现有游客未到时，导游人员要沿游览线路返回寻找，必要时，通知旅行社协助寻找。

(7)导游人员应合理调度安排游览进度，保证在计划的时间与费用内，让游客能充分地游览、观赏景点。做到讲解与游览相结合，集中与分散相结合，给游客留有摄影时间，使游客行程充实、轻松、愉快。

(8)游览过程中，导游人员应根据不同游客特点，运用不同手法和技巧，有针对性地讲解，做到内容准确、条理清晰、语言生动、手法灵活、繁简适度，增加游客游兴。讲解时不得掺杂有反动、黄色、低级趣味等不健康内容。

(9)游览中，导游人员要适时提醒游客注意人身安全，在行走困难的地段，要注意照顾年老体弱者，以防发生意外。

(10)全天游览活动结束后，导游人员要主动向全陪、领队征求意见和建议，共同协商，及时妥善解决当日游览过程中遇到的问题。

■思考与练习

(一)知识思考题

1. 游客不见了如何处理？

一次，××旅行社地陪小张带一个40人的旅游团游览杭州。旅游团先游览花港观鱼公园，然后在花港码头坐船游西湖。小张在带游客游完花港观鱼公园，在临出公园门前，清点了一遍人数，游客全部到齐。带游客到码头等了一会儿，引领游客上船。待游客都坐下后，再清点人数，却发现少了一位，这时小张非常着急，因为同船的另外一团游客已都到齐，游船即将启动。小张马上来到驾驶舱，把情况与工作人员做了说明，请他们再等一会儿，自己和全陪上岸去寻找游客。如果你是导游员将如何处理？

2. 旅游车与其他车相撞如何处理？

清晨，天空飘着蒙蒙细雨。××旅行社的导游员小吴带着一个旅游团赴千岛湖游览。车子走的是104国道，虽路况不错，但小吴仍婉转地提醒司机放慢车速，越野车的车速始终在每小时六七十千米左右。然而，意料不到的“灾难”还是碰上了。当旅游车开到桐庐境内靠山的一个拐弯处时，由于视线受影响与对面飞速驶来的一辆小货车“吻”上了，只听一声巨响，旅游车前面的挡风玻璃全被撞碎，司机当场昏迷过去；坐在驾驶员旁边座位上的小吴的头也被撞起了一个“大包”，手臂被玻璃扎破，鲜血直流；游客中也有几位受了伤。面对这种惨状，小吴顾不得剧烈的疼痛，他一边立即用手机拨通了旅行社的电话，简要地向领导报告了发生的情况，一边拦车将司机及几位受伤游客送往附近的医院。半小时后，旅行社联系的地方接待社的一辆车子和导游也到了。依照旅行社指示，小吴先安排没有受伤的游客乘坐这一辆车到桐庐县城一家饭店暂时休息，然后自己才去医院包扎伤口。

(二)能力训练题

1. 某旅游团队即将离开北京，由于天气原因飞机航班误点了，游客们显得非常不安，有些客人在吵闹。请运用导游语言技巧使旅游者的情绪平静下来。教师把教学班学生分成若干组，其中一名学生作为导游员，其他学生作为游客，进行模拟练习。

2. 一个外国旅游团在杭州玩得很高兴，不料当天傍晚就下起了鹅毛大雪，而按计划第二天旅游团还得去黄山游览，导游员赶紧和黄山地接社取得联系，得知黄山已封山。这时，领队和导游员之间发生严重分歧，一个坚持要去黄山，一个坚决不同意，两人出现了对峙。如果你是该团导游员，你认为怎样才能说服领队接受不去黄山的安排。从教学班里选出两名同学，一名充当领队，一名充当导游员，对此情景进行模拟。

3. 教师指定若干所在地的著名景点，要求学生运用所学的导游方法进行模拟导游讲解。可以将教学班学生分成若干组，每组讲解一个景点，分工协作完成。

4. 在条件许可的情况下，教师可带领学生到附近著名的旅游景点，组织学生进行现场导游讲解。一名学生充当地陪，一名学生充当全陪，其他学生充当游客，进行模拟导游练习。

5. 实践与训练。

实训项目：大型旅游团队的导游服务，专业人士考察团的导游服务，宗教旅游团的导游服务，老年人旅游团的导游服务；游客患病的处理，游客伤亡事件的处理，游客财物遗失的处理，游客遭受欺诈的处理，被游客投诉的处理，临时改变日程计划的处理。

安排：理论教学4课时，室内实训安排8课时。

实训形式：授课班级以小组为单位，模拟练习。

实训重点：导游过程中常见突发事件的处理原则和办法。

■参考文献

1. 王忠武主编．导游业务新编[M]．南昌：江西科学技术出版社，2008.

2. 国家技术监督局发布．《导游服务质量》

3. 苏文才，孙文昌主编．《旅游资源学》．北京：高等教育出版社，2008.

■相关链接：

1. 百度博客 http://hi.baidu.com/yanll9999.

2. 中国知网 http://WWW.cnki.net.

3. 网络资源。

第十章　购物、餐饮、娱乐服务

◆ 本章学习重点

◇熟悉导游人员在购物、餐饮、娱乐服务中所扮演的角色。

◇灵活掌握购物、餐饮、娱乐的服务方法。

◇学会总结与积累旅游促销的技巧和方法。

【案例导读 10－1】

某旅游团在昆明游览，导游人员安排旅游团进行了两个小时的购物后，才带团来到世博园游览，当时已到了17:00时，世博园规定18:00时开始清园，也就意味着游客最多可在园中游览一个小时，游客感到游览时间太少，而购物时间又太长，完全是导游人员的责任。于是游客向旅行社提出投诉，并强烈要求第二天重游世博园。

【评析】

这种结果的发生，完全是因为导游人员在时间安排上存在失误，失误有三：第一，不应该在没有完成主要游览行程时，就安排购物；第二，购物安排时间过长，影响了正常的游览；第三，完成了游览行程，游客已经得到了审美享受，心情自然舒畅，然后再安排购物，会使旅游更为圆满。

启示：购物与游览对于旅游团来讲，都是重要内容，但是，从旅游者的目的看，购物一般都是依附在游览这个主要目的上的，合理的安排，就是要分清主次，先主后次。

【案例导读 10－2】

一个23人的新加坡旅行团在N市由地方导游员王小姐负责接待。午后参观某佛寺后，王小组向大家介绍本地一家新开业的珍珠馆。她说："店主是我的好友，保证价廉物美。"

在珍珠馆，一位姓朱的女士对标价为4000元的珍珠项链颇有兴趣。王小姐立即主动介绍识别真假珍珠的方法，并为其讨价还价，最终以900元成交。

16时40分，旅行团游览某景点，因景点即将关门，大家匆匆摄影留念后即离去。在返回饭店途中，数名男士提出去书店购买中国地图，几位女士则希望购买中国烹饪书籍，王小姐表示可以安排。

次日出发前，朱女士手持前日所购的项链要求王小姐帮其退换，说："一位对珠宝很内行的朋友认定它为残次品。"王小姐表示不可能退换。上午结束参观后，她又带全团去一家定点工艺品商店，许多人不感兴趣，只在车中坐着。王小姐恳求说："大家帮帮忙，不买东西没关系，进店逛一圈也可以。"于是，一些旅游者才不情愿地下车、进店。

13时30分，赴机场途中，数名旅游者又提起购书一事。王小姐说："没有时间了。"

一周后，旅行社接到新加坡组团社发来的传真，声明该社今后若有团赴N市，不能由王小姐带团。

【评析】

被投诉的原因：带旅游者到非定点购物商店购物；介绍商品不实事求是；有与经营者串通欺骗游客消费之嫌；拒绝帮助游客退换商品；在做了承诺的情况下，没有安排游客购书；多次强制安排购物，影响了正常的旅游览活动。

【案例导读 10-3】

某旅游团 17 日早上到达 H 市，按计划上午参观景点，下午自由活动，晚上 19:00 观看文艺演出，次日乘早班飞机离开。抵达当天，适逢当地举行民族节庆活动，并有通宵篝火歌舞晚会等丰富多彩的文艺节目。部分团员提出，下午想去观赏民族节庆活动，并放弃观看晚上的文艺演出，同时希望导游人员能够派车接送。针对此种情况，导游人员应该怎样处理？应做好哪些工作？

【评析】

(1)可以允许部分游客利用自由活动时间去观赏民族节庆活动。

(2)如果节庆活动地点与文艺演出地点在同一路线，且时间上不冲突，可以满足他们派车的要求，与其他游客同车前往。如不同路，则应协助安排用车，车费自理。

(3)参观民族节庆活动费用自理，放弃观看文艺演出费用不退。

(4)提醒游客注意安全，尽早回宾馆，绝对不能通宵逗留；告诫游客尊重当地民族风俗习惯。

(5)提醒游客记好饭店名称、联系方法及交通路线，如果可能，则地陪与全陪分别陪同前往不同地点活动。

第一节　特色旅游产品调查

旅游商品是旅游者游览活动的延伸与继续，是衡量一个国家和地区旅游业发达程度高低的标志。导游人员在接待旅游团之前，需要对当地的旅游产品进行全面调查，做到心中有数。

按照营销观点，产品进入流通领域就成为商品。旅游特色商品不仅仅是土特产、纪念品、工艺品，实际上身上穿的、嘴里吃的、脸上抹的、墙上贴的、晚上睡的、平时用的、闲时玩的、出门游的……无不纳入旅游商品范畴。旅游特色商品可谓琳琅满目，若将它细化，主要可分为以下几类：

1. 旅游工艺纪念品。旅游景区直接研发或生产销售的旅游纪念品，如华宝斋富翰文化有限公司用自制的古籍印刷专用纸，自己制版、印刷、出版，形成一条龙生产，并获多项国际、国内大奖的古籍线装书；龙门古镇的“孙记草编”和“土里土气”的竹雕、木板绘画、根雕等工艺品；杭州野生动物世界的动物系列毛绒玩具等。

2. 旅游休闲食品。既是旅游的辅助食品，也是经深加工后具有品牌优势的特色农产品、纪念品，主要为各类土特产。如素有“金衣”之称的东坞山豆腐皮；龙羊的核桃、银杏、香榧、豆腐干；龙门古镇的面筋。

3. 旅游运动休闲用品。具有本地特色、有自己品牌和一定知名度的轻工产品，通过旅游的途径面向游客销售，具有传播功能。

导游人员想为游客提供优质的导游服务，需要具备良好的导游素质和丰富的导游知识。这就需要导游人员不断开拓自己的视野、丰富自己的文化基础知识。而导游人员想将当地的文化与历史全方位的展示给游客必须对当地的主要旅游特产、旅游商品有全方位的了解，做到心中有数，在讲解中信手拈来。

导游人员在进行旅游商品的全面调查的时候主要调查以下信息。

1. 当地旅游商品的种类。

2. 当地旅游商品的数量。

3. 当地旅游商品的特色。

4. 当地旅游商品的历史。

5. 当地旅游商品的制作工艺。

导游人员在详细调查的基础上要对所得的信息进行详细的总结和归纳，进而撰写出适合自己的对于当地旅游商品的导游词，并不断地加以练习。

第二节 促销技巧

据有关资料显示，旅游业发达的国家旅游者的购物支出占其全部旅游支出的60%以上，我国这一比例还比较小，还存在巨大的发展潜力。但是，在实际生活中普遍存在这样的现象:旅游者购物的心理普遍存在，又有经济支付能力，但往往却没有形成实际的购物消费。因而，导游在实际工作当中就有义务通过应用导游促销技巧促成购物消费的实际发生。

一、导游购物促销的一般要求

(一)自我推销

导游人员给旅游者良好的印象，是做好导游服务工作的前提，也是做好导游购物促销的基础。因此，导游人员在上团之前，首先要做好的是学会推销自己，把一个完美、真实而又具有人格魅力的“自我”毫无保留地展现给旅游者，以充分获得旅游者的信赖和认可。

(二)真挚服务

作为导游服务人员要想在完成导游服务工作的同时，最大限度地完成购物促销，离不开对旅游者真挚的感情投入，表现在导游服务和购物促销的过程中，就要求导游人员学会微笑服务。这种微笑需要发自内心，显示出真心。通过自己优质的服务，精湛的讲解，引起旅游者的共鸣，使其对自己产生好感，觉得导游是一个诚实的、值得信赖的人。只有这样，才能在短时间内缩短导游与旅游者之间的距离，以赢得旅游消费者的真诚和在购买行为上的支持。

(三)了解促销商品的知识

既然要为商品促销，就要全面掌握商品相关的知识，包括商品的相关文化、商品的生产工艺及所促销商品在生活中的作用等。要让旅游者感觉到导游人员有专业的鉴别水准，使他们觉得导游是他们的购物指导老师，是他们购物不可脱离的拐杖。导游若要达到专业水准，要多看书、看报，或者经常到购物店反复听、反复学导购小姐们的商品介绍。认真观察、揣摩旅游者的购物心理，整理出适合自己的促销导游词。

(四)行程内不安排雷同商品的购物店

旅游者抵触旅游“购物”，还有一个重要的原因，就是对旅游商店销售的商品缺乏新鲜感，甚至有的旅游者说旅游商店卖的商品是“全国统一模样”。从南方到北方，从青岛、大连到沈阳，到处都有珍珠店“宝树堂”。试想，旅游商品如此单一，怎么会激发旅游者的购买欲望？导游人员在接团初期，要多同客人攀谈，从中获取信息，客人感兴趣的商品可以安排购物，客人不感兴趣的或以前曾经购买过的商品，尽量不要再重复安排，否则，客人不但不会购买，反而会产生反感。

(五)要承认有回佣

回佣，也叫回扣、佣金、中介费、好处费。简单地讲就是一个中介者通过介绍买卖而获得的好处费。随着旅游业的发展和市场经济的逐步完善，人们逐渐认识到，被限制在合理范围内的回扣，有利于调动人们的生产积极性，有利于社会主义市场经济的发展。通过将旅游业中的部分回扣公开化、规范化、合理化，既保护了经营积极性，也保护了旅游消费者的利益。

很多旅游者对导游带领购物心知肚明，有些旅游者甚至会单刀直入地质问导游是否有回扣。导游承认购物促销活动中回佣的存在，反而会使旅游者放心地感到即使导游拿了回佣，也不会影响自己所购商品的价格和质量。

二、导游购物促销的技巧

(一)了解需求

了解旅游消费者的购物需求是提供优质购物服务的前提，基本方法有：

1. 直接询问法。如："您是否需要……"

2. 察言观色法。如：一边谈起珠宝，一边观察旅游者。如果对方眼睛放光，说明感兴趣。

3. 分析背景法。例如：一般的，来自内陆的旅游者对海洋物产感兴趣，来自山区的旅游者对平原物产感兴趣，来自城市的旅游者对乡村物产感兴趣，来自汉族聚居区的旅游者对少数民族物品感兴趣，反之亦然。我们还可以根据旅游者的年龄、职业、教育背景、性别等很多信息对旅游者的购物倾向做出一定的合理判断。

4. 直观诱导法。例如：让旅游者直接观看茶叶场，能在一定程度上刺激旅游者的购物需求，从被动了解旅游者需求进入主动激发期需求。

(二)激发需求

激发需求，是指导游人员在旅游活动中，通过穿插讲解相关的旅游商品知识以引起旅游者的购买需求。

导游人员在给旅游者介绍景点、风格的同时，应将所推销的商品融入其中。在旅游车上讲解风土人情时，可巧妙的借题发挥，不失时机地提到促销的商品，激发出旅游者潜意识的购买需求。但这种铺垫工作要适时、适宜，点到为止，不可过于渲染，要让旅游者在潜移默化中接受商品，形成初步的购买意图。

(三)推荐商品

为了提高购物促销的成功率，导游人员应该有选择地向旅游者推荐商品。一般来说，适合推荐的旅游商品有以下几类：

1. 地方土特产；

2. 客源地所缺乏的物产；

3. 对旅游者有吸引力的物产；

4. 旅游者所能和所愿购买的商品等。

推荐时要使用客观性强的语言、权威性强的论据和一定的暗示性语言，避免夸大其词和使用含糊的词句或没有根据的资料，如好像、大概、可能、仿佛等，使用实物进行推荐效果最好。

向旅游者提供虚假信息以进行坑、蒙的欺诈行为是不可取的，导游人员应当坚决杜绝此类行为，自觉维护旅游者利益和自身形象。

（四）掌握旅游者的从众心理

当旅游车到达购物店时，个别旅游者可能会提出不下车的请求。此时，导游人员应以诚恳的态度，尽量劝说旅游者下车。否则，即使已经下了车的旅游者也会很快回到车上，因为他们会猜测，为什么别人不下车，是不是这家店有宰客的嫌疑。如果旅游者都不在车上，全部进入了商店，随着时间的推移，在从众心理的驱动下，很可能会有意想不到的收获。

有一次，某导游带了一个香港团，旅游者一见面就对导游说：大陆我们每年都要来很多次，东西买的也差不多了，所以，此次山东之行就不要再安排购物店了，我们会对你的热情服务有所回报的。到了第七天，来到的青岛崂山，当游览完太清宫后，旅游者看到正门前的茶场，对崂山茶产生了兴趣。当时还没有专卖崂山茶的购物商场，于是，导游建议旅游者到茶场边的玉器店休憩片刻，顺便品尝一下崂山泉水冲泡的崂山茶，旅游者爽快地答应了。

入店不久就下起了瓢泼大雨，客人品茶之际，导购小姐对一位六七十岁的女旅游者展开了促销攻势。经过几番讨价还价之后，一副漂亮的手镯戴到了旅游者的手腕上，旁边的几位女客人认为货真价实，便与导购小姐展开了拉锯战，这几位旅游者最终集体购买，交易成功。见到这几位旅游者都买了礼物，其他立场坚定的旅游者认为这是个千载难逢的好机会，不容错过，也纷纷讲起了价。最终，该团旅游者竟无一人空手而归。

第三节　购物服务

购物，是旅游团的一项重要活动，也是旅游者的重要需求。旅游者每到一地，都希望购买一些旅游纪念品以及当地的土特产品，或馈赠亲友，或自己保留。当游客购买到自己满意的物品，就会得到一种满足。而要购买到满意的物品，导游人员就自然成了游客最直接的咨询与依赖对象。因此，导游人员在旅游团购物方面，具有十分重要的作用。

一、导游人员在旅游者购物活动中的作用

（一）主导作用

导游人员适当地介绍当地的旅游纪念品及特产可以加深游客对商品的了解并激发其购买欲望，导游人员根据游客的需要，安排一定的时间带领游客选择商店进行购物，体现了导游人员在旅游购物中的主导作用。

（二）参谋作用

旅游团的游客在购物前，一般会向导游人员征询意见，了解情况，在购买中也会向导游人员详细了解商品的性能、特色及售后服务的有关规定，请导游人员帮助精选商品。因此，导游人员在游客购物中起着不可替代的参谋作用。

（三）维权作用

导游人员应该带着旅游团到定点商店和价钱公道、质量有保证的商店去购物。在游客购物过程中，导游人员要始终维护游客的合法权益。

二、旅游者购物的心态

(一)计划内购物

计划内购物，是指在旅游团的接待计划中明确规定的属于旅游团正常的计划项目的购物。

计划内购物有以下特点:

1. 在计划中已经注明。

2. 游客对这种安排是事先知晓的，并且充满期待。

3. 购买当地最知名或最有特色的商品或旅游纪念品。

4. 它是旅游团活动内容的重要组成部分，对商店的要求是:规模大、价钱公道、质量有保证。

【提示】

导游人员要严格执行接待计划中关于购物的规定，切不可为了吃回扣而欺客、宰客或自作主张变更原定购物计划。

(二)计划外购物

计划外购物，是指在组团社接待计划中没有明确规定或限制的情况下，为满足旅游者的需求而临时安排的购物活动。

计划外购物有以下特点:

1. 灵活性大。

2. 可根据游览行程时间的松紧程度，游客要求的强弱程度和购物商店的分布情况灵活安排。

计划外购物一般出于四种情况提出:

1. 游客对旅游目的地获得了一些信息，对当地的商品资源有了一定的了解，为使本次旅游的内容更丰富，主动向导游提出要求。

2. 游客参加旅游团目的之一，就是到旅游目的地购物，购买自己向往已久的具有地方特色的民族商品。这些旅游者目的明确，会利用游览中的空闲时间来完成自己的购物行为。

3. 外界的刺激诱发了游客的购物愿望。导游的讲解中涉及了当地的特色产品，引起了游客的注意，原本无意购物的心态发生了变化，产生了购物的冲动。

4. 旅游消费是旅游者的共同特征。人们外出旅游的消费水平高于平时的日常消费是旅游者的共同特征。因此在旅游过程中，大家会普遍地向导游人员提出购物的要求。

【提示】

导游人员在安排计划外购物时，要征求全陪和领队的意见，在得到他们的允许后，按大多数游客的要求，认真安排好购物，以满足游客的需求。

三、导游购物服务

(一) 介绍商品

介绍当地有特色、有知名度的旅游商品，是导游人员服务中的一项重要内容。

1. 突出文化内涵

许多地方特色产品是多年的外化传承的结果，在历史的发展过程中，融合了许多人文思想和艺术元素。导游人员在商品讲解中，要注意突出其内涵，满足游客的审美需要，而不是只讲商品本身，更不能直接推销和兜售。

【示例】

各位游客，大家来杭州之前可能就已经听说了杭州的三绝，那就是扇子、丝绸和龙井茶。杭州三绝，名闻天下，杭州扇子更是久负盛名。

说起扇子来，在中国的制作已经有三千多年的历史了，最早是人们受到飞鸟展翅的启迪，开始用鸟的羽毛做扇子，古称羽扇。大家看，汉字的扇字，不就有一个羽字吗，汉代以后，一种用竹子做圆框，用绫绢做扇面的扇子开始在宫廷中兴盛起来，人们把这种扇子叫做纨扇，也叫做团扇、合欢扇。纨扇特别受到一些宫廷仕女的喜爱，并开始用象牙、兽骨、玉做柄，再佩流苏，显得非常珍贵，老百姓呢，只要能扇凉就可以，于是就用蒲葵做扇子，既经济又实用，既可以扇凉，还可以轰赶蚊虫，着急了还可以随地一放当坐垫。

到了明代，折扇开始兴盛起来。由于折展自如，小巧玲珑，携带方便，很受人们欢迎。后来又在折扇的基础上，开始用檀香木制作扇子，这也是杭扇中的代表品种。檀香扇制作精细华美，且有天然香味，轻轻一摇，清香四溢，凉爽宜人。

扇子自古以来就既有使用价值又有审美价值，并逐渐成了人们的一种装饰品，许多文人雅士都在扇面上作画、作诗、题字，更为扇子本身增添了艺术与文化的内涵。苏东坡就是在扇子上作画题字的大家。传说，苏东坡在杭州做官的时候，有一天，有人告某制作扇者赖债不还，苏东坡把被告传来一问，原来是因为扇子卖不出去而无钱还债。看到原告、被告都是穷人，苏东坡怜悯之心顿生，让被告拿来二十把扇子，当即在扇子上画了几幅画，被告带着这些扇子一出门，就立即被人高价收买，一抢而空，当然，欠的债也就还清了。

杭州扇子在南宋迁都临安后开始生产，至今已经有近千年的历史，其中最著名的是黑纸扇和檀香扇，历年来受到国内外众多游客的喜爱。

2. 讲解真实客观

导游人员在讲解商品时，对其供销的介绍要努力做到实事求是、客观公正，评价要恰如其分，赞美要有根据，坚决杜绝不负责任、无限夸大的讲解，以免误导游客，更不能怀着自私的目的进行欺骗性的宣传。

【示例】

君山银针

君山银针是我国著名黄茶之一。君山茶，始于唐代，清代纳入贡茶。君山，为湖南岳阳县洞庭湖中岛屿。岛上土壤肥沃，多为砂质土壤，年平均气温 16 ~ 17 ℃，年降雨量为 1340 毫米左右，相对湿度较大。春夏季湖水蒸发，云雾弥漫，岛上树木丛生，自然环境适宜茶树生长，山地遍布茶园。

清代，君山茶又分为“尖茶”“茸茶”两种。“尖茶”如茶剑，白毛茸然，纳为贡茶，素称“贡尖”。君山银针茶香气清高，味醇甘爽，汤黄澄高，芽壮多毫，条真匀齐，着淡黄色茸毫。冲泡后，芽竖悬汤中冲升水面，徐徐下沉，再升再沉，三起三落，蔚成趣观。

君山银针茶于清明前三四天开采，以春茶首轮嫩芽制作，且须选肥壮、多毫、长 25 ~ 30 毫米的嫩芽，经拣选后，以大小匀齐的壮芽制作银针。制作工序分杀青、摊凉、初烘、复摊凉、初包、复烘、再包、焙干等 8 道工序。经过有关部门鉴定，认为银针茶具有一定药效作用，常年饮用对身体很有好处。

（二）合理安排

1. 合理安排购物时间

(1) 无论是计划内、计划外购物还是自由活动购物，导游人员的安排都不能过于频繁。

(2) 购物时的时间要安排合理，既不可太长，使游客在商店中无事可做，也不可太短，使游客没时间认真挑选。

2. 慎重选择购物商店

(1) 选择定点购物商店；

(2) 选择信誉好、物价相符的商店；

(3) 选择购物环境好的商店；

(4) 选择与旅游团行程较近的商店。

（三）提供服务

1. 介绍商品的功能、类型

导游人员对游客感兴趣而又不太了解的商品要主动进行介绍。介绍商品要客观、公正、详细、具体，尤其是涉及商品的功效和性能方面，更要实事求是。同时，也不要强加于人，表现出明显的倾向性。价格问题是个敏感问题，导游人员一般不要妄加评论。购买与否，由游客自己做主，不要过于热心。

【示例】

各位对我们这里的漆器感兴趣吗？（游客：看着很漂亮，就是不懂，你能给介绍一下吗？）

好的，这里的漆器都是我们当地生产的，我们这里的漆器在全国都很有名。它的制造，完全按中国的传统工艺手工制成。一般可分为两大类，一类是实用性的，比如家具、屏风、首饰盒等；另一类是装饰性的，比如那边的挂屏、漆盘等。这种漆器用的不是现代的化工合成漆，而是天然漆，也叫大漆，有耐潮、耐高温、耐腐蚀等性质。从工艺的角度上看，它又分推光漆器、镶嵌漆器和云雕漆器。

所谓推光漆器，就是表面上是平整的，在工艺程序上是漆上一层漆后用水砂纸打磨光滑后，再涂上一层，再打磨，再涂漆，一直涂几十层，最后一层在打磨过后，再用手掌在表面上来回推拉。利用手掌的摩擦，使它达到表面的无比光滑。之后，再在上面用金粉作画，按照设计需要描绘出各种图案来，比如你们看那张圆桌就是这样制造出来的。

再有就是镶嵌漆器，你们看那屏风、挂屏都属于镶嵌工艺。镶嵌分为玉石镶嵌和螺钿镶嵌。玉石镶嵌是将玉石或玛瑙雕刻后镶嵌在漆器上，产生出立体效果，对不起，服务员，请你将那首饰盒拿过一个来看看，大家看，这就是螺钿镶嵌。什么是螺钿镶嵌呢？就是将贝壳捣碎，拼组成各种图案，再经过打磨，就成了现在这个样子了。

大家看，这里巧妙地利用了贝壳的天然光泽，与整个漆器浑然一体，相映成辉。大家看这个食品盒，这就是云雕漆器，也叫做剔红雕漆。这个漆器制作过程中，它是一层黑漆上盖一层红漆，再盖一层黑漆，再盖一层红漆，红黑相间，一共要漆一百多层。之后，再用一把"V"形刀进行雕刻，所以我们看到的这个斜断面就是一层黑一层红，黑红相间，别具一格。大家看，由于它的图案看起来是一片卷起的云，所以叫云雕。

大家如果有兴趣，可以自己再看看。

2. 协助游客办理大件物品托运手续

要熟知海关关于携带物品出入境的规定，以防客人买到贵重物品无法出境。在购物中，如有个别游客购买了商店的大件物品，如家具、地毯、花瓶等，导游人员要与商店积极地联系，协助办理托运手续。

虽然导游促销有许多负面影响，但购物是许多游客旅游的一项活动内容，导游员仍要认真介绍当地土特产，帮助游客购物。一个不讲当地特产的导游不是好导游，一个不能带客人买到好特产的导游不是好导游，一个不能帮当地促销商品推动经济发展的导游不是好导游。

第四节　餐饮服务

在旅游的六大要素中，“吃”是排在第一位的。在旅游活动中，看似“游”居于中心位置，但吃好是游好的首要前提，所以认真提高餐饮质量，是提高接待服务质量的重要环节。中餐是一种饮食文化，也是一种旅游资源，与中国五千年文明的发展息息相关，凡名胜之地必有佳肴。因此，对于餐饮方面的服务导游人员应该尽心尽力、细致周到。

一、导游员在餐饮服务中的作用

（一）协调作用

导游员是游客和旅行社协作单位的桥梁，尽管协作单位会按合同要求照章办事，但导游员对于客人细节方面的要求与餐厅的协调还是必要的。

（二）保障作用

导游员应该严格按照旅行社的安排，带领团队到旅游定点餐厅用餐，确保客人用餐时不会食用变质或者不干净的食物，如果发现类似状况，要责令餐厅道歉，必要时向旅行社汇报。

（三）讲解作用

餐饮服务是导游服务中的一个重要方面，看似简单的一个“吃”，却决定你是否给了游客一次愉快的旅行，对于导游员的接待质量和接待能力也是一种考验。

二、导游员对团队正餐的服务

（一）提前落实相关事宜

地陪导游员要提前落实相关事宜，对午餐和晚餐的用餐地点、时间、人数、标准、形式、特殊要求逐一核实并确认，了解客人口味和禁忌。

（二）引导客人进入餐厅

1. 引导客人入座

导游员要事先了解团队用餐位置，如不可能事先了解，也要向迎宾员尽快了解，不可带着游客满场绕。

2. 巡视团队用餐情况

当客人全部就座后，提示餐厅服务员提供服务；要告诉客人餐标所含酒水范围以及自理项目，不可含混其辞、大包大揽；地陪要告诉领队、司陪用餐地点和餐后出发时间；用餐过程中要巡视用餐情况，解答疑问，监督餐厅是否按照标准提供服务；当菜全部上齐后，地陪要合理掌握时间，留给客人充裕的饭后放松时间，然后按照约定时间集合上车。

3. 餐后餐厅结账

用餐后，地陪应严格按照实际用餐人数、标准，饮用酒水数量，如实填写“餐饮结算单”与供餐单位结账。

三、导游员对介绍风味餐的服务

中国的地方菜肴是由于各地气候、水土、资源、文化、风俗和人们的口味不同而形成的，其特色也是从古到今流传下来且举世公认的。对于风味餐的介绍，导游员可从菜肴的色、香、味、形、器这几个方面着手。

【示例】　**介绍风味餐的用餐程序（牛羊肉泡馍）**

牛羊肉泡馍的吃法，有文人墨客的吟唱，有很多典故传说，其悠久的历史不必知其详情，但是它在人们享用的过程中所传达的人文信息却是每一个食客可以亲身经历的。

与一般的用餐相比较，食用牛羊肉泡馍的特点首先是要自己动手掰馍。就餐者要亲手将一个圆圆的托托馍掰成小块，然后送给厨师烹调。在掰馍的过程中或撕（撕成薄片）、或掐（掐成碎块）、或抖（抖落均匀），最好将馍掰成黄豆大小的碎块。其次是讲究“蚕食”。这里的“蚕食”并非是与“鲸吞”相对，而是指像蚕食桑叶那样从嘴边开始。等到一碗热气腾腾的羊肉泡馍端上桌来，不要用筷子来回搅动，像对待一片“原封不动”的桑叶，依次送到口中，吃家说这样吃鲜热之气才不会跑散，始终能吃出鲜味。最后是吃完泡馍后要饮用一碗“高汤”清口。讲究的高汤是用煮泡馍的原汁汤加粉丝烩制而成，因而它与所谓“原汤化原食”的意义不同，其作用是“拔鲜”。也就是说，等到一碗“高汤”下肚，用餐者就会更觉异香满口，格外神清气爽。一碗牛羊肉泡馍吃下来，冬天会全身发热，夏天会满头大汗，同样都会全身通泰，精神倍增。

四、导游员对宴会的服务

《西方礼仪》中谈到，宴会是为人们相会和交谈而提供的一种正式的餐饮场合。因此，宴会有其特别的一些要求：

1. 出席宴会的人或会见的人都是非常重要的；
2. 举行宴会的场合是非常讲究礼仪的；
3. 其气氛是轻松而庄重的；
4. 尤其是环境的设置非常优雅。要考虑到与周围环境的协调，以及光色和食欲的关系。

总之，宴会活动是礼仪的表现形式，作为地陪导游员，带领客人参加宴会应做到以下几点：

（一）导游员应了解的信息

1. 知道宴会的时间、地点、重要人物的身份。
2. 知道桌台、台型、菜式。
3. 了解客人的风俗习惯、特殊要求、忌讳和就餐方式等。

（二）遵循宴会礼节

1. 预订饭店或接受赴宴邀请

提早预约餐厅。越高档的饭店越需要事先预约。预约时，不仅要说清人数和时间，也要表明是否要吸烟区或视野良好的座位。如果是生日或其他特别的日子，可以告知宴会的目的和预算。在预订时间内到达，是基本的礼貌。

2. 着装

去高档的餐厅，男士要穿着整洁的上衣和皮鞋；女士要穿套装和有跟的鞋子。如果指定穿正式服装的话，男士必须打领带。再昂贵的休闲服，也不能随意穿着上餐厅。此外最重要的是手一定要保持干净，指甲修剪整齐。在进餐过程中，不要解开纽扣或当众脱衣。

3. 入座

进入西餐厅后，需由侍应生带领入座，不可贸然入席。最得体的入座方式是从左侧入座。当椅子被拉开后，身体在几乎要碰到桌子的距离站直，领位者会把椅子推进来，腿弯碰到后面的椅子时，就可以坐下来。手肘不要放在桌面上，不可跷足。不可在进餐时中途退席。如有事确需离开应向左右的客人小声打招呼。用餐时，坐姿端正，背挺直，脖子伸长。上臂和背部要靠到椅背，腹部和桌子保持约一个拳头的距离，两脚交叉的坐姿最好避免。记得要抬头挺胸吃着，在把面前的食物送进口中时，要以食物就口，而非弯下腰以口去就食物。西餐餐巾一般用布料，餐巾布方正平整，色彩素雅，经常放在膝上，在重礼节场合也可以放在胸前，平时的轻松场合还可以放在桌上，其中一个餐巾角正对胸前，并用碗碟压住。餐巾布可以用来擦嘴或擦手，对角线叠成三角形状，或平行迭成长方形状，拭擦时脸孔朝下，以餐巾的一角轻按几下。污渍应全部擦在里面，外表看上去一直是整洁的。若餐巾脏得厉害，请侍者重新更换一条。离开席位时，即使是暂时离开，也应该取下餐巾布随意叠成方块或三角形放在自己的座位上。

4. 取食

取食时不要站立起来，坐着拿不到的食物应请别人传递。有时主人劝客人添菜，如有胃口，添菜不算失礼，对自己不愿吃的食物也应要一点放在盘中，以示礼貌。当参加西式自助餐时，别一次就把食物堆满整个盘子。盘子上满满的食物让人看起来认为你贪得无厌。每次拿少一点，不够再取。

5. 招呼侍者

在一流餐厅里，客人除了吃以外，诸如倒酒、整理餐具、捡起掉在地上的刀叉等事，都应让侍者去做。侍者会经常注意客人的需要。若需要服务，可用眼神向他示意或微微把手抬高，侍者会马上过来。

6. 其他

在餐厅吃饭时就要享受美食和社交的乐趣，沉默地各吃各的会令人很奇怪。所以进餐时应与左右客人交谈，别人讲话不可搭嘴插话。音量要小心保持对方能听见的程度，别影响到邻桌。切忌大声喧哗。在高级餐厅中，别使用手机。必要时也要长话短说，否则就应该暂时离开到外面讲。女士们则切记补妆要到化妆室，别在餐桌上就梳头发或补起妆来，那是非常不礼貌的。在进餐尚未全部结束时，不可抽烟，直到上咖啡表示用餐结束时方可。如在左右有女客人，应有礼貌地询问一声“您不介意吧！”吃东西时别把盘子拿起来，甚至于在吃东西时用手持着盘子也是不礼貌的。吃完面前的食物后，要记得别把盘子推开。不要把东西吐在桌上。吃到坏的食物非吐出来不可时，也别吐在盘子里，最好在别人不注意时，吐在餐巾上包起来，并要求更换一块新的餐巾。用餐时打嗝是最大的禁忌，万一发生此种情况，应立即向周围的人道歉。就餐时不可狼吞虎咽。每次送入口中的食物不宜过多，咀嚼食物时，记得把尊口闭上，而且别说话，在大多数的文化中，都会认为让对方看见你满嘴的食物是非常粗俗的表现。

第五节　娱乐服务

娱乐活动的安排，也是旅游团常有的活动内容。对一些地方传统剧目、工艺展示，以及一些刺激、休闲的活动，很多客人也很有兴趣了解和参与，所以导游员应该做好这方面的服务，使客人在娱乐中有收获。

一、欣赏性娱乐活动的服务

对于欣赏性娱乐活动，导游人员应做好以下工作：

1. 组织安排

导游员要根据旅行社的安排计划，在约定时间组织客人前往，同时要熟悉剧场设施，准确引导客人在指定座位就座。

2. 讲解介绍（导游讲解案例及讲解点评）

导游员，尤其是地陪导游员应对有本地特色的表演、剧目、内容、特色都有一个详尽的了解，以便事先在恰当的时机向大家做个简单的介绍，让客人在观看表演之前先有一个基本认识。这种介绍是非常必要的，而且效果非常好。

【示例1】

各位游客：晚上好！今天白天的行程已经圆满结束了，而晚间的行程才刚刚开始，今晚给大家安排的娱乐活动是欣赏有我国“国粹”之称的京剧，名字叫作《打渔杀家》。利用途中的30分钟，我先简单给大家介绍一点京剧的常识。

中国戏曲有数百种之多，而京剧却独树一帜，被称为国粹。究其原因，主要是由于四大方面：

第一，京剧有社会基础和群众性。京剧本身形成的历史并不算太长，但它的形成，却是多种戏曲融会而成，而这些戏曲比如徽剧、汉剧，都有着悠久的发展史。

第二，京剧的发展虽然坎坷，却符合艺术发展的内在规律。

第三，京剧具有完美的艺术形式，今晚大家将会有所感悟，如，人物分工、舞台设置，唱念身段等，包括伴奏场面都有固定而规范的程式。

第四，京剧人人皆懂，具有世界影响。从大处分，京剧分南北两大派，即京派和海派，两派之中心分别是北京和上海。京剧分生、旦、净、丑四个行当，虽然行当不多，但分工极细，比如生行有老生、小生、武生、红生等，而老生中又分唱功老生、靠把老生、文武老生等等，武生中又分长靠武生、短打武生等，各种角色都由不同特色的演员扮演。一个生行几乎囊括了各个年龄段以及各行各业的男性世界。其他行当也是如此的，不同身份有不同分工，今晚的《打鱼杀家》，戏虽然不大，但行当俱全，大家可以注意欣赏。京剧在世界上的影响是极大的，与古希腊戏剧、印度梵剧一起并列为世界古老的戏曲文化。京剧是一个非常专业的话题，我也只是略知皮毛，至于其内在境界，还是请各位细细品味吧。

【示例2】

各位嘉宾，在我们的行程即将结束之时，正好赶上我国传统的元宵佳节，而今晚给大家安排的便是请各位观看民间的庆祝活动之一——舞狮子。舞狮是我国优秀的民间艺术，每逢元宵节或集会庆典民间都以狮舞来助兴。这一习俗源于战国时期，南北朝时期开始流行，至今已经有一千多年的历史了。

狮舞有南北两种表演风格。北派狮舞的表演以舞狮为主，即魏武帝钦定的北魏瑞狮，小狮一人舞，大狮双人舞，一个人站立舞狮头，一个人弯腰舞狮身和狮尾。人们无法辨认舞狮人的形体。引狮人为古代武士装扮，手握旋转绣球，配以京锣、鼓钹，逗引瑞狮。狮子则表演腾翻、扑跌、跳跃等技巧，并有梅花桩蹿桌子，踩滚球等高难度动作。而南派狮舞的表演以文狮为主，表演时讲究表情，挠痒，抖毛、舔毛等动作，惟妙惟肖，逗人喜爱，也有难度较大的吐球等技巧。今天我们观看的是北派的狮舞，希望大家能够喜欢。

注意：这类讲解要生动活泼，充满乐趣，使客人乐于听，更乐于看。

此外，导游员还应该和司机商量好出发时间和停车位置，与客人确认好演出结束后的集合地点，还要提醒客人注意安全。

二、参与性娱乐活动的服务

（一）导游员的作用

1. 联络协调作用

参与性娱乐活动，不论是休闲、探险，还是娱乐方式，都是同接待发生关系，这就要求导游人员事先帮助客人联络，达成协议，约定事项，满足客人的愿望。

2. 安全保障作用

在参与性娱乐活动中，有一些刺激的项目虽然只是有惊无险，但作为工作人员，导游必须有足够重视，处处强调安全，并主动和全陪、领队合作，注意客人周围环境。

（二）参与性娱乐活动的主要形式

1. 休闲娱乐活动

这类休闲比较轻松愉快，一般没有什么危险，客人在参与这类活动时，多数会非常尽兴，但导游员绝对不可以掉以轻心，和客人一起狂欢应注意提高警惕，防止乐极生悲。

休闲娱乐活动中，如果导游员能够使游客心情放松，渐入佳境，必定是位出色的导游员。

2. 探险经历

探险之旅已迷醉了许多旅行者的眼睛，比如，蹦极、漂流等。越来越多的游客开始接受并尝试这些探险项目，在其中寻找乐趣，挑战自我，寻求生命之光。导游员在协助游客参与的前提下，一定不能忘记安全保障，多提醒，多检点，细心地做到自己应该做的一切。

【示例】

各位尊敬的挑战者，我们的探险之旅即将开始，长久以来，人类有一个发自内心的渴求，就是像鸟儿一样在天空飞翔，滑翔伞的出现使我们获得了一种最简单的、全新的飞行感受。滑翔伞又称为飞行伞，最初出现在阿尔卑斯山区，起源完全是登山者的突发奇想，而如今的世界各地，每分钟都有人在飞行伞的羽翼下，自由地翱翔在天空，享受暂时脱离地心引力的时光。我非常佩服各位的勇气。但作为工作人员，我想说的是大家一定要在教练的指导下进行，切不可盲目尝试。我期待着大家在安全飞翔后告诉我您的感受。

【分析】

探险之旅紧张、刺激又让人兴奋，但导游员要时刻保持清醒冷静的头脑，只有在游客安全的前提下尽兴了，才能说明导游员提供了高质量的服务。

3. 自娱活动

旅游团队的形成往往是一些较熟悉的同学、朋友、家人组成，或者由于旅行的缘分，由生人而成为朋友。而旅行期间，他们有时会通过自娱自乐的方式加深感情，增进友谊。

(1)游客自费聚餐。

(2)游客自发组织的娱乐性舞会。

在游客自娱活动中，导游员应做到不卑不亢、有礼有节、把握好分寸，自娱活动外，导游员要自始至终陪同，坚守岗位。作为一名出色、优秀、敬业的导游员，不仅要有渊博的知识和高水平的讲解，还应具备高质量的接待能力，这是导游员综合素质的体现。

■思考与练习

(一)知识思考题

1. 导游购物促销的技巧有哪些?

2. 导游购物服务包括哪些内容?

3. 导游餐饮服务包括哪些内容?

4. 导游娱乐服务包括哪些内容?

(二)能力训练题

1. 以小组为单位对本市旅游特产、旅游商品进行全面调查和讲解训练。

2. 老师引导学生提出应如何进行旅游商品促销的问题，然后由老师通过典型案例的分析和讲解指导学生掌握基本的旅游商品的促销技能。

3. 让学生们分别扮演导游与游客进行购物活动。活动结束后，让扮演游客的学生说一下自己是否购买了某种旅游商品，是什么因素促使自己进行消费的，在整个过程中对于导游人员有什么样的感受，是否能让自己满意。同学们互相提出自己的意见，分析在整个扮演过程中导游员在完成购物引导和旅游商品的促销过程中有什么失误的地方，应如何改进。

■参考文献

1. 张晓娟，程伟. 导游服务实训教程[M]. 北京:机械工业出版社，2008.

2. 马树生，许萍. 模拟导游词[M]. 北京:旅游教育出版社，2008.

3. 陈乾康. 导游实务[M]. 北京:中国人民大学出版社，2006.

4. 王琦. 导游岗位实训[M]. 上海:上海财经大学出版社，2007.

5. 吕莉. 模拟导游[M]. 北京:高等教育出版社，2004.

■相关链接

1. 中国同程网 http://WWW.17u.net.

2. 中国导游吧 http://WWW.daoyou8.com.

3. 中国旅游网 http://WWW.cnta.gov.cn.

第十一章　送团服务

◆ 本章学习重点

◇通过本章的学习，使学生明确送团工作的重要性，掌握送团工作的程序及方法，以及送站服务的基本流程及要求。

◇通过情景模拟及实践学习，提高学生的实际送团能力。

◇熟练掌握导游人员在送站阶段应做的工作及流程。

◇掌握票证核实和确认的方法。

◇能够熟练进行送站沿途导游讲解。

◇能够熟练带领旅游团队办理登机等手续。

◇学会几种特殊情况的应变处理。

【案例导读 11－1】　拒绝登机损失谁负

刘某等40人报名参加某旅行社组织的1月24日—29日赴泰国普吉岛5晚6日游。1月28日晚12时，这些游客到普吉岛机场等次日凌晨飞机回昆明，原定凌晨2点多起飞，但直到5点多钟飞机才来。这期间，游客等候在机场，又冷、又渴、又饿，要求相关人员对飞机晚点做出解释。航空公司说属于飞机运输调配问题，客人找到旅行社，领队认为自己的工作已完成，飞机晚点造成的损失应找航空公司，随即一走了之。游客对此很不满意。再加上在此前的行程中也存在一些问题，如游客认为合同中规定的景点没完成；泰国导游强行推销自费项目时，领队不尽其责，不维护游客的合法权益；当游客受伤时，领队不闻不问等。客人的不满越积越多，最终拒绝登机，一定要求旅行社给一个合理的说法并赔偿精神损失和经济损失后才肯登机。飞机在等待了4小时于9点左右离开。这些拒绝登机的游客在大使馆的协调下，自费乘汽车到曼谷，分别于1月30日、31日乘飞机回昆明。回国后，他们投诉到当地的旅游质监部门，要求旅行社赔偿精神和经济损失费，包括在境外滞留所发生的车费、餐费、机票费等。

经旅游质监部门调查核实，该旅行社在组织、接待该批旅游团队上的确存在服务质量问题，如没按合同完成规定的行程、泰方导游强行推销自费项目等。但是，飞机晚点是因为航空公司航班调配造成延误，飞机到达后，领队带领游客出了关，办理了所有手续，但游客仍然拒绝登机。

对旅行社违约问题，旅游质监部门根据国家旅游局有关质量保证金赔偿标准，做出要求旅行社向游客赔礼道歉并就违约问题补偿游客每人300元的处理意见。但游客不服，坚持要求赔偿误机后所发生的费用。

【评析】

在这个案例中，旅行社和游客都有一定的责任，一方面是旅行社的服务质量有问题，理应就此承担相应的违约责任；另一方面，飞机晚点非旅行社直接原因所致，后来航空公司也调配来了飞机，旅行社在飞机到达后已为游客办理了相关手续，游客应积极配合，使损失减少到最小，而不应该现场要求赔付。游客以要求赔偿为由拒绝登机，人为扩大了经济损失。

我国《合同法》第119条规定：“当事人一方违约后，对方应当采取适当措施防止损失的扩大；没有采取适当措施致使损失扩大的，不得就扩大的损失要求赔偿。”《民法通则》第114条规定:“当事人一方因另一方违反合同受到损失的，应当及时采取措施防止损失的扩大;没有及时采取措施致使损失扩大的，无权就扩大的损失要求赔偿。”因此，游客在旅行社已办好登机手续的情况下仍拒绝登机，应自行承担误机的责任，无权就境外滞留的费用要求旅行社赔偿。

游客的正确做法应是先登机回国，再找有关部门据理投诉。游客若能做到理性维权，误机及其滞留的经济、时间和精神损失就可避免。

【案例导读 11－2】　如果游客不能按时返回

例(1):1999 年 10 月 6 日上午 10 时半是大地旅行社 DD991002 团的送团时刻，因国庆期间火车票十分紧张，团队的返程票直到上午 8 点才被送到，全陪检查后却发现少了 3 张，而送票的人坚持说经理只给了这么多。打电话到社里询问，确认当初订票数 29 张，现只收到 26 张，的确是由于旅行社的失误少了 3 张。

经理立即在电话中向全陪道歉，并请地陪协助全陪先送 26 位游客返回，为没拿到票的三位客人和全陪重新安排当天的住宿，同时立即打电话与组团社联系接站事宜。团队送走之后，经理又亲自打电话给火车站，订第二天返回重庆的票。中午，经理亲自为游客安排了午饭，并向三位游客和全陪道歉，保证明天一定把车票办好，请两位游客放心，游客在西安延期的费用全部由旅行社负责。第二天，经理派人将 3 张火车票送给全陪，再次道歉，安排车送 3 人到火车站，并对两位游客提出的耽误工作问题给予了相应的物质赔偿，使这件事圆满解决。

例(2):1997 年春节期间，由于航空公司的责任，致使万余名乘客上不了飞机，滞留在三亚机场，其中有东莞“青旅”的旅游团 126 名游客。东莞“青旅”领导得知情况后，几经周折，花费巨资包了一架专机赶赴三亚，将游客全部接回。

【评析】

在我国目前的交通条件下，游客不能按时返回实属难免，如果再加上旅行社工作人员的工作失误，这种现象的概率还会增加。上述两个实例的结局都较圆满，是旅行社的决策者和工作人员有长远眼光的表现，给我们以启示。

1. 尽快采取得力措施让游客尽早踏上归程是重中之重。例(1)中，经理“亲自打电话给火车站，订第二天返回重庆的票”，相信第二天这个问题一定能够解决。例(2)中，旅行社“几经周折，花费巨资包了一架专机赶赴三亚，将游客全部接回”，相信面对万余名滞留的乘客，上了专机的 126 名游客的感觉应是良好的，对旅行社充满了信任与谢意也是自然的。尽管在促使游客尽早踏上归程的过程中，多了一点花费，但却树立了企业形象，赢得了无形资产的升值，具有良好的广告效应，当属上策。

2. 安置好被耽误的游客应尽心竭力。游客的日程被延长，损失是显而易见的，旅行社不管有无直接过错，都有义务尽心竭力安置好被耽误的游客。当然，例(1)中旅行社是有过错的，但旅行社经理立即道歉，重新安排住宿，主动重新联系接站事宜，亲自安排午饭，第二天派车送人，并赔偿损失，应该说是诚恳的、积极的，效果也是好的。此时最忌讳的是轻描淡写、推脱责任、遮遮掩掩，任何把游客不放在心上的行为和言语都会激化矛盾。

3. 对直接责任人应追究责任。对于延误游客返程的直接责任者，应区别情况追究相应责任。虽说错误在所难免，虽说由于旅行社的工作而在游客中挽回了影响，但均不构成对直接责任者不进行惩罚的理由。在旅行社的各项工作中，车票错误尤其是由于工作失误而导致车票错误，是一个重大失误，责任一定要分清，在这个问题上“以功抵过”是不对的。

第一节　送团前的准备工作

《导游服务质量》标准要求："旅游团结束本地参观游览活动后，地陪应做到使旅游团顺利安全离站，遗留问题得到及时妥善的处理。"送站服务是导游接待服务的最后一环，地陪应善始善终地做好送站工作。对接待过程中曾经发生的不愉快的事情，应尽量做好弥补工作。送站服务一般包括以下几个方面的工作：

一、送团前的准备工作

（一）核实交通票据

旅游团离开的前一天，即离站前的24小时，导游员应再次核实团队离开的交通票据，要核实计划时间、时刻表时间、票面时间、问讯时间，即航班号（车次、船次）和起飞（开车、起航）时间；核对团（者）的名称、人数、去向等。如果旅游团是乘飞机离开本地出境，地陪应提醒或协助领队提前72小时确认机票。若本团在该地停留时间少于72小时，地陪应特别注意在接团时，刚一见到领队，就应提醒其尽早确认出境机票。如遇境外客户订好国内段机票，并由领队自带的，也应尽快交与有关人员核实航班号，确认机座。

（二）商定时间

1. 商定出行李时间

在有些地区，如果送早班机（一般8:00以前），需在前一天晚上出行李，这一点应该向客人解释清楚。

在核实确认了交通票据之后，地陪应按旅行社的有关规定与领队、全陪商量好出行李时间并向旅游者宣布，随之通知前台。应提醒旅游者不要将护照及贵重物品放在托运行李内，托运行李必须包装整齐、捆扎牢、锁扣完好，并能承受一定的压力等。

2. 商定出发、叫早和早餐时间

（1）因为司机比较了解路况，所以地陪一般应与旅游车司机商定出发时间，向司机说明该团是乘国内航班还是乘国际航班离开。为了安排得更合理，还应及时与领队、全陪商议，确定后，及时通知本团旅游者。但必须留出充裕的时间到机场（车站、码头）。

（2）如该团出发的时间较早，地陪应与领队、全陪商定叫早和用餐的时间并通知旅游者。如果该团需要改变用餐时间（早于餐厅的服务时间）、地点和方式，地陪应通知饭店有关部门提前做好安排。也可征求旅游者意见，将早餐改用盒饭形式，到机场再用。

（三）通知客人

选择恰当的时机和场所，一般选择在公共场所，比如在餐厅的包间或回饭店途中的旅行车上等客人集中的场所，通知客人第二天叫早、出行李、早餐及出发时间，并提醒客人尽早与饭店结清有关个人消费账目（如洗衣费、长途电话费、饮料费等）。

协助饭店结清与旅游者有关的账目，为了在出发时能让旅游者顺利离开饭店前往机场（车站），地陪应做到：

（1）提醒旅游者尽早与饭店结清有关账目，有急事或需要第二天乘早班飞机或早班火车的旅游团，要在前一天晚上结清账目：如洗衣费、电话费、酒水费及其他在宾馆的消费等；如有的旅游者损坏了客房设备，地陪协助饭店妥善处理赔偿事宜。

(2)及时通知饭店有关部门该团离店时间，提醒其提前告之与旅游者及其账目。

(四)通知饭店

地陪要做到把叫早、用餐及出行李时间通知饭店的有关部门，并尽量提前结清账目或签单，以免第二天由于自己结账影响团队出发。同时要检查自己是否保留有客人的物品、证件，或有些承诺委托没有办到的，要及时向客人讲明。

及时归还证件，一般情况下，地陪不应该保管旅游团游客的旅行证件，如有保管，用完后应立即归还旅游者或领队。在离站前一天，地陪要仔细检查自己的物品，看是否保留有旅游者的证件、票据等物品。若有应立即归还，当面点清。出境前应该提醒领队准备好全团游客成员的护照和申报单，以便交边防站和海关检查。

■案例阅读 11－1

清晨8时，某旅游团全体成员已在汽车上就座，准备离开饭店前往车站。地陪A从饭店外匆匆赶来，上车后清点人数，又向全陪了解了全团的行李情况，随即讲了以下一段话：

“女士们，先生们，早上好：

“我们全团15个人都已到齐。好，现在我们去火车站。今天早上，我们乘9:30的××次火车去×市。两天来大家一定过得很愉快吧。我十分感谢大家对我工作的理解和合作。中国有句古话：相逢何必曾相识。短短两天，我们增进了相互之间的了解，成了朋友。在即将分别的时候，我希望各位女士、先生今后有机会再来我市旅游。人们常说，世界变得越来越小，我们肯定会有重逢的机会。现在，我为大家唱一支歌，祝大家一路顺风，旅途愉快！(唱歌)

“女士们、先生们！火车站到了，现在请下车。”

请运用导游工作规范程序知识，分析导游员A在这一段工作中的不足之处。

分析提示：

根据导游工作程序规范，导游员A的这一段工作存在如下不足之处：

1. 送团当天，地陪本应比平时更早到达饭店大厅，但他迟到了；
2. 由于迟到了，他没能在离开饭店前亲自与领队、全陪与行李员清点行李；
3. 没有提醒游客结账，交客房钥匙；
4. 没有提醒游客带齐各自的物品和旅行证件；
5. 没有征求游客的意见和建议；
6. 欢送词中没有回顾游览活动内容；
7. 下车前没有再次提醒游客不要遗忘随身携带的物品；
8. 游客下车后没有检查车上是否有游客遗留的物品。

第二节 送团服务

一、交接确认行李

离开饭店时，导游员要按照约定好的时间与行李员交接行李，并请全陪、领队共同确认托运行李总件数，检查行李是否已上锁、有无破损等情况，以便及时弥补(有可能的话，在行李未装车之前，再请游客确认一次，尽量做到万无一失)。

集中交运行李，离开饭店前，地陪按预先商定好的时间与饭店行李员办好行李交接手续。具体做法是:先将本团旅游者要托运的行李收齐、集中，然后地陪与领队、全陪共同清点行李件数(其中包括全陪托运的行李)，检查行李是否上锁，捆扎是否牢固，有无破损等，最后交付饭店行李员，填写行李交接单。

二、办理退房

办理退房手续，通常情况下，旅游团离开饭店前，无特殊原因饭店的退房手续应在中午12:00以前办理退房手续(办理退房手续主要是全陪或领队的职责，但地陪要协助办理)，否则下午6:00以前加收半天的房费。如游客损坏了房间设备，导游员应妥善处理赔偿事宜。

地陪应询问旅游者与饭店的账目是否已结清;收齐旅游者房间的钥匙，交到饭店前台。

三、集合登车

(1)出发前，地陪须提醒旅游者检查是否遗落物品，是否结清有关个人账目。

(2)招集旅游者上车。照顾旅游者上车入座后，地陪要仔细清点人数。全体到齐后，要再一次请旅游者清点一下随身携带的物品，并询问是否将证件随身携带，如无遗漏则请司机开车离开饭店。

四、送行服务

送行服务是导游人员为旅游团服务的最后一个环节，也是导游讲解服务的又一个难得的机会。导游人员应当在旅游即将结束之际，充分展现讲解才能，为旅游活动画个圆满的句号。

(一)总结回顾

在几天来的旅游活动中，游客的审美需求得到了满足，并留下了美好的回忆。但是可能由于时间匆忙，行程较紧，对个别景点印象并不深刻，甚至对有些问题还留有疑问。这时，导游人员就应利用送行途中的时间，对前面的行程进行简短的总结回顾，以加深游客的印象，唤起记忆，增强认识。在总结回顾的讲解中，应突出两个方面的内容:

1. 总结景点的特色

每个景点均有自身的特色与魅力，在总结回顾中，导游人员无须将整个景点从头至尾地再讲一遍，而是要抓住景点的特色和游客的兴趣，进行强调讲解，使游客增强感悟，加深印象。如总结成都武侯祠中那幅著名的“攻心”楹联。好，请大家回忆一下，武侯祠中那幅著名的楹联作者叫什么?对，叫赵藩。谁还能背出那幅楹联吗?好，我们大家一起背，“能攻心则反侧自消，自古知兵非好战；不审势即宽严皆误，后来治蜀要深思”。

通过总结，使游客对所游览的景点有了更深刻的认识，并且在总结讲解中，注意与游客的交流互动，就会收到很好的效果。

2. 总结旅游团的趣事

在几天的行程中，旅游团从游览到娱乐再到生活，始终是一个整体，游客们朝夕相处，产生了友谊，增进了感情。导游人员如能在总结旅游团的行程中，将旅游团发生的趣事笑话重提，引发大家的共鸣，使游客在美好的记忆中完成旅游，将是十分有意义的。

(二)致欢送词

在赴机场(车站)途中，视路途的长短可适当对沿途情况进行导游讲解，也可回顾几天的游程，总结该团在本地游览了哪些“本省之最”、“中国之最”、“世界之最”等，使旅游者感到“游有所值”，同时，也可向旅游者推荐一些他们未去过的有名景点，欢迎下次再来。临近机场时，地陪应代表旅行社、司机和本人向全体旅游者致欢送词。其内容一般包括：

(1)回顾整个旅游活动，感谢大家的合作；

(2)表达友谊和惜别之情；

(3)诚恳征求旅游者对接待工作的意见和建议；

(4)若在旅游活动中有不顺利或旅游服务有不尽人意之处，导游人员可借此机会再次向旅游者赔礼致歉；

(5)对客人所要前往的下一站做简单介绍；

(6)表达美好的祝愿。

致完欢送词后，地陪可将“旅游者意见反馈表”发给旅游者请其填写，旅游者填写完毕后，地陪应如数收回，妥善保存。

欢送词的风格没有定式，应根据每个团人员的组成、国别等略有不同。请看下面这篇充满诗意的欢送词。

女士们，先生们：

当你们将壮观的滕王阁、岭泉云石交相辉映的庐山，红色革命根据地的井冈山装载心里，背上行囊时，我们不得不说再见了。在大家的合作下，我们圆满地完成了旅行任务，并且成为了好朋友。从大家的脸上，我看到了你们归家的喜悦，也看到了对我们江西的留恋！中国人信缘，“有缘千里来相会”，我们能够相会是因为我们有缘，正因为我们有缘，我们期待着再相会！明天大家就要在山水甲天下的桂林观光了，那里有迷人的山水风光，有……愿大家在江西玩得开心，再次感谢大家的竭力配合，祝愿大家归途一路顺风！

欢送词和欢迎词首尾相接、遥相呼应，是旅游活动的“句号”，也是接待工作中的一个重要环节。如果你的第一次亮相是成功的、精彩的，那么，你在送别客人时留给游客的印象则是深刻而长久的。诗曰：“投我以桃，报之以李。”欢送词往往是把感情推倒高潮的重要一步，导游应精心设计，使之神满气足、情真意切，切不可虎头蛇尾、前功尽弃。

欢送词就共性而言，基本包括表示惜别、感谢合作、征求意见、期待重逢、表达美好的愿望等等。但应因人、因时、因地使用，不可千篇一律。

就内容而言，欢送词又可分为惜别式、道歉式和感谢式三种。

1. 惜别式

惜别式的欢送词是常用的方式之一，但切记不可过分渲染，给人以虚假之嫌。点到即可，才会是自然真情的流露。

2. 道歉式

道歉式的欢送词往往用在有失误的情形下，通常是不得已而为之。旅游旺季或在接待过程中，有时难免会出现失误或意外，导游应息事宁人，以消除客人的怨气。送团时再次重申，既可说明自己的诚意，又可使客人明白导游已足够重视，对化解客人的不满情绪是很有益的。但忌讳致歉时言语过多及反复强调，适可而止就可以了。

3. 感谢式

感谢式的欢送词是最常见的一种，如果团队旅行顺利完美，此时的感谢将会是锦上添花，会收到非常好的效果。

欢送词就形式而言，大致有引用式、唱歌式、诗歌式和故事式等几种。现示范如下：

1. 引用式

引用一些名人名言对景点加以描绘和总结，会使导游员的欢送词极具文采，并可增强说服力，使客人有一种不虚此行的感觉，是一种效果极好的方式。

2. 故事式

故事式的欢送词比较通俗易懂，既能引起客人的兴趣，又能蕴含一定的人生哲理，但切记故事的叙述千万不可流于俗套，使人感到烦琐、乏味。

3. 诗歌式

诗歌式的欢送词听起来很美，但若表达不好的话容易让人感到很做作；同时，若想用得很到位，导游员的日常积累和较高的文化素质是必需的。

4. 唱歌式

唱歌式的欢送词也是效果非常好的一种，因为音乐是无国界的，音乐也是最能使人进入一种境界的。如果导游员比较善于唱歌，而且能够抓住恰当的时机用唱歌的形式表达自己的情感，调动客人的情绪，将会把结尾推向一个高潮。但是需要导游员平时注意唱一些当地民歌和健康的流行歌曲。

总之，欢送词的形式和内容是丰富多彩的，这里不再一一列举。但无论用哪一种方式，都要做到真情流露不可虚假敷衍，而且，时机的选择要掌握得恰到好处，如果再能够注意用词有一定文采，那么你的欢送词才会令人难忘，才是一个成功的、颇具魅力的结尾。

五、离站服务

（一）提前到达交通港

提前到达机场（车站），照顾旅游者下车。地陪带团前往机场（车站），必须留出充裕时间，对到达时间的具体要求是：送出境航班飞机的旅游团应提前2小时到机场，旅游团入海关后就可离开；送乘坐国内航班飞机的旅游团应提前1.5小时到机场，飞机起飞后方可离开；乘火车或轮船应提前1小时到车站、码头，火车、轮船启动后方可离开。旅游车到达机场（车站）旅游者下车前，地陪应提醒旅游者带齐随身物品。旅游者下车后，地陪要在检查一下车内有无旅游者遗漏的物品。

（二）办理离站手续

1. 送乘坐国内航班（火车、轮船）离站的旅行团

带团进入机场大厅，移交交通票据；协助全陪（领队）办理机场建设费和登机牌及托运行

李手续，然后将客人带至安检处，与客人告别。如是火车团，地陪应迅速与旅行社行李员取得联系，将其交来的交通票据、行李托运单一一清点核实，然后交给全陪（无全陪的交给领队），并请其当面清点核实。需要垫付机场建设费的团，地陪要照计划办理，回到旅行社后再凭票据报销。地陪应在站台或适合的位置招手示意与客人告别，待旅游团所乘交通工具驶离本地后方可离开。

2. 送乘坐国际航班（火车、轮船）出境的旅行团

地陪、全陪和领队一起与旅行社行李员交接行李，清点核实后协助游客拿走自己的行李；地陪应向领队或游客介绍如何办理出境手续，需垫付机场建设费的团队，要按计划办理；注意保留票据，回旅行社凭票报账；待游客进入隔离区后，地陪方可离开。

如发现航班有可能因故发生变化，应主动关心，必要时可以留下来，协助处理有关事宜。

（三）与司机结账

送走旅游团后，地陪应与旅游车司机结账（如过路、过桥、停车费）在用车单据上签字，并保留好票据。

第三节　特殊情况的处理

送站时常见事故的预防及处理

误机（车）是导游人员在送站时可能发生的事故。

误机（车）是指由于某些客观原因或导游员的工作失误，使旅游团无法按计划乘原定航班（车次）离开本地而导致暂时滞留。

送站在接待程序中至为重要。许多导游员在前期导游接待中满腔热情为旅游者服务、导游讲解，深获旅游者好评。但是在送站时由于客观或主观方面的原因使旅游者误机，导致旅游者投诉，功亏一篑。因此，导游员应该对可能造成误机事故的种种可能性保持高度警惕，将事故杜绝于萌芽状态。

误机（车）是重大事故，不仅给旅行社带来巨大的经济损失，还会使旅游者蒙受经济或其他方面的损失，严重影响旅行社的声誉。导游员要高度认识误机（车）的严重后果，杜绝此类事故的发生。

一、误机（车）的原因

（一）客观原因造成的非责任事故

由于旅游者方面的原因，如突然摔伤、重病、走失等或由于途中遇到交通事故、严重堵车、汽车发生故障等突发情况造成误机（车）。

（二）主观原因造成的责任事故

1. 导游人员责任心不强，送早时睡过头。

2. 导游人员安排日程不当或过紧，使旅游团（者）未能按规定时间到达机场（车站）。

3. 导游员没有认真核实交通票据，将离开本地的时间或地点搞错。

（三）其他工作人员失误造成事故

1. 旅游团所乘航班班次（车次）变更，但接待社的有关人员没有及时通知导游人员。

2. 行李员迟到，造成误机。一般旅行社的接待都是行李员先拿机票办理完行李托运手续后，再将机票交给地陪带旅游者办理登机手续。行李员迟到，就会导致旅游团无法办理相关手续而误机。

二、误机（车）的预防

1. 导游人员无论在家还是宾馆住宿时，睡前上好闹钟的同时，还要请家人或通知服务员叫早，并告诉司机和旅游者与自己的联系办法。

2. 地陪、全陪要提前做好旅游者离开本地的交通票据的落实工作，并核实日期、班（车）次、时间、目的地等。

3. 离开本地的当天，不安排旅游团到范围广、地域复杂的景点参观游览，不安排旅游团到热闹的地方购物或自由活动。

4. 安排充裕的时间去机场（车站），保证旅游团按以下规定时间到达离站地点：

乘国内航班：提前 90 分钟到达机场；乘国际航班：提前 120 分钟到达机场。

乘火车或轮船，提前 60 分钟到达车站或码头；还应该留出 30 分钟时间作为周转。

5. 在去机场（车站）途中，若遇到堵塞或车辆故障，导游人员要设法与机场（车站）的值班人员联系，委托值班人员代办登机（乘车）的有关手续，并让机场（车站）工作人员了解该团受阻情况，尽量给予配合。同时，导游人员应该设法带领旅游者绕过塞车点或离开故障车辆，改乘其他车辆，搭顺车或租车赶赴机场（车站）。

6. 若在去机场（车站）途中遭遇车祸，导游人员应按以下程序处理：

（1）拨打 120 求救伤者。

（2）拨打 110 报警。

（3）报告旅行社领导帮助处理。

（4）假若只是车辆受损，无人员伤亡时，报警后，车辆留在现场，听候处理。导游人员应带领旅游者换乘其他车辆，搭车或租车，尽快赶赴机场（车站）。

三、误机（车）处理

无论何种原因造成的误机（车）事故，导游人员应立即向旅行社领导及有关部门报告并请求协助。导游人员和旅行社尽快与机场（车站）联系，争取让旅游者尽快改乘后续班次离开本站，或采取包机（车）或改乘其他交通工具前往下一站，以免造成更多的经济损失。

如果当天无法离开本地，导游人员应该稳定旅游者的情绪，安排好旅游团滞留期间的食宿、游览等事宜。

及时通知下一站，对日程作相应的调整。

诚恳地向旅游者赔礼道歉，以自己的实际行动求得旅游者谅解。

写出事故报告，查清事故的原因和责任，责任方应承担经济损失并受政纪处分。

误机并不都是导游人员的责任，事故可能由多方面因素造成。请看下面案例：

■案例阅读 11－3－1

“误机”责任谁承担

2007 年 9 月，刘某等 8 人报名参加南昌某旅行社组织的海南 5 日游，双方口头约定，9 月 30 日中午 12 点乘飞机赴海南，10 月 4 日下午 3 点乘飞机返回南昌，派全陪全程服务。后因旅行社未买到全陪的机票，没有派全陪随团前往海南，但承诺已经与地接社联系好，保证接待质量，而后旅游团乘飞机赴海南。南昌组团社派导游人员送机，并将返程机票交给刘某，告知时间为10月4日下午3点多，晚上7点之前就可能回到南昌。10月3日，旅游团在从三亚返回海口的途中，地陪询问乘飞机返回江西的时间，刘某答复是次日下午3点。10月4日上午9点多，刘某拿出机票，想看看下午起飞的确切时间，突然发现机票是上午8:10，并非组团社说的下午3点多，刘某当即与旅行社交涉。经过地接社的多方努力，重新购买了12:05分的返程机票。但是，由于该旅游团购买的是不得转签、退换的优惠票，原票全部作废。刘某等旅游者考虑到单位有急事需要办理，只好先承担了误机的责任，支付了机票款共12600元。

【案例评析】

这次误机事故中，旅行社有违约行为和过错，应承担主要责任，刘某等旅游者存在疏忽查验机票的过失，也应承担相应责任。

1.组团社有违约行为。组团社未按曾约定的，派全陪导游提供全程服务，未买到机票而取消全程陪同的理由，并不是不可抗力，属于单方违约行为。将机票交给刘某，并没有告之返程飞机有变动的真实情况。如果全陪导游随团，按其职责核实机票时间，误机是可以避免的。因此，组团社未派全陪提供全程服务与误机有直接的关系。

2.地接社未按国家标准提供服务。离站的前一天，地陪应确认交通票据及离站时间，本案中，全部行程都是由旅行社安排的，在没有全陪的情况下，地陪社应负责组织落实全部旅游活动，而地陪并没有按导游服务质量标准的规定查验机票，确认返程的准确时间，只是询问了旅游者，就轻率地认定返程时间，导致发生了误机的严重责任事故。

3.旅游者自身也存在过失。刘某负责保管返程机票，应具有查验核对的义务，发现问题及时向旅行社提出，避免损失的发生。特别是10月3日返程的前一天，当地陪向其询问时，刘某仍未查验交通票据，而继续答复未变更的返程时间。如果刘某举手之劳查验一下机票，误机的事情也是可以避免的。刘某疏忽大意，告之错误的返程时间，也是造成误机的主要原因之一，因此，也应担负相应的损失。

■案例阅读11-3-2

KZH1015团将于10月17日17:40乘火车离A市赴E市。地陪小胡带领该团游览了清静寺后于16:00将该团带到市中心购物。16:40全团上车后发现少了两名客人。于是小胡让带队照顾全团在原地等候，自己和全陪分头去找这两名客人。等找到客人，回到车上时，离火车开车时间只有二十分钟了。驾驶员立即开车，可是汽车抵达火车站时，火车已驶离站台。

试分析造成这次误车事故的原因，并说明小胡应采取什么补救措施？

分析提示：

1.造成这次误车事故的原因

(1)不应安排旅游团在快离开本地前到市中心购物；

(2)地陪、全陪不应分头去找人，而是地陪应将车票交全陪，请他带团前往火车站；地陪去寻找未归者，找到后坐出租车赶往火车站。

2.地陪应采取的补救措施

(1)立即与车站调度室联系，商量怎样尽早让旅行团离开本地；

(2)报告旅行社领导，请示处理意见；

(3)请旅行社有关部门安排好该团的食宿；

(4)请旅行社有关部门通知E市接待旅行社，该团不能按原计划抵达E市；

(5)安排好该团离开A市前的游览活动；

(6)妥善处理行李；

(7)离开A市的车次确定后，提醒内勤及时通知E市接待旅行社。

■案例阅读 11-3-3

临时改车 游客拒绝回家

2002年5月3日，北京某旅行社和山东某旅行社接待的北京26名游客自泰山、曲阜4日游行程后得知原计划返京火车票由K52改为L338后(L338启程比K52早，造成某个景点无法游览，且抵京比K52晚)，要求旅行社向每位游客支付500元违约金。旅行社对此要求予以拒绝,之后游客拒绝登车。

第二天，游客从某停车场的100多辆车中挑选了一辆金龙旅游大巴，要求旅行社使用该大巴运送游客返京，同时将赔偿金额由500元上涨到800元。此外，要求泰安市旅游局主管副局长、泰安市旅游质监所所长、当地的地接旅行社总经理同行护送，北京组团社负责人在京接车。

【法理分析】

本案件涉及的法律问题很多，本文仅探讨旅行社是否因为旅游交通设施的违约承担赔偿责任。探究旅行社应该对交通部门的违约承担什么责任，应该辨别旅行社、游客和交通企业三者的法律关系。

什么是旅行社？1996年10月15日第205号国务院令发布的《中华人民共和国旅行社管理条例》对旅行社进行了定义，其第三条规定：“本条例所称旅行社，是指有营利目的，从事旅游业务的企业。本条例所称旅游业务，是指为旅游者代办出境、入境和签证手续，招徕、接待旅游者，为旅游者安排食宿等有偿服务的经营活动。”2009年5月1日起施行的《旅行社管理条例》第二条规定：“本条例适用于中华人民共和国境内旅行社的设立及经营活动。本条例所称旅行社，是指从事招徕、组织、接待旅游者等活动，为旅游者提供相关旅游服务，开展国内旅游业务、入境旅游业务或者出境旅游业务的企业法人。”无论是新条例还是原条例的规定，都没有对旅行社从事游客的交通业务进行直接的描述，这不得不说为旅行社从事游客交通运输造成的纠纷的处理，留下了漏洞，同时也留下了学术探讨和争鸣的空间。

什么是旅游合同？从民法学或合同法学的角度考虑，这并不是一个专有名词。1999年生效的现行《合同法》，在起草过程中准备将“旅游合同”同“医疗合同”“演艺合同”等一起作为有名合同列入《合同法》分则。有名合同就意味着对该类合同予以更清晰、更专业化的规定，令人惋惜的是以上的诸个合同因种种原因没有进入送审稿。这一方面说明，今天我们遇到旅游合同的纠纷，应该依照合同法总则的规定，或参照分则对其他有名合同的规定；另一方面也说明，旅游合同并不隶属于任何有名合同，否则就不会考虑旅游合同单独成章(而事实上，将旅游合同归于某种有名合同的学术讨论成为当下旅游法学研究的一个热点)。

有人认为旅游合同是指旅游者与旅行业者之间签订的合同，属于买卖合同中的服务买卖，这无非加重了旅行社的经营风险。实践中，旅行社与游客签订的旅游合同势必包括餐饮、住宿、运输、购物等各个环节。但旅行社(旅行社单体而不是旅行社作为主体或主体之一的旅游集团、泛旅游集团)往往不可能具有铁路公司、航空公司、酒店等。将旅游合同局限于旅游者与旅行业者之间，让旅行社提供没有能力保证提供的服务，使旅行社处于“超范围经营”的地位，不但于情不通，也于法不能。

笔者认为，凡是旅游者与经营旅游的单位或者个人在旅游过程中签订的合同都应该属于旅游合同，它不仅包括旅游者与旅行社之间的合同，而且旅游者与运输业者、旅游者与住宿业者及餐饮业者、旅游者与景点、旅游商品提供者甚至娱乐项目经营者等签订的合同都应该包括在其中。在这一宏观框架内，不同的主体与旅行社、游客，以及游客和旅行社之间形成不同的合同关系，三方或双方享受不同的权利，承担不同的责任。

在交通运输过程中，交通运输部门、旅行社和游客是什么关系呢？应该分三种情况分别说明。

第一种情况是旅行社使用自己的车队、船舶或飞机运输的游客。因为旅行社有能力也有义务保证交通工具处于适驾状态，并切实保护游客的舒适、健康，随时排除交通工具的隐患。因此，旅行社在遇到因交通原因造成旅游合同无法切实履行时，除遇到法定免责情形（如不可抗力），应承担赔偿责任。

第二种情况是旅行社事先与交通运输部门形成租赁关系，由旅行社租赁交通工具。景点之间的公路交通、旅游包机、旅游专列、旅游包船即属于这种情况。因为旅行社在租赁交通工具（同时配备或继续使用原有驾乘人员）之后，事实上完全掌控其为旅游行程服务。当出现违约，旅行社应对游客先行赔付。因交通工具不适驾造成违约，旅行社向交通企业追偿；因使用交通工具不当造成违约的，向驾乘人员提供方追偿。

第三种情况是旅行社在长途运输游客的实践中最常见的。旅行社往往只是为履行与游客订立的旅游合同，代为游客购买机票、船票、火车票。其性质有“居间（中介）”“分销（批发）”“行纪（即经纪人）”等各种说法。

所谓“居间”，即当事人约定一方为他方报告订约机会或订约媒介，他方给付报酬。通俗地讲，旅行社按照游客的要求，寻找或介绍运输企业与游客订立运输合同，旅行社不是订立合同的当事人，也不是任何一方的代理人，仅是介绍人。如果游客选择旅行社仅仅是需要旅行社提供票务服务，这样的解释还未免牵强，但对于常见的包团旅游，这种解释就显得与现实差距很大了。

所谓“分销”，这其实是前述第二种情况。

所谓“行纪”，指一方根据另一方的委托，以自己的名义为他方办理购销等业务并收取手续费。简言之，旅行社接受游客的委托，向运输企业购买乘客为旅行社的客票。但实际中，只要票据要求是实名的，旅行社均是以游客的名义购买。

这种情形中，旅行社的行为其性质类似于为出入境游客代办出境、入境和签证手续，旅行社作为游客的代理人，受游客委托，以游客的名义与运输企业签订运输合同。根据《合同法》第 21 章对委托合同的规定，委托人（游客）有接受受托人（旅行社）办理委托事务（购票）的行为及其后果；偿付必要费用；并向旅行社支付报酬。而旅行社有义务办理购票业务；报告业务进展；就受委托的事务尽足够的注意义务，并就因未尽该义务而给游客造成的损失负赔偿责任。

由此可见，在大量的旅行社、游客和运输公司企业（尤其是航空和铁路企业）三者的关系中，一旦旅行社向游客交付购票凭证，游客和运输企业是直接的合同关系。旅行社作为游客的代理人，而不是运输企业的代理人，与运输企业不存在合同关系。所以当运输企业因天气、机械故障、运力调配等原因造成航班延误，使游客和旅行社造成损失，只要旅行社没有违反旅游合同的义务，只要旅行社在选择运输企业时没有存在过失，就不应该负责因交通部门延误而造成的游客的损失。既然旅行社与运输企业没有合同关系(随团工作人员除外)，旅行社先行赔付也就毫无道理了。

尽管旅行社与运输企业不存在合同关系，但是运输企业的违约造成了旅游合同无法正常履行。旅游合同的改变造成旅行社有损失的，旅行社有权向运输企业索赔履行该合同的利润和期待利益(预期赢利)；因合同改变造成旅行社不当得利的(如游览行程减少造成成本下降的)，旅行社应对游客进行返还。

【案例启示】

尽管笔者没有跟踪到本案件的最终结果，但可以猜想旅行社和游客都是受害者。游客选在长假出游，非但没有享受到“善始善终”的旅程，相反在返京的过程中留下了难以释怀的遗憾。旅行社费九牛二虎之力在“黄金周”能拿到20多张卧铺票已实属不易，却因客人拒载而浪费。最后无论是再次购火车票还是用大巴送游客返京，加上安置游客的食宿，其开销远远超过利润。当地旅游行政主管部门的相关领导和工作人员想必也在最繁忙的季节为此耗费了不少精力。相反的是运输企业，票已经卖出了就准点发车，铺位没有乘客使用，还能在下一站再卖出一次。这着实不得不让我们仔细琢磨一番。作为旅游企业，这留给我们什么样的启示?

第一，旅行社在经营过程中，是否考虑过自身承载力?“黄金周”是旅游企业的经营旺季，遇到送上门的业务，谁都会动心。但是，“黄金周”同时也是各种旅游设施需求最旺盛的时候。不掌控运力、住宿、景区各个环节的旅行社不考虑自身的承载能力，不仔细考虑对游客的承诺是否能真正兑现，怀着“柳暗花明又一村”的美好愿望盲目揽客，不遇到车票难兑现，也会遇到酒店无法预订、景区门票难求、导游不足等诸多问题。

第二，我们无法期待每一个游客都是理性的，但我们也不应当因此放弃在突发事件面前与游客建立和谐关系的愿景。26名游客能集体一怒之下拒绝登车，我想与我们的导游人员在告知行程改变时的方式，对旅行社对待最后景点无法游览的退费问题没有在第一时间处理好。面对突发事件，既然旅行社和游客都是受害者，那彼此都不应该希望将伤害全部推脱到任何一方。而旅行社作为经营主体，游客作为消费者，旅行社先摆出“共渡难关”的姿态更应责无旁贷。经营就意味着博弈，赢利就伴随着风险。在市场环境对旅行社保护本就无力的现实下，旅行社应该充分考虑到纠纷的拖沓只可能让旅行社承担更大的损失，那还不如索性在开初就放弃一些利益，将损失降低到最小也算得上是降低了成本。

第三，地接社和组团社在纠纷处理的过程中应该共担风险，旅游行政主管部门应充当娘家人角色。本案中无论是地接社还是组团社预订的回程车票，从案例表述中无法知晓。但双方应该随时就团队的进展进行通报，对于可能遇到的票务和酒店紧张等隐患应该及时共同化解，一旦出现“险情”首先考虑的不应该是“分清责任”。旅游行政主管部门作为政府，在化解纠纷时是最理想的调解人。捍卫纳税人(游客)利益是现代行政的要求，保护行业利益、指导行业健康发展也是政府的责任，旅游主管部门在处理投诉过程中偏袒和放纵任何一方，希望息事宁人，都是不明智的。此外，旅游行政主管部门作为各地假日旅游协调机构的成员单位和办公所在地，也应通过沟通或协调等手段，尽快化解纠纷，真正把大事化小，小事化了。

(资料来源：旅行社杂志)

第四节　后续工作

一、整理相关记录

客人送走了,陪同下团了,并不代表我们的工作就结束了。下团后,导游员应养成一个好习惯,那就是把整个团队的详细接待情况,是非得失细细整理一下。总结工作是导游员日后提高工作效率和服务质量的重要手段,使旅行社在日后对该行程的设计、销售以及接待中能吸取经验教训。总结工作对于自己也是一种工作经验的积累,对于以后不断完善自己有着不可估量的特殊作用。

通常在带团记录中(陪同小结、日志)应包括以下一些内容:

1. 旅游团名称、人数、抵离时间、全陪和领队姓名、下榻酒店名称。

2. 旅游团成员的基本情况、背景、活动中表现出的特点及兴趣。

3. 旅游团重点人物、一般成员的反映及意见。

4. 各地接待社住宿、餐饮、游览车的落实情况及导游员的讲解水平和工作态度。

5. 行程中有无意外、失误发生及处理情况。

6. 本次带团成功经验及失败教训的总结认识。

7. 从本次带团中认识到的应提高和补充的接待技巧和知识。

8. 如有重大事件发生,如死、伤或涉外事件,一定要把详细过程、各种证明资料及主要人物的身份记录得非常清楚,以备查验。

9. 小结汇报人的姓名及日期。

二、做好带团总结

带团总结是导游员在接待工作结束后,对每一次陪团经历的一个自我整理、归纳的过程,实际上也是一个工作体会。基本可以从正反两个方面进行总结,以便在以后工作中能够扬长避短,做得更好。

带团总结的基本内容包括:

1. 仔细回忆整个接待过程中的每一个环节,哪些地方做得很好,得到客人的认可和好评;哪些地方做得欠缺,处理方法和说话方式有待改进。

2. 仔细回忆整个在跟客人交流的过程中,自己有哪些地方说得模糊不清,回答问题不够准确,甚至根本回答不上来。然后根据这些情况有针对性地补充知识。

总之,一个好学上进的导游员应该善于积累和总结,不断更新和补充有关接待技巧和各种知识,这样才能百尺竿头,更进一步。

三、办好收尾事宜

地陪在下团后应按旅行社的具体要求,在规定时间内尽快结清相关账目。

1. 分门别类地整理各种票据,整齐地整理各种票据,整齐地粘贴在报账单上(需特别说明的票据要备注),请领导审核签字后,到财务部门报账。

2. 归还从旅行社所借物品。

3. 上交陪同日志及游客意见反馈表。

4. 如有客人委托事宜，尽量尽快办妥。

5. 整理接待材料，将有关该旅游团的接待材料集中整理，交旅行社指定部门统一保管存档。

■小知识

1. 送团服务

(1) 导游人员应根据游客预订航班(车次)时间，留出充裕时间，确定游客行李交送和出发时间、地点，并及时通知游客。

(2) 导游人员应协助游客办理退房和私人账目等有关事项。行李集中后，导游人员要认真清点行李，办理交接手续，并主动提醒游客检查随身行李物品是否带齐。

(3) 在前往机场(车站、码头)途中，导游人员应致欢送词，感谢大家的合作，表达惜别之情和美好祝愿，诚恳征求游客对本次旅游服务的意见和建议，并对行程中不尽如人意之处再次向游客赔礼道歉。

(4) 到达机场(车站、码头)下车前，导游人员应再次提醒游客带齐随身行李，照顾游客下车后，检查车内有无游客遗留物品。

(5) 对乘飞机离开的游客，导游人员应协助游客办理登机和行李托运手续。对离境的游客，导游人员应在游客所乘飞机起飞后方可离开机场。如遇天气或其他原因，临时取消航班(车次、船次)，不能离开所在城市时，应注意争取全陪合作，做好说明解释工作，稳定游客情绪，并立即与机场有关部门联系，协助安排好游客食宿。

(6) 游客离去后，对客人委托事宜，导游人员应认真办理，并及时向游客回复。

(7) 接团任务结束后，导游人员应认真及时地做好接团小结、导游日志等记录，按规定整理好团队档案，做到一团一档。

2. 旅游团即将离站，但游客对当地的接待服务表现出十分的不满时，应该如何处理？

答：(1) 首先表示歉意，并欢迎大家提意见；

(2) 认真听取游客的意见，并且做好记录；

(3) 将游客的意见和不满如实地向旅行社汇报，并把自己的看法和观点与旅行社进行交流沟通；

(4) 尽快对游客提出的意见予以反馈；

(5) 将游客的意见和不满加以汇总，通知下一站接待社予以注意。

3. 送旅游团赴航空港途中，一名游客突然提出项链忘在饭店，应该如何处理？

答：(1) 若时间许可，可以掉头回饭店取；

(2) 若时间不允许，则要安慰游客，立即将游客遗忘项链的种类、颜色、形状，所住房号告知饭店，请求寻找；

(3) 若时间许可，请饭店派专人送到航空港；

(4) 若时间不允许，记下游客所去的下站目的地、接待旅行社和游客的联系方式，以便找到后给游客送去；

(5) 告诉游客，以上所有费用均要自理。

4. 导游员送站时发现原定的软卧车票改变为硬卧车票，应该如何处理？

答：(1) 迅速与票务人员联系，弄清情况；

(2)告之全陪、领队及团中有身份的或有威望者，求得谅解；

(3)请领队和其他人协助向游客解释，诚恳地向游客道歉；

(4)将车票的差额退还给游客，并给予一定的补偿。

5. 送团服务内容

(1)国际出港，协助客人办理换票、边检等手续，并介绍目的地国家的概况和注意事项。(过边防后客人自行安检、候机)。

(2)国际出港，除以上服务之外，协助客人过安检，直至送客人到登机口(或头等、公务舱休息室)。

(3)国内送机(登机牌、行李托运)，国内送机至登机口或头等舱休息室。

能力训练题：

【能力训练1】

实训项目：送行服务。

安排：在理论课后进行。理论教学2课时，室内实训模拟6课时。

实施形式：授课班级以小组为单位。

实训重点：送行服务的演练。

【能力训练2】

1. 某旅游团队即将离开北京，由于天气原因飞机航班误点了，游客们显得非常不安，有些客人在吵闹。请运用导游语言技巧使旅游者的情绪平静下来。教师把教学班学生分成若干组，其中一名学生作为导游员，其他学生作为游客，进行模拟练习。

2. 清晨8:00时，某旅行团全体成员已在车上就座，准备离开饭店前往车站。地方导游员A从饭店匆匆赶来，上车后清点人数，又向全程导游员了解行李情况，全程导游员告诉他全团行李一共16件，已与领队，饭店行李员交接过，此后A讲了以下一段话："女士们，先生们，早上好！我们全团十五人已经到齐，好，我们现在去火车站。今天早上，我们乘9:30的火车去下一目的地，两天来大家一定过得很愉快吧？我十分感谢大家对我工作的理解和合作，中国有句古话：相逢何必曾相识，短短两天，我们增进了相互之间的了解，成了朋友，在即将分别的时候我希望各位女士、先生今后有机会再来我市旅游。人们常说，世界变得越来越小，我们一定会有重逢的机会，现在我为大家唱一支歌，祝大家一路顺风，旅途愉快！（唱歌）好了，女士们、先生们，火车站到了，现在请下车。"

请运用导游规范知识，分析导游员A在这一段工作中的不足之处。

■参考文献

1. 王忠武主编．导游业务新编[M]．南昌：江西科学技术出版社，2008

2. 国家技术监督局发布．《导游服务质量》.

■相关链接

1. 百度博客 http://hi. baidu. com/yanll9999.

2. 网络资源.

读者反馈意见

亲爱的读者：

感谢您对《模拟导游》的学习和热爱！为了今后能给您提供更优质的服务，请您抽出宝贵时间填写下面的意见反馈表，以便我们更好地对本书做进一步的改进。同时如果您在使用本书的过程中遇到了什么问题，或者有什么好的建议，也请您来信、来电告诉我们。

地址：北京市丰台区科学城南极星大厦108室

电话：010－83794590／83794403

电子邮箱：caikai6223@263.net　QQ：649319527　QQ：1694299827

网址：WWW.KFHWH.CN

教材名称：《模拟导游》

个人资料：

姓名：____________年龄：__________所在院校/专业__________________

文化程度：______________通讯地址：________________________________

联系电话：______________电子信箱：________________________________

您使用本书是作为：□指定教材、□选用教材、□辅导教材

您对封面设计的满意度：

□很满意、□满意、□一般、□不满意　改进建议__________________________

您对本书印刷质量的满意度：

□很满意、□满意、□一般、□不满意　改进建议__________________________

您对本书的总体满意度：

从语言质量角度看：□很满意、□满意、□一般、□不满意

从科技含量角度看：□很满意、□满意、□一般、□不满意

本书最令您满意的是：

□指导明确 □内容充实 □讲解详尽 □实例丰富

您认为本书在哪些地方应进行修改？(可附页)

____

____

您希望本书在哪些方面需进行改进？(可附页)

____

____